学習集団の論争的考察

高田　清

TAKADA, Kiyoshi

溪水社

まえがき

本書は、これまでに発表してきた論文のうち、学習集団研究、実践記録に関わる論文、学習集団論争に関わる論文、学習集団の基礎研究に関わる論文等をまとめたものである。これらの論文は、それぞれ当時のわが国の社会や教育の状況のなかで執筆したものであり、その状況を残すため、できる限り当時のままの表現でまとめた。また、論争的状況のなかで書いた論文が多いため、どうしても重複する部分を残すことになった。また、「Ⅱ．学習集団を巡る論争」の第１章と第２章は共同執筆である。この二つの論文は、その後の学習集団論争の発端となった論文であり、本書にとって欠くことのできない論文である。したがって、共著者の了承を得て加えることにした。

本書の書名を「論争的考察」としたのは、当時の教育方法学の領域では、教育実践をめぐって、今よりもずっと論争的に研究が行われており、そういう中で研究活動を進めていたからである。

私が経験した最初の教育論争は、1970年代の中頃、幼児の集団づくりの実践と理論・方法について行われた論争である。広島保育問題研究会が提起した幼児の集団づくりの実践提案が、全国的な反響というより多くの反発・批判を呼んだ。大学院に進学したばかりの私は、初めて実践者と研究者が共に参加する全国的な研究集会に参加し、その中で交わされる厳しい論議に驚いた。同時に、実践者の人たちからこそ納得を得られるような明確な言葉と論理を獲得することの大切さを痛感した。（本書には、幼児教育に関わった論文は掲載できなかった。）その後、本書にも掲載している全生研と学習集団に関わる論争や「出口・ゆさぶり論争」に関わることを通して、多くのことを学んだ。

論争に関わることで何を学んだのか。それは、論争相手から徹底的に学ぶことである。相手の論争に関わる全ての論文を集め、何回も何回も必死で読み込む。また、論争に耐えていくためには、最も原理的・原則的なものに立ち戻り、誰もが承認する他ない基本的概念・定義から論を組み立てていくことが必要だと学んだ。だから、あらゆる辞典、百科事典、哲学事典、心理学事典等々を確認し、文献を調べ、概念規定するようにした。そもそも「実践」とは何か？そもそも「分析」とは何か？という問題設定から論を組み立てていった。そして、論争の全体像とそれが行われている社会と教育の状況を理解しておくことの大切さを学んだ。

こうして論争に関わる中で、研究的論文を書く時の厳しいマナーと相手を批判する時に、相手に敬意をもって深く理解し、正確に引用し、厳密に言葉を使うことの大切さを学ぶことができた。

しかし同時に、教育学における論争、社会·人文科学における論争にもどかしさも感じていた。自然科学に於ける論争が、客観的事実によって比較的明確に決着がつく。それに比べて、教育実践・教育学の領域では、実践の事実が結果として現れてくるのには、長い時間が必要となる。論争の決着がつかないまま、いつの間にか取り上げられなくなっていくことが多いのである。私は「実践の事実から学ぶ」ことをキーワードにしてきたが、その教育実践を語る科学の言葉を創るのは、教育学研究の遙かな課題である。

本書を刊行するにあたっては、安田女子大学の出版助成をうけることができた。瀬山敏雄学長はじめ、お世話になった方々に厚く御礼を申し上げます。

学習集団の論争的考察

目　次

学習集団の論争的考察

I　実践記録と実践分析

第1章　授業研究における「実践記録」の役割は何か
――「出口・ゆさぶり論争」にみる読み方の対立点――

宇佐美寛氏は、雑誌『授業研究』で「教育用語の分析」を、『授業研究』1977年4月号から12回にわたって連載した。この宇佐美氏の連載をきっかけとして始まった「出口・ゆさぶり論争」は、実に多くの研究者、実践者がこれに加わって行われた。

この論争は、単に「ゆさぶり」概念をめぐっての論争というだけでなく、さらに多様な論争を派生していった。たとえば、いくつかの論争点をあげてみれば、「出口」あるいは「かたむきかける」に関する教材解釈をめぐる論点、「山の子ども」という教材が優れた教材といえるかどうか、また、優れた教材でなくても良い授業ができるのかどうかといった「教材論」の論点、「実践記録」の読み方をめぐる論点、実践者と研究者の協力関係のあり方についての論点、さらにあげれば、論争のあり方そのものさえも論点になっている。

多くの論点がほとんど未決着のままに終わっているが、私は、この様々な論争を包含する論争のうちで、教育の理論と実践の発展において「実践記録」のはたす役割という問題に視点をおいて、この論争を検討してみることにした。この点に関しては、「出口・ゆさぶり論争」のなかでは、主に宇佐美寛氏と大西忠治氏との間で「授業記録」の書き方、読み方の問題を中心に論争がおこなわれた。そこで、宇佐美・大西両氏の論をそれぞれ検討するなかで、教育の理論と実践の発展における「実践記録」のあるべき姿を考えてみることにする。

「授業記録」と「実践記録」は厳密には区別すべきである。学校教育における「実践記録」は、主に授業実践の記録と生活指導実践の記録を含むものと捉えることができる。教材を前提とし、一時間、一単元の学習活動の指導という比較的時間的に短い実践の記録となる「授業記録」と、もっと長期にわたる子どもたちの集団的活動の指導の記録となる生活指導実践の記録とでは、記録の書き方も、分析の仕方も違ってくるが、ここではこの点については論じない。「授業記録」を授業実践における「実践記録」としてあつかうことにする。

一　宇佐美寛氏における「実践記録」

宇佐美氏が実践記録をどのようにとらえているかを検討するためには、宇佐美氏が「教育実践」をどのようにとらえているかの検討からはじめる必要がある。

宇佐美氏は「ある教育が良い教育であるかどうかなどは、知り得ないことであり、論ずべきことではない。」（①-p.173）とする。「良い教育やすぐれた教師というものは、実際にはわからない。つまり、ここにある教育があるとき、それが良い教育かどうかはわからない。より正確にいえば、『良い』とか『すぐれた』とかの意味を限定し、どのような事実がみえたとき、そのような語で評価し得ることにしておくのかという約束をしておかなければ、『良い（すぐれた）教育（教師）』ということばは使えない。」ところが氏は、そのような「約束」を定めることはできないとする。「……教育は被教育者の人間に奥深くかかわっているので、どのような影響があったとき、これを『良い教育』と呼ぶべきかを定めておくことができない。被教育者の人間を見通すことは不可能である。また、人間個人が自らの主体であり、他人に見通されないものだという前提をおくなら、教育や教師を被教育者に与えた影響で評価することはできない。被教育者をどう変えたか、その変えかたが正しいかどうかは、『神のみぞ知る』であり、人間にとっては、はかり知れない。理論としてはそのような禁欲をせざるを得ない。」（①-p.175）くりかえせば、人間とは他人が見通すことのできない奥深いものであり、それを変えたかどうかは人間には知り難いものだとするのである。

こうした宇佐美氏の考え方の背景には、氏の戦時中の体験があると思われる。「戦時中、私に激烈なるビンタをしばしば、しかも安易に前後の見さかいもなく、くれた教師がいた。……私はその後、学校教育を受けている間は、『他人である教師におれが理解できてたまるか。』『おれは「変革」されないぞ。』『おれは主権ある国家だ。社会という国際関係で生きていくために何を採り、何を拒み捨てるかは、おれの主権で決める。今は心ならずも教師に妥協・屈従しつつも、それは一時のことだ。』と思っていた。私がそう思うことができるようになったのは、戦時中の教師のおかげであり、その意味では、あの教育は良かったことになる。しかし、『あの教育は良かったことになる』などと私じしんで意識できるようになったのは、もう中年になってからのことである。つまり、ある教育が自分にとって何であったのかは、その時どきの自分のありかたを通してしか判断できないのである。」(①-pp.173-174) そしてその判断は年をとると変わるかもしれないものである。だから教育によって変えたかどうかは人間には知りえないものだとする。こうして、宇佐美氏は、何を「良い教育」と呼ぶかは理論的考察の対象外におくのである。

ところが、宇佐美氏は、「良い教育」とは違って「良い授業」「すぐれた授業」は論じることができるとする。「『教育』と『授業』とを峻別しよう。『すぐれた授業』は論じられても、『すぐれた教育』を論じることは不可能である。」(①-p.175) と述べている。しかし宇佐美氏は授業は論じることができるとしながらも、論じることのできる側面と、論じることのできない側面を区別している。論じることができない側面とは、氏が「良い教育は論じることができない」と述べた時の「教育」ということばが意味している授業の側面である。このことは、大西氏の実践記録の読み方を批判する形で書かれている次の文の中にも見ることができる。「その場に居あわせて、子どもが外部に表出した言動・表情から、授業が子どもの人間をどう変えたかが見通せるとでも、この論者は考えているのだろうか。……これは、人間を見通しのきく対象としか見ていない蔑視である。教育が子どもをどう変えるかは、見通すことがきわめて困難である。」（①-p.172、傍線は引用者）この部分で、氏は「授業」と「教育」を自覚的に使い分けてはいないように思われるが、ここから推察できるのは、氏は授業の「子どもの人間をどう変えるか」という側面＝「教育」が論じられない側面だとしていることである。つまり、宇佐美氏は、授業の教育的作用のうちで、子どものものの見方、感じ方、生き方の形成に関わる側面、すなわち、一般に「訓育」と呼ばれる側面は論じられないとするのである。

それに対して、授業の論じることのできる側面とは何か。宇佐美氏によれば、「……理論は普遍性を求めて作られるものである。つまり、他の個人も認めざるを得ないような構造の論述をするものである。そのような理論のことばにのり得るようなことがらは限られている。それは、くり返し述べるように、教科内容から解釈内容にいたる内容である。」（①-pp.176-177）したがって、「……およそ授業を批判するには、学習者である子どもの認識内容を問題にすべきである。」（①-p.168）「授業によってもたらされた子どもの認識内容がすぐれたものであると思われるとき、その授業を『すぐれた授業』と呼ぶことばの使用の形式を確立すべきである。」（①-p.170）こうして、「教科内容・教材・授業・刺激・解釈内容という一連の内容の問題として」授業を論じることを主張するのである。すなわち一般に「陶冶」と呼ばれる側面を論じることのできる側面としているといえる。

このように見てくると、宇佐美氏の考えでは、授業の教育的作用のうち、陶冶的側面（「内容」）は論じることができるが、訓育的側面（「教育」）は論じられない、ということになる。（もっとも、宇佐美氏の場合、「陶冶」と「訓育」という概念を使用して授業を論じることはしていないのだが、一応このように整理しても大きな違いはないと思う。）

以上のように、宇佐美氏は、授業の論じられる側面と論じられない側面とを区別したのだが、しかし、論じられる側面をいかに論じるかの具体的提案はしていない。「教師の構想した教科内容から学習者側の解釈内容にいたる過程をすべて内容として見る理論を作り、授業についてはこの理論の文脈で語るべきである。」（①-p.182）と主張はしているが、そのために、どのような教案、授業記録を作り、どのようなデータをとり、どのように分析するかについての具体的、実践的提案をここではしていない。かわって、宇佐美氏は、いかに授業を論ずるかについては、論じられる側面と論じられない側面を明確に区別しないまま、授業記録についていかに論じるかを追究しているように思われる。

宇佐美氏は、次のように述べる。「子どもが授業によってどう影響され、どう変わるかは、教師の見通しを越えることがらである。さきのビンタ教師の場合のように、ある教育が長い目で見て子どもにとって何を意味するのかは見きわめられない。しかし、教師が、その教育が子どもにとって何を意味すると思っていたかという自覚の内容は、はるかに明確であり、これには教師は責任をとらなければならない。また、それを問うことが主体的な個人としての教師を尊重することなのである。」（①-p.188）このように、氏は、さきに引用したように、「『すぐれた授業』は論じられても、『すぐれた教育』を論じることは不可能である」とし、自覚的ではないにしろ、授業において論じることのできる側面と、論じることのできない側面とを区別していたのであるが、ここでは、その区別をしないで、論じる対象を教師の「自覚」に限定するのである。つまり、氏は、ある人間にとってある教育が良い教育であったかどうかはその時々の自分のあり方を通しつつ判断するしかないとする。その判断も時とともに変化する。したがって、ある教育が良かったかどうかは定めることができない。だとすれば、結果によって良い教育かどうかを定めることはできない。確かなのは教える教師の「意図」「自覚」「思考」だけであり、それをこそ論じる対象にすべきだとするのである。そして、次のように述べるのである。「……授業がすぐれているかどうかという授業批判はすべきではない。すべきものは、常に授業論批判なのである。」（①-p.188）

こうして宇佐美氏は、授業を論じる時、その対象を教師の「自覚」「授業論」に限定するのであるが、それと実際の授業との関係については、次のように述べている。「目の前に展開されている現象としての授業がある。

また教師が考えている『自覚としての「授業」』とでも呼ぶべきものがある。授業の観察者は、現象としての授業のみを観察しているようであるが、実はそうではないのである。観察者は自覚としての『授業』を想像しながら現象としての授業を見ている。」したがって、「授業の評価とは、授業者の『自覚としての「授業」』を中心に行われるべきものである。」（①-p.189）このように、氏は、「自覚としての『授業』」と「現象としての授業」とを区別している。しかし当然、この両者には「ずれ」が生ずる。この点については、氏は「もちろん、実際に現象としてあらわれた授業は、自覚していたものとは違うものであり、ずれがある。……このとき、なぜこのずれを予測し得なかったかが問われることになる。つまり、評価者の目は、授業者の自覚の内容の構造を問う方向に動かなければならないのである。」（①-p.190、傍線は引用者）と述べている。

このように宇佐美氏にとって授業実践を論ずることは、授業者の「自覚」「授業論」を論ずることであり、実際の授業が「自覚」「授業論」とずれたとしても、そのずれを予測できなかった「自覚」「授業論」こそが論ずる対象となるのである。あくまで論ずる対象は「自覚」「授業論」なのである。

さて、以上見てきた宇佐美氏の授業実践に対する考え方から、氏の「授業記録」のあり方に対する考えは、次のようなものとなる。「授業記録とは、まさに授業者の自覚としての『授業』である。授業記録の中に授業の事実が報告されているとしても、それは現象としての授業ではなく、現象としての授業が自覚され整理されたものなのである。」（①-p.190）そして、そのような授業記録は、粗くいって、二つの部分から構成されるべきだとする。つまり、①授業の事実の報告（もちろん授業そのもののすべてを報告することは不可能だから、授業そのものの事実の一部の報告である。）と②授業論（「授業の事実の報告」について論じたもの）である。（①-p.152）

では、このような授業記録を読み、論じる際には、どのように論じ、どこまで論じることができるのか。この点についての宇佐美氏の考えは、次のようである。「どのような自覚によって授業が行われたかが授業記録には書いてある。だから、その授業がどのような質の自覚に支えられた授業であったかは、わかる。その範囲までである。」(①-p.190)

こうして、宇佐美氏が授業記録にもとづいて授業を論じる際には、分析し、批判する対象を授業記録として書かれた文章に明確に限定している。この論じ方について、氏自身が次のように述べている。「……もし、私の論述にすぐれたところがあったとしたら、それは『実践』ではなく、『実践記録』の文章を注意深く読んだからであり、文章と事実とを峻別したからだと自分では思っているのである。私がしたのは、授業記録の文章の中だけで分かる内部矛盾を指摘することであって、その外部へは出ようとしなかったつもりである。」(①-p.153、傍線は引用者)

二　大西氏における「実践記録」

宇佐美氏が授業記録について論じる論じ方は、授業者の「自覚」としての授業記録の文章に厳しく限定して論じるやり方である。それに比べて、大西忠治氏の授業記録の読み方は大きく異なる。

たとえば、大西氏は次のような読み方をする。斎藤喜博氏の『未来誕生』と『授業』という著書の「出口」の授業について述べてある個所について、「『未来誕生』よりあとに書いた『授業』の方が、『授業のようす』がくわしくかかれているのだが、この部分を読んだときに、私は、斉藤氏の解釈は、授業を見ていて、不意に思いついた解釈だったのではなかろうか――と思った。」(②-p.31)また、「それにしても、あの『出口』の部分がとくに問題になったのは、授業における突発的なできごとであった筈である。とくに『出口』を問題にするようには、事前に教材分析、教材解釈はできなかった筈である。そうだとすると……」(②-p.32)

「そして、そのときとっさの解釈として、あの『出口』の解釈がひらめいたのではないかと思う。そして、これならやれると思い、授業にわりこんでいったのではないか――もしそうだとすると……」(②-p.32)

こうした「授業記録」から推測していく読み方は、「出口」の授業についてだけでなく、たとえば、芦田恵之助の「冬景色」の授業記録に関しても行なわれている。（③-p.111）「冬景色」の中の「この朝教案を書く為に、机に向って、その課を二回読んだ。」という部分について、「『この朝』と呼ばれるときまでは、どれくらいの時間的余裕があったであろうか。」ということを問題にする。大西氏は、色々の推測の結果として、「だから、妥当なところ、……そのときの、時間的余裕は『一時間前後』だったと考えてよいだろうと思う。」（③-p.112）と判断する。

このように、大西氏は授業者が授業実践に取りくんでいく状況や、その間の考え等について、授業記録の文章から読みとれない場合には、その文章をもとにしながら推測する。その推測を前提として、「もしそうだとすると……」という接続詞を用いながら、分析を行うのである。こうした大西氏の読み方は、宇佐美氏の「……授業記録の文章の中だけでわかる内部矛盾を指摘することであって、その外側へは出ようとしなかったつもりである。」という読み方とは基本的な違いがある。

宇佐美氏は大西氏の読み方について、「文章で読みとれる範囲を越えて氏の読解力に期待する『思い入れ読み』はやめるべきだろう。また文章に責任を持つ人間に対してならば、『思い入れ読み』は無礼であろう。」（①-p.163）と批判する。

では、なぜ大西氏は「思い入れ読み」を行ない、また必要とするのか。それを知るためには、何のために実践記録を読むのか、についての大西氏の考え方を明らかにしておくことが必要である。

大西氏は次のように述べる。「私がいわゆる実践記録を読むのは、……自分の実践を、他人の実践記録を鏡にして写してみようとするためであるといえそうである。言いかえると、他人の実践記録の中で自分の実践を読もうとするためである。……別の言い方をすると、他人の実践記録の中に、自分の実践に役立つものを見つけ出し、それによって自分の実践を改めたり、確信したり、疑ったりしようとするのである。」（④-p.114）

大西氏のように、自分の実践に役立てようとし、自分も実践してみようという立場からすれば、記録化された実践の実際の状況やその時の教師の意図、考えなどを出来る限り完全に知ろうとすることになろう。ところが、「授業記録は授業そのものではない。」書かれていない側面や事実が数多くある。したがって、欠けている部分を何らかの形でうめようとする。大西氏は次のように述べる。「いったい『対象』そのものであろう筈がない『対象を記録した文章』を読む目的は、文章をとおして対象を知ろうとするためである。不完全なのはわかりきっている。しかし、できるだけ『対象』に近づこうとして、文章を読み解釈し、分析もするのである。その場合、『対象』そのものはわからないにしても、読み手は、自分の経験の中から、そこに書かれたこと、『書かれてある事実』に似た経験を対置しながら読むのである。つまり、『知られているデータ』は、『文章』だけではなく、『自分の体験』もまた、重要なデータとして『対象』の読みとりを助けるものなのである。」(⑤-p.116) つまり、自分の実践上の体験をもとにしながら、「対象」である実践の書かれていない側面、状況を「推測」していくのである。「『実践』の記録は、『実践』の思い入れなしには読めない……」(⑤-p.117) とも大西氏は述べているのである。

さらに、実践記録の読み方について、次のような指摘もしている。「……授業記録は、記録者による記録の不正確さ、記憶のあいまいさ、記録まちがいを含みもたざるを得ない。……だとすると、そこから学ぶものは、その記録の正確さ、記録のまちがいの可能性へのけいかい、配慮をしないでよむことは問題があるのではないかと思う。……」(⑥-p.119) 大西氏は、「実践記録」は、「実践」そのものではない、しかし、「実践」そのものと別物でもない、「実践記録」は何らかの程度に「実践」を反映しているものだとする。したがって、書かれていない部分を推測し、書かれていることそのものをも疑いながら読もうとする。それによって、できる限りその「実践」の「実際」に近い位置に立とうとするのである。

さて、以上、見てきたように、「出口・ゆさぶり論争」の中で、宇佐美氏と大西氏によって、二つの極端に違う実践記録の読み方が提起された。一方は実践記録の「文章」を読み「文章」を分析しようとし、他方は、実践記録の「文章」を読み「実践」を分析しようとする。この違いが、「実践」のとらえ方についてのいかなる違いに起因するのか、そして、どちらが、教育の実践と理論の発展にとって意味あるものか、この点について考察してみたい。

そのために、まず、「実践」にとって「実践記録」がいかなる意味と機能をもつかについて考える。

三　教育実践における「良い教育」の理念

「教育実践」は、人間の様々な実践のうちの一つの実践形態である。実践とは、一般的に、「……客観的存在（自然と社会）に対して能動的に働きかけて、これを意識的・目的的に変えていくものとして、人間の物質的社会的な活動であり、それは、いっさいの人間生活の不可欠な根本条件をなす物質的な生産活動、すなわち労働をあくまでも基本形態としながら、さらに社会的・政治的活動という形態、さらになお、科学的・芸術的な活動という形態などにもおよぶ、全社会的活動の諸形態を含むものであり、……まさに人間のいっさいの歴史形成行為を意味しているものなのであった。」（⑦-pp.16-17）教育実践は、実践の一形態として、実践のもつ基本的特質をすべてそなえるが、その特質は、教育実践の独自性をふまえてあらわれる。

たとえば、第一には次の点がある。人間が自然および社会に働きかけ、それを目的意識的に変革していくものとしての実践において、人間は主体であり、自然および社会は客体である。ところで、教育実践においては、教師は主体であり、子どもたちは客体であるが、同時に、子どもたちは発達の主体でもある。子どもたちを、自然や社会さらに文化財に対して働きかけることをとおして、対象についての認識を獲得し、自らを発達させる主体としてとらえない限り、教育実践は成立し得ないからである。実践の対象＝客体が同時に主体であることを前提とした働きかけが必要とされるという点で、教育実践は政治的実践と似ており、物質的生産活動と異なる。つまり、物質的生産活動においては、労働対象はあくまで客体であり、主体になることはあり得ないが、政治的実践においては、人民大衆は政治的実践の客体であると同時に、自由に判断し独自な思想、世界観をもつ主体である。人民大衆は政治的実践の客体であるが、それが真に主体になった時、はじめて、政治的変革は可能になる。教育実践においても、子どもたちは教育の客体であると同時に、発達の主体である。しかも、教育実践の客体となることによって、はじめて発達の主体になり得るのであり、客体であることと同時に主体であることは、弁証法的に統一されるべき矛盾である。

第二に、教育実践は、本質的に社会的活動であり、社会的価値をめざして行われる。いいかえれば、すべての教育活動＝学習活動は社会的過程であり、共同社会のなかで遂行され、共同社会的関心に向けられているのであり、けっしてそれ自体を目的とする過程ではない。したがって、教育実践はそのとりくみによって達成すべき目標をもつのである。本来、「実践」とは、人間が行動を通じて自然や社会を意識的に変化させることなのであるから、目的意識をその不可欠の契機とする。その意味で、教育実践も何らかの目標＝「良い教育」を想定し、その達成をめざすのである。この点で、「ある教育が良い教育であるかどうかは、知り得ないことであり、論ずべきことではない。」とする宇佐見氏の考えは、教育実践を歴史的、社会的現実のなかで客観的に捉えることを困難にするものである。「ある教育が良い教育であるかどうか」は、陶冶的側面も訓育的側面も含めて、論じ得るものであるし、論じなければならないものである。

しかし、階級的社会においては、何を「良い教育」とするかは、階級的対立を反映し、多様に想定されることになる。支配的階級は教育においても彼らの階級的利益を擁護し、拡大させるために、その目的にかなった教育のあり方を「良い教育」として主張し、彼らの支配する行政機構を最大限に動かして、その実現をめざす。かつての「期待される人間像」にも、ある特定の立場から「良い教育」の理念が明確に主張されているといえる。これに対して、被支配的階級は、その階級的利益を守り発展させるために、それに必要な教育を「良い教育」とし、その実現のために様々な研究や運動を展開する。

何を「良い教育」とみなすかについては、このような階級的対立があるが、いずれの立場にたつにせよ、何らかの「良い教育」を目的として教育実践は行われるといえる。

ところが、たとえば支配的階級が「良い教育」として「期待される人間像」といったものを打ち出し、その実現をめざしたとしても、それがそのまま達成されるわけではない。それは、被支配的階級がそれに抵抗するからというだけではなく、むしろ発達の主体たる子どもたち自身がそれを選択するとはかぎらないからである。民主的勢力のめざす「良い教育」においても同じである。民主的教育であれば、そのめざすものは、そのまま子どもたちに受け入れられるとは限らない。なぜなら、既に述べたように、子どもたちは単に教育の客体なのではなく発達の主体だからである。つまり、教師は目的意識的に子どもたちに教育的働きかけをするが、子どもたちは、教師の目的、意図とは相対的に独立して、いかなる思想を形成し、いかなる生き方を選択するかを自主的に判断する主体だからである。だから、宇佐美氏の「ビンタ教師」の場合のように、ある子どもは教師の意図とは独立に、自分のうけた教育に否定的な評価を下したり、肯定的な評価を下したりするのである。教師は何らかの「良い教育」＝子どもたちのうちに形成すべき人間像の理念をもって指導をする。しかし、教師はそれを強制的に押しつけることはできない。いかなる思想と生き方を選び、いかなる人間像へと自己形成するかは、最終的には子どもたち自身にまかせられている。ただ、教師は、自然と社会についての科学的真理を教えること、そして教育実践の全体において、教育の科学と民主主義を貫くことによって、教師のめざす人間像と子どもたちの選ぶそれとは、おのずと一致し得るだろうという楽天主義に立つ他ないのである。

こうして、何を「良い教育」とするかについては、階級的対立を反映した矛盾と、教育の主体（教師）と客体（子ども）との間の矛盾が存在する。ところが宇佐美氏は、「被教育者の人間を見通すことは不可能である。」とし、被教育者の側における「良い教育」を定めることはできないとし、そのことを根拠に、何を「良い教育」とするかを理論的考察の対象外におこうとする。しかし、必要なことは、何を「良い教育」とするかについての二つの矛盾を前にして、理論的考察を閉じることではない。階級的対立を反映した「良い教育」のとらえ方の矛盾のうち、いずれが子どもたちの発達と将来の幸せを真に保障し、社会の健全で豊かな発展を支え、そして、教育の論理に一致しているかを科学的に追求することが必要なのであり、主体＝教師と客体＝子どもとの間の「良い教育」の矛盾をいかにして統一するかを、教育実践における科学と民主主義を検討することで、追求することが必要なのである。何が「良い教育」なのかを明らかにすることは、教育の科学と民主主義を明らかにすることであり、また、支配的階級と被支配的階級のいずれが、子どもたちの教育においてヘデモニーをにぎるかの闘いの一環なのである。

教師が、何が「良い教育」であるかについて一定の理念をもつことは、彼の実践にとって基本的前提である。しかし、単にある教育理念をもつだけでなく、その理念の真理性への、理念に一致してとりくむ必要性への、さらに、理念を実現する可能性への確信、信念をもつことは、実践にとって不可欠の契機である。「実現しようとする理念の真理であることを確信せずに実践的行動に着手している人間は、その理念を成功裡に実現するためにはなはだ必要な意志、目的志向性、情緒的な興奮を欠いている。」（⑧-p.312）

以上のことから、何が「良い教育」かを明らかにし、その実現のために努力することは、教育実践者となるための基本的任務と考えるのである。

四　実践記録のあり方

宇佐美氏は、これまでに述べてきたように「良い教育」とは何かは論じられないとし、そのことを前提に実践記録のあり方を考えている。つまり、氏は、論じ得るのは教える教師の「意図」「自覚」「思考」だけであるとし、したがって、授業を論じる時の対象を教師の「意図」「授業論」に限定しようとする。そこで、実践記録をもとに実践を論ずる際、分析し、批判する対象を実践記録として書かれた文章だけに限定しようとする。

このような実践記録のとらえ方が、教育の理論と実践の発展にとって適切なのかどうかを検討してみたい。

人間の実践は、どれほど初歩的な実践であろうと、実践の対象、結果の予想、および、実践の手段についての何らかの認識を前提としており、この認識は人間の実践において不可欠のものである。この対象についての認識が、人間の多様で多面的な実践のなかで確かめられ、組織され、論理的体系にまでたかめられ普遍化されたものが理論である。この理論は実践を基礎に生み出されるが、逆に理論は実践を導くものとなる。このように、理論と実践は、実践にもとづいて理論を発展させる過程と、その理論を指針として実践をさらに発展させる過程との弁証法的統一のなかでたえず発展するのである。

それでは、この実践から理論が生み出され、理論によって実践が導かれるという過程にとって、実践記録はいかなる役割をはたすのか。

理論が実践を基礎に生み出されるということは、実践の指針となった理論の真偽、完全不完全を、実践の成功と失敗の試練にかけて研究し、その理論を吟味し発展させるということである。なぜなら、実践は対象に対する何らかの働きかけによって対象を自分の必要、欲求にあわせて改造、変革するとりくみであるが、実践主体はいつでも自由勝手に対象を改造、変革することができるわけではない。対象のもつ性質、合法則性に対応して働きかけない限り、目的に一致して改造、変革することはできない。したがって、実践の成果と欠陥、成功と失敗の原因を、事実にもとづいて分析し、それをもたらした諸条件を正確に明らかにし、成果の発展をさまたげている欠陥を克服する方向を見つけ出す。そのことを通して、対象のもつ性質、合法則性を科学的に認識することができるのである。これは、実践の「総括」というべき活動である。実践の過程が自動的に理論を生み出すのではない。「総括」という活動を媒介として、実践は理論化されるのである。「総括は、たえず新しく実現されなければならない理論と実践の統

一の結節点」であり、「推進力であり、その分離をとりのぞく保証である。」（⑨-p.15）

教師が実践記録を書くということは、じつは自らの実践についての「総括」を行うためであると考える。つまり、実践記録は、教師が自らの実践を自分と教師集団によって総括するための資料なのであり、また、実践記録を書くこと自体が、総括を行うという側面を含むのである。

教師が実践記録を書くのは、「総括」のためであるとすれば、実践記録のあり方については、次のことが言える。

第一に、実践の成功と失敗の原因は、あくまでも事実にもとづいて分析しなければばならない。実践者の認識＝理論を実践の事実にもとづいて検討してこそ、実践についての科学的分析が可能となり、理論が発展するのである。ところが、実践記録は実践の事実そのものではない。書かれていない事実は数多くある。また大西氏もいうように、記録者による記録の不正確さ、記憶のあいまいさ、記録まちがいを含んでいる。そうであれば、実践記録にもとづいて実践を総括しようとするものが、できる限り実践の事実に近づくように努力することは必要なことだと考える。

この点からすると、既にたびたび引用している宇佐美氏の次の考え、「つまり、……もし私の論述にすぐれたところがあったとしたら、それは『実践』ではなく、『実践記録』の文章を注意深く読んだからであり、文章と事実とを峻別したからだと自分では思っている。私がしたのは、授業記録の文章の中だけでわかる内部矛盾を指摘することであって、その外側へは出ようとしなかったつもりである。」という考えによると、実践についての分析＝総括が実践記録という文章内部の論理的矛盾の追究にのみ終始することになる。したがって、実践記録に書かれている実践をできる限り客観的にとらえた事実によって検討することで、実践を導いた理論＝認識を発展させることにはならない。つまり、実践を分析するという理論的認識活動が実践の事実から遊離し、それ自体の自律的活動によって対象を捉えるということになるのである。

第二に、「総括」としての実践記録は、実践の事実をふまえ、それをどう発展させるかという実践的意志をもって書いてこそ、また、実践的意志をもって読んでこそ、教育実践を切り開く理論の発展を導くものとなる。

先に、教育実践は、対象である客体が同時に主体であるという点で政治的実践に似ていると述べた。そこで、政治的実践における理論的認識の問題を考えてみると、政治的実践は、かならずある「政治情勢」のなかでおこなわれるのであるが、ひとびとが「政治情勢」を問題にするのは、これまでの政治的実践の結果を総括し、また今後、具体的なこの政治情勢をいかに展望し、いかに発展させるかという立場から問題にする。芝田進午氏は、「政治的実践を総括して、教訓をひきだし、さらに現実を変革せんとする実践的要求のないところには、そもそも『政治情勢』なる概念が提出されないであろう」（⑩-p.336）と述べる。ところで、政治的実践においては、「政治情勢」を認識せんとする主体が、それ自身が実践的主体として「政治情勢」を構成する諸要因の一つとなっている。ところが、「実践主体の意志・情勢を除外し、他の諸勢力の意志・情熱の介入だけを考慮することは、現実の政治情勢を恣意的につくりかえ、その理論的把握を断念するものであろう。反対に、政治情勢における実践的主体の存在を確認し、その集団的意志を実現せんとするとき、はじめてひとびとは、集団的意志を実現するために必要な諸要因をみわけうる。」（⑩-p.337）のである。

いうまでもなく、教育実践は政治的実践とは同じではない。しかし、教育の主体と発達の主体との絶えざる相互作用のなかで、子どもたちの発達を実現する新しい情勢を切り開き、また、そのために必要な理論的認識を発展させていくために実践的意志が重要な役割をはたすことは、政治的実践と同じである。「情勢をかちとらんとする実践的意志をもたない人は、理論的認識もおこないえない。」（⑩-p.337）のである。なぜなら、実践的意志をもつものは、実践を切り開くために、実践の現在の事態を客観的に分析するために必要なあらゆる情報を手に入れようとし、対象に実践的に働きかけることによって起り得るあらゆる事態を予想し、それに対応するあらゆる手段を考えようとする。こうしたとりくみのなかで、実践を切り開く理論的認識が発展するのである。けっして、実践記録に書かれた文章のなかだけに留まろうとはしないのである。実践を切り開こうとする情熱が理性を鋭くし、事態をより客観的に、科学的に見ることを促すのである。

念のために述べておくと、実践的意志をもって読むということは、実践者でないと実践記録を読むことができないということではない。肉体労働と精神労働への分化以来、人間的諸活動は多様に複雑に分化した。その結果、人間の理論的活動は、もはや直接に実践過程に組みこまれてはいない。それは特有の手順や技術、合法則性をもつ、実践からは相対的に自立した活動となっている。したがって、実践をしているものでないと理論的認識をすることができないというのではなく、実践からは相対的に自立して対象を認識することができるのである。しかしそのことは、実践の事実から離れて、対象を傍観者的に認識するということではない。実践記録を読むものは、実践者とともに、実践の客観的事実に基づきながら、いかにして実践を切り開く手だて、技術、理論を明らかにするかという立場から読むのである。あるいは、大西氏のように、「他人の実践記録の中で自分の実践を読もうとする」「他人の実践記録の中に、自分の実践に役立つものを見つけ出し、それによって自分の実践を改めたり、確信したり、疑ったりしようとする……」という立場から読むのである。だからこそ、実践記録に書かれていることをこえて、実践の客観的事実に近づこうとするのである。

さて、以上述べてきた意味で、宇佐美氏の実践記録を読む姿勢には実践的意志が欠けていると考える。こうした氏の姿勢は、実践記録の分析のし方にも通じていると思われる。

大西氏は次のように指摘している。「最後に疑問に思うのは、斉藤氏の『授業』の批判を、主として教材解釈、教材分析によって行っていることである。つまり言語理論と、国語教育における教材理論の領域で行っていることである。たしかに、教材解釈、教材分析に誤りがあって授業は存在しないというのは原則論である。しかし、それは、理論の世界を主にしている。実践の世界には、充分にふみこまない領域である。」(②-p.42) 授業には二つの指導の側面がある。つまり、教科内容を指導する側面と、子どもたちの集団的な授業のうけ方の指導の側面である。なぜなら、どんなにすばらしい教材を用意し，適切な教材解釈をしたとしても、教師の説明に耳を傾け、教師が提起する課題を引き受け、能動的に学ぼうとする学習活動を組織しない限り、授業は成立しないからである。宇佐美氏の実践記録の分析のし方には、大西氏も指摘するように、教材分析、教材解釈からの分析はあっても、いかにして子どもたちの集団的な学習活動を組織するかという点からの分析がない。このことは次の点に関係していると思われる。

第1節で述べたように、宇佐美氏は、授業の教育的作用のうち、陶冶的側面（「内容」）は論じることができるが、訓育的側面（「教育」）は論じられないと考えているようである。しかし、宇佐美氏のいう「内容」が、イコール「陶冶的側面」ということができるであろうか。陶冶とは、一般に、人類の文化遺産である科学的知識や技術の伝達およびそれらを自由に使いこなす能力や知的探究能力の形成を意味している。つまり、陶冶とは、知識や技術を伝達することと、知的能力を形成するという二つの側面をもつのであり、それを統一的に達成させていく教育作用のことを言うのである。ところが、宇佐美氏は「教科内容・教材・授業・刺激・解釈内容という一連の内容の問題として」授業を論じることを主張し、また、「教師の構想した教科内容から学習者側の解釈内容にいたる過程をすべて内容として見る理論を作り、授業についてはこの理論の文脈で語るべきである。」と主張するのである。つまり、宇佐美氏は、授業を「内容」の問題として見るということで、陶冶の二つの側面のうち、「知識の伝達」の側面にかたよって授業を見ていくことになる。

もちろん、宇佐美氏が「知的能力の形成」の側面を見落しているというのではない。氏は、次のように述べている。「思考の問題を『思考力』という『力』のことがらとして語るのは、実に内容の乏しい不毛なことである。『力』についての語の持ちあわせが（『強弱』以外には）無いのである。思考について語るには、思考力についてではなく、思考の内容を語るしかない。」（①-p.169）こうして、思考力（知的能力）も「内容」の問題として論じることを主張する。

しかし、思考力（知的能力）は「内容」の問題と区別して論ずる必要がある。なぜなら、認識行為は認識内容と区別されるからである。「認識行為は、人間が自分の認識能力を用いて、すなわち、感覚活動および高次神経活動によって、自分の意識のなかに認識客体の模写を産出する過程である。一方、認識内容とはまさしくこの観念的模写のことである。この区別が重要なのは、認識過程の構造と合法則性が認識的模写の構造と同一ではないからである。認識過程の内容は、こんにちの洞察によると、主として、情報を受容器とネウロン綱がうけいれ分解し変形し加工することである。そして、この諸過程は情報理論および神経生理学の諸法則にしたがって進行する。

認識的模写は、しかし、その内容という点では、こうした諸法則で規定されているのではなく、模写される客体の構造で規定されている。認識的模写は、ひとたび成立すると、相対的自立性をもつ。」（⑪-pp.712-713）したがって、どのような認識内容を習得させるかという問題と、そのためにどのような認識行為を組織するかという問題は相対的に区別して問題にしなければならない。そうでないと、教科内容の研究がイコール授業組織論の研究となってしまう。

また、メンチンスカヤは、次のように述べている。

「現場での実践からよく知られるように、あらゆる教授・学習が発達的性格（子どもを発達させるはたらき）をもっているのではない。知識の獲得はかならずしも、知的発達における前進を意味しない。習得されたもののうち、なにが知的発達に役立つかの問題を解決するには、教材がどのように、いかなる知的操作を用いて習得されたかを知ることが必要である。」（⑫-p.86）

このように考えると、援業研究は、「内容の問題」として論ずるだけでなく、授業の過程でどのような知的操作、思考活動を組織するかという点からも論じる必要がある。宇佐美氏のように、「内容の問題」として論ずることは、実践記録を教材解釈、教材分析の観点から分析するのには都合がよくても、そこからは、実践的な授業組織論は出てこないのである。

「ゆさぶり」の問題も、「内容」の問題としてだけではなく、授業組織論の問題として検討する必要があると考える。

さて、くりかえし述べてきたように、宇佐美氏は、実践者の「自覚」「授業論」といったものだけを論じる対象とし、実践記録の文章だけを分析の対象とする。こうした氏の姿勢は、教育実践に対する教師の「責任」のとり方をも傍観者的なものにする。氏は次のように述べている。「およそ人間にとって功績として誉められるにあたいすることがらとは、本人の意図により行われたものである。意図の範囲外にあったこと、意図に反したことで賞めるのは、その人の責任でもないことを誉めることであり、その人の主体性を侮辱することである。」（①-p.184）さらに、「子どもが授業によってどう影響され、どう変わるかは、教師の見通しを越えることがらである。さきのビンタ教師のように、ある教育が長い目で見て子どもにとって何を意味するのかは見きわめられない。しかし、教師が、その教育が子どもにとって何を意味すると思っていたかという自覚の内容は、はるかに明確であり、これには教師は責任をとらなければならない。」（①-p.188）と述べている。

宇佐美氏が、どういう意味で「責任」という言葉を使用したかは、この部分では定かでない。しかし、教育実践は、教師の子どもたちに対する何らかの働きかけであり、その働きかけは教師の意図を越えた、あるいは教師の意図に反した影響を子どもたちに与えるものである。そのことに対して無責任であることは許されない。教師の仕事は、自らの指導で子どもに与えた影響の総体に責任をもたなくてはならないという、極めて残酷な仕事なのである。だからこそ、教師は実践記録を書き続け、実践のあやまりを明らかにし、自らの実践を切り開き、確かなものにしようとするのである。

今日、おびただしい数の実践記録が書かれている。その中には出版されたり、雑誌に掲載されるものもあろう。しかし、大部分はサークルや校内研究会のなかで互いに実践を検討しあうために書かれたものであろう。しかし、すでに述べてきたように、教師が実践記録を書くのは、自分の指導している子どもたちすべての発達を保障することを願って、自らの実践の問題点を明らかにし、それを克服する手段、方法を明らかにし、実践を進展させるためであり、それを集団的に検討するためである。また人の書いた実践記録を読むのは、それによって自らの実践の展望を切り開きたいと願うからである。こうした実践的意志をもって、実践を検討してこそ、実践を切り開く科学的理論を構築することができるのである。

引用文献

①宇佐美寛、『授業にとって「理論」とは何か』、明治図書、1978。
②大西忠治、「実践記録を読み直す視点」『現代教育科学』№251、明治図蓄、1978.2。
③大西忠治、「実践記録からどう学ぶか」『国語教育』№265、明治図書、1979.8。
④大西忠治、「『実践』と『実践記録』(2)」『特別活動研究』№131、明治図書、1978.11。
⑤大西忠治、「『実践』と『実践記録』(1)」『特別活動研究』№129、明治図書1978.9。
⑥大西忠治、「『実技』と『実践記録』(4)」『特別活動研究』№133、明治図書、1979.1。
⑦岩崎允胤、宮原将平、『科学的認識の理論』、大月書店、1976。
⑧П・B・コプニン、岩崎允胤訳、『認識論』、法政大学出版局、1973。
⑨島田豊、「民主的講運動における総活の意義と方法」『生活指導』№109、明治図書、1976.12。
⑩芝田進午、『人間佐と人格の理論』、青木雷店、1961
⑪A・コージング責任編集、秋間実訳、『マルクス主義哲学、下巻』、大月書店、1970。
⑫駒林邦男、『現代ソビエトの教授－学習諸理論』、明治図書、1975。

第２章　授業研究における実践記録の意義と方法

一　授業研究と授業実践

授業研究を行うことには、基本的に二つの目的がある。一つには、授業構成の仕方や教材づくり・発問づくり、集団組織の方法など、より優れた授業の方法技術の開発と理論的研究のためである。もう一つは、教師と教師集団の授業実践の力量を高めるためである。そのどちらの目的にとっても、授業の実践記録をもとに分析・検討を行うことは、授業研究のもっとも一般的な形態である。では授業研究において実践記録の作成・分析・検討が中心的活動となるのは何故か。

第一の理由は、実践の事実がもつ基準としての性格からくる。

授業は「実践」である。教育実践も含めて、すべて「実践」とは、対象に能動的に働きかけて、それを目的的・意識的に変化させたり、創造していく人間固有の活動である。この実践を行う際の指針となった理論・認識や技術等は、実践の成功と失敗の試練にかけて分析・検討してこそ、その真偽や正当性・合理性を明らかにし発展させることができる。つまり、実践が「うまくいったか、いかなかったか」という実践の事実が、実践に際しての理論や技術の真偽・正当性・合理性を検証する「基準」である。いいかえると、教育実践を含めて、実践を研究するとは、実践の事実という基準に基づいて理論や技術を分析・検討し、それを発展させたり法則性を明らかにすることである。その意味では、成功した実践だけでなく失敗した実践も、真理性の「基準」という性格を持っている。授業が実践である以上、実践の事実＝実践記録という基準をもとに研究することが必要である。

第二の理由は、実践記録を作成するという活動自体がもつ特質からくる。

授業研究という活動は、基本的には二つの過程から構成される。

①教材づくり、教材の分析・研究と、それに基づいて授業展開や発問を構想し、授業を実践していく過程と、

②その授業を記録し分析し、そこから授業実践の技術や法則を客観化・理論化していく過程、の二つである。

一般的に、①の過程は、「授業指導案づくり」という形で具体化され、②の過程は、「授業実践記録づくりとその分析」という活動として具体化される。つまり、「授業指導案」と「授業実践記録」という具体的資料づくりという形をとりながら、授業研究活動は進められる。(「授業指導案」に対して、「学習指導案」という用語が使われることが多いが、後者が子どもたちの「学習過程」に視点をおいた指導計画という意味が強いが、前者は、教師の授業づくりに視点をおき、学習規律、授業の受け方、学習主体形式等の指導過程も含めた計画という意味で使う。）これらの具体的な資料づくりをする過程が、教材や子ども集団を分析して実践を構想していく過程であり、また実践の事実を分析し、授業の法則や技術を検討し、新しい授業方法を追求していく研究の過程なのである。また同時に、この具体的資料づくりを教師集団の共同的研究活動として進めることが、個々の教師と教育集団の子どもを見る目や実践を分析し創造していくといった実践的力量を鍛える過程となる。

したがって、授業研究の二つの目的、つまり、理論的研究にとっても実践力養成にとっても、実践記録は重要な役割を果たすのである。

二　授業の実践記録が備えるべき基本的要素

実践記録をどの様に作成するかは、どの様に実践を分析するかを前提としている。それはまた、どの様な授業を創りだそうするのかという価値観を前提としている。この授業についての価値観は多様であるから、実践記

録のあり方も多様でありうる。しかし、授業を実践の事実という基準をもとに分析・検討するためには、教育実践としての独自性をふまえながらも、実践記録として備えるべき基本的要素があるはずである。それを検討することにしたい。

1　実践の二つの本質的過程

実践とは、すでに述べたように、客観的対象に能動的に働きかけて、それを目的的、意識的に変化させたり、創造していく人間固有の活動である。それは人間社会のなかで、物質的な生産活動を基軸としながら、政治的活動、教育活動、医療活動などから、科学研究活動、芸術的活動にいたるまで、様々に分化し、多様な形態を作りだしてきた。実践は、「客観的対象へ働きかけて、それを目的的、意識的に変化させる」ということを基本的特質としているから、活動することそれ自体を目的とする遊び的活動や、自己自身の変化をめざす学習活動、さらに日常的生活活動は実践とは言わないのが普通である。

ところで、「対象への働きかけ」という基本的特質から、実践は実践主体の外部に存在する対象にたいして何らかのやり方で働きかける客観的作用過程という性質を持つ。同時に実践は、「目的的、意識的に変化させる」という基本的特質から、「意識的に」働きかけること、つまり意識性という性質を持つ。しかも、この実践の意識的過程には実践主体の喜びや驚きといった感情・情動も生ずるから、実践は意識的内面的過程という性質を持つ。

ところで、この意識性の発展した形態が理論である。つまり、実践過程にともなう様々な意識・認識が、実践のなかで生じてくる事実や結果に照らし合わせて修正され、確認され、関連づけられ組織されて、論理的体系にまで高められたものが理論である。言いかえると、実践の過程が本質的にもっている意識性が発展し、相対的に自立した論理的体系性を獲得したものが理論なのである。

この意味で、第１章でも述べたように、理論は実践を成立基盤として生み出されるが、一方、理論は対象についての法則的認識の体系という性格を持っているため、逆に実践を導くものとなる。こうして、理論と実践は、実践が理論に課題を提供し、その実践の事実にもとづいて理論を発展させる過程と、その理論を指針として実践を発展させる過程との弁証法的統一のなかで、相互に発展していくのである。

2　客観的作用過程の記録と意識的内面的過程の記録

このように考えると、授業実践を研究していくためには、実践記録に何が記録されなければならないのか。

実践記録は、できる限り正確に実践を再現すればよいというものではない。それは実際に実践を見る時や、授業をそのまま VTR 等に記録し再現したものとは違った質の内容を持っていなくてはならない。つまり既に述べた様に、実践は客観的作用過程と意識的内面的過程の統一的過程であるから、実践記録には、実践者としての教師が具体的にどのような働きかけをしたかという客観的作用過程の記録と、実践過程での教師の意識的内面的過程の記録が書かれる必要がある。

つまり、第一に、教師の発言や動き・表情など子どもたちへの具体的な働きかけの事実とそれに対する子どもたちの反応の事実が正確に記録されていなければならない。この点では VTR 等は有力な記録の手段となる。

第二に、実践過程での教師の意識的内面的過程が記録される必要がある。例えば、教師はどのような教材解釈にたち、子どもの実態をどのように分析し、どのような意図・ねらいで働きかけたのか。また働きかけに対する子どもの反応をどう解釈し、どう判断したのか、さらに、実践の過程で教師がどのような感情・情動をいだいたか等である。この過程は、教師の内面的過程だから VTR やテープレコーダーによる客観的記録には記録されないものである。

ところで、第一の記録は客観的過程であり、授業者本人以外の人にも記録をとることができる。しかし第二の記録は、授業者本人が加わらないと作ることのできない記録である。そしてまた、これは客観的作用過程に意識的内面的過程を書き加えていくという作業となるから、一定の時間を要する。

時折、授業研究会で、授業直後に速記録のように授業の記録が配布されることがある。しかし、それが研究会のなかであまり有効に使われることがないのは、意識的内面的過程が記録されていないからである。この意識的内面的過程が明らかにならないと授業実践過程の構造が見えてこないのである。実は、この意識的内面的過程を明らかにし書き込んでいく作業過程そのものが実践の分析過程という性格を持っている。したがって、客観的作用過程と意識的内面的過程を結びつけ、統一的に記録する作業を通してはじめて、授業の構造がみえる実践記録ができるのである。したがって、VTR や録音テープ、あるいはそれらから教師の発言、子どもの発言等を文章化しただけのものは、「資料」であって「実践記録」ではないのである。

３　子どもたちの学習活動と意識的内面的過程の記録

ところでいま、「教師の子どもたちへの具体的な働きかけの事実とそれに対する子どもたちの反応の事実が正確に記録されていなければならない」と述べた。子どもたちの授業における発言や学習活動の様子を記録することは当然である。しかし同時に、授業における子どもたちの意識的過程や内面的過程をどう記録するかという困難な課題がある。

教育実践は、教師が実践の対象である子どもたちに働きかけることによって、子どもたちの主体的な学習活動や文化的・生活的活動を引き起こすことである。この子どもたちの主体的活動も、実践的活動と同様に、授業での発言や行動といった客観的作用過程という側面と、それに伴う認識活動や情動という意識的内面的過程という側面をもっている。しかも、子どもたちがどのような認識活動を行い、どのような感情を伴って学習し、どのような内面世界を形成したかということこそが、授業実践の成功・失敗の基準である。したがって、授業の実践記録には、VTR 等で記録できるもの、つまり、子どもたちがどの様な発言や行動をしたかについての客観的記録だけでなく、その学習過程での彼らの意識的内面的過程が分析され記録される必要がある。

三　授業実践記録における意識的内面的過程の記録の方法

授業実践における教師の客観的作用過程も子どもたちの学習活動の客観的作用過程も、今日では、VTR等によって正確な記録をとることが可能になっている。それに対して意識的過程の記録は、教師の場合も子どもたちの場合も、それほど容易なことではない。

1　教師の意識的内面的過程の記録

まず教師の場合を考えると、実践した教師自身が客観的作用過程の記録に意識的内面的過程を書き加えるというのが基本である。しかし、教師は実践における一つ一つの働きかけ全てを、明確な自覚と意図をもって行っているとは限らない。とっさの判断やそれまでの経験に従った働きかけなど、必ずしも自覚的ではない働きかけもある。実践した教師が自分でそれらを意識化し、その働きかけの意図・ねらいを明らかにし、実践記録に書き込んでいくためには、かなりの経験と力量が必要となる。したがって、分析者や教師集団が実践者に聞き込むことによって、彼に実践の意図や意識的内面的過程を自覚化させていく取り組みが必要となる。実践者は、この問いかけのよって、改めて自分の実践を対象化し、その場で彼がもった認識や判断、彼のとった手だての意図・ねらい等を自覚し言葉化する、つまり客観化することができる。

実践者から聞き取ることが不可能な場合がある。この場合は、記録されている客観的作用過程から、その実践者の意識的内面的過程を推測することが必要である。そしてこの過程は、同時に実践を分析する過程となる。

〈川嶋環氏の「詩の授業」から〉

では授業の実践記録においては、客観的作用過程の記録にどのような意識的内面的過程を書き加えるのか。それを、井上光洋氏たちのグループがつくった川嶋環氏の「詩の授業」の授業実践記録を素材にして、整理してみることにする。[1)]

この授業実践記録は、坂本遼作『春』を教材にした６年生の詩の授業の記録である。１時間の授業の記録としては極めて詳細で、実践記録としての要素をよく備えている。

記録は、授業の流れにそって「教師の動き」「子どもの動き」「教師の意図・備考」の３つの欄で構成されている。客観的作用過程は「教師の動き」「子どもの動き」の欄の記録されており、意識的内面的過程は「子どもの動き」と「教師の意図・備考」の欄にまたがって書き込まれている。この後者に書き込まれている記録のなかから教師の意識的内面的過程に関わる例をいくつか取り出し整理してみる。

①教師の指導の手だての「意図・ねらい」

「教師の動き」の欄に記録している一つ一つの指導の手だてを、どういうねらい・意図で行ったのかを明記している。

〔例〕子ども授業参加の組織に関わって

○「新田～前時に茂吉の歌を暗唱してよろこんでいたので最初に学習の中にひきこんでおいた」

○「中道を指名したのは、かなり深く読みとれると思ったため」

○「はっちゃんを指名した直後、清が授業の中に入っていないのが見えたので二連の朗読を指名」

〔例〕読みの指導に関わって

○「ぴょっくりういているおかんの姿をイメージさせる」

○「三連の『おかんの年がよるのが　目に見えるようでかなしい』につなげるために、『貧しい』『労働がはげしい』『おかんは年をとっている』ことをイメージさせておく」

○「後で問題にしようと思っている言葉、『たった一人』『大きな』『ちっちゃいからだ』『ぴょっくり浮かし』などは強調して読み、意識づけておく」

○「子どもたちに問題意識を持たせるために、教師は、自分の読みとったことをもとに思いを込めて朗読する。(教師の朗読で子どもたちが読みとるものは大きい)」

○「直樹の発言から、牛のことでおかんと息子との間に何か思い出があることを想像させたかった」

②個々の子どもについての教師の分析

授業過程で教師がある手だてをとる時、一人ひとりの子どもの個性や生活背景と内面をとらえたうえで、意図・ねらいを明らかにしている。

〔例〕個々の子どもを指名するところで、

○「山崎〜詩は好きだがときによっては授業にのらないことがある。そのため導入の段階で気分をよくしておいた」

○「刈谷君は口の重い子でなかなか自分から意見を言わない。こういう子が挙手した時はぜったいに見のがさず、うれしそうに指名すること」

○「清はいつもはいっしょうけんめいな子どもなのだが、四日前に私立中学の受験が終わったので、今は息をぬいている。キズをつけないように授業の中にひきこみたい」

③授業過程での子どもの学習活動の分析

子どもたちの授業への参加状況や学習状況を教師がどうとらえていたかを記録している。しかも、一人ひとりの表情、内面をどうとらえたかも書き込んでいる。

○「挙手　2/3 の子ども」

○「子どもたちは詩の中にくい入るように聞いている」

○「子どもたち真剣に考え出す。そして、ボチボチ挙手をする」

○「この頃になると教師は完全に司会役、子どもたちは自分からどんどん意見を言う」

○「牟田、何か深く考えている」
○「中道、納得しない顔をしている。教師はこういう顔を見のがさないようにこころがけたい」
○「子どもたち、身をのりだすようにして身うごきもせず聞きいっている」

④授業過程での教師の思い、考え、感情などの内面世界
○「授業の中でこういう顔を見のがさないこと。きっといい意見を言ってそれがもとで授業がうまく展開することがある」
○「これだけつっこまれるとめげてしまうタイプの子どももいるので気をつけたい」
○「子どもが授業にのってくるとこうなる。こんなときは、教師の気分はらくである」
○「こういう時は、授業者は息苦しい」
○「反省～根岸の発言を軽くとらえすぎた。教師がもっと感動し、全部の中味を追求するべきだった。時間がオーバーしていて、出来ず残念である。」

以上、川嶋環氏の「詩の授業」の例をあげて、授業実践記録に書き込む教師の意識的内面的過程を四つに整理した。こうした過程を書き込むことで、授業展開がよりよく把握できる授業実践記録となると考える。

２　子どもの意識的内面的過程の記録

次に、子どもたちの学習活動の意識的内面的過程の記録について考える。従来の授業実践記録では、子どもたちの発言だけを中心に記録し検討することが多かった。それは、子どもの「発言」は客観的に記録しやすいからである。しかし先にも述べたように、子どもたちが授業の過程で、どのような認識活動を行い、どのような感情を持ち、どのような内面世界を形成したかが、授業実践の成功・失敗の基準である。したがって、子どもたち

の意識的内面的過程をどのようにとらえ、記録していくかを追求する必要がある。例えば、授業のなかでどの様な分かり方の分裂が生じ、どの様に統一していったか。その中で子どもたちがどの様な知的操作を行いどのような認識を獲得したか。また授業過程のなかで子どもたちはどの様な驚きや楽しさの感情を経験したか等の分析である。

川嶋環氏の授業実践記録では、それは授業過程での教師の意識的内面的過程の記録のなかに、教師の分析として書き込まれている。しかし、さらにより客観的に子どもの意識的内面的過程を記録することが必要である。そのために、子どもの発言、表情、学習活動の様子、さらに子どものノート、感想文等を資料にして、子どもたちの意識的内面的過程を推測し分析する方法を確立しなくてはならない。

また、授業における子どもたちの意識的内面的過程の分析にとって大切なのは、授業における集団的過程の記録である。授業における教師の発言と子どもたちの発言だけの記録では、一人ひとりの子どもの学習主体としての成長の過程を捉えることは困難である。子どもは学習集団のなかで学習主体として育っていくのである。したがって、川嶋氏もしているような授業への主体的参加・不参加の状況の記録と分析が必要であり、さらに授業のなかで一人ひとりの子どもが、集団との関わりのなかで自己を変革し、授業に参加し学習主体へと育っていく過程をどう記録していくかといった記録も必要となるのである。

とくに、最近、報告されている「探求的協同的」な授業実践では、集団的過程の記録が重視されている。それらの授業実践は、学習内容・教材、学習方法・過程自体を、生徒たちの自主的選択と決定の対象にするといった発想を含み、授業における「自治」のとらえ直しや、学級・学校の枠を越えた学びの「共同化」といった実践課題を提起している。これらの実践記録では、一時間、一単元の授業の正確な再現といった実践記録ではなく、かなり長期間にわたり、生活指導の実践記録に近い形で、集団的過程を記録している。学習主体形成という課題をもつ授業にとって、その集団的過程の記録と分析の仕方の追究は、一つの重要な課題と考える。

注

１）井上光洋（研究代表）『教授行動の選択系列のアセスメントによる授業分析方法の開発』（平成６年度科学研究費補助金・一般研究Ｂ・研究成果報告書、平成６年９月）に掲載されている授業実践記録。授業者は川嶋環。教材は、坂本遼の「春」。平成６年（1994）３月９日、東京都三鷹市立第一小学校、６年３組で行われた。

第3章　授業における「教師の指導性」の検討

——斎藤喜博・島小学校の実践記録と授業指導観の検討——

はじめに

先に、「援助と指導」という論文[1)]において、私は、近年の「援助論の流行」の背景に、「指導」概念の誤用・混乱があり、それを批判するあまり「指導」そのものを否定してしまい、代わって「支援・援助」を主張するという風潮があることを指摘した。そして、本来の「指導」概念の規定とその特質と成立のメカニズムについて論じた。

2002年から「総合的な学習の時間」の新設が決まった。そこでは、「児童生徒が自分で課題を見つけ、考え、問題を解決する能力を育てることが狙い」とされている。この「児童生徒が自分で課題を見つけ、考え、問題を解決する」ことを指導する教師の「指導性」とは何かを明らかにする必要がある。そうでないと、その子どもの自主性・自発性の尊重が、安易な「支援・援助」となり、「総合的な学習の時間」を活動主義的な授業実践にしてしまう危険性をはらんでいると考えるからである。

本論では、戦後のいくつかの授業実践と授業論をとりあげ、そこでの授業指導観の流れを検討することで、「総合的な学習の時間」の授業実践の開始を前にして、授業における教師の指導性のあるべき形を検討する。ここでは、斎藤喜博・島小学校の授業の実践記録を分析することで、そこでの授業における指導性の特質を検討し、それがその後の授業実践と研究にどう関わっているかを考える。

斎藤喜博の授業論については、大阪大学の井上光洋が組織する共同研究の中で、私は、主に「授業実践記録の問題」に関わって考察してきた。[2] ここでは、それを踏まえて、斎藤喜博と島小の授業実践記録をとおして見ることのできる授業指導観を検討する。

一　実践記録の形

実践とは、客観的対象に能動的に働きかけて、それを目的的、意識的に変化させたり、創造していく人間固有の活動である。この「対象への働きかけ」という基本的特質から、実践は実践主体の外部に存在する対象にたいして何らかのやり方で働きかける客観的作用過程という性質を持つ。同時に実践は、「目的的、意識的に変化させる」という基本的特質から、「意識的に」働きかけること、つまり意識性という性質を持つ。しかも、この実践の意識的過程には実践主体の喜びや驚きといった感情・情動も生ずるから、実践は意識的内面的過程という性質を持つ。このことから、私は「授業の実践記録が備えるべき基本的要素」として「客観的作用過程の記録」と「意識的内面的過程の記録」とに分けて整理した。[3] しかも授業は、教授主体と学習主体との共同的活動である。そこから、授業の実践記録に書かれるべき内容を整理すると、

①客観的作用過程の記録

a）教師の発言や動き・表情、さらに提示した資料・板書など子どもたちへの具体的な働きかけの客観的事実。

b）個々の子どもと集団の発言や動き・表情、かれらの書いた板書やノートなど学習活動の客観的事実。

②意識的内面的過程の記録

a）実践過程での教師の意識的内面的過程～例えば

・教師はどのような教材解釈にたち、子どもの実態をどのように分析し、どのような意図、ねらいで働きかけたのか。また働きかけに応じた子どもの発言や動き、表情、ノート等を教師はどう解釈し、判断したのか。

・実践の過程で、教師がどのような感情・情動をいだいたか。

b）子どもたちの学習活動の意識的内面的過程～例えば

・個々の子どもがどの様な生活背景や学習歴をかかえ、どんな構えで授業に参加してきているか、学習課題に対してどの様な知的操作を行い、どんな分かり方をしようとしているか、それは子ども集団のなかでどの様に分裂し、またどの様に統一していったか。
・個々の子どもが授業のなかで、どの様な驚きや喜びや悲しみの感情を持って授業に参加しているかなど。

授業の実践記録が備えるべき基本的要素を、以上のように捉えると、VTRや録音テープ、あるいはそれらから教師の発言、子どもの発言等を文章化したものは、授業の客観的対象的過程のみの記録であり、「資料」であっても、いまだ「実践記録」とは言えない。

以上のような要素をふまえた上で、「授業の実践記録」としては、次のような形態がありうる。

①授業過程における教師と子どもたちの客観的作用過程の記録に、教師と子どもたちの意識的内面的過程の記録を書き込んだもの。
②授業の客観的作用過程の全体を記録するのではなく、授業のおける教師と子どもたちの客観的作用過程と意識的内面的過程を、教師の視点から構成しドキュメンタリー風に論述したもの。

ところで、教育雑誌や単行本という形で発表されている授業の実践記録の多くは、この②の形態である。ドキュメンタリーは「虚構を用いず記録に基づいて作ったもの」（広辞苑）とされるが、それは「アクチュアリティの創造的劇化」（Paul Rotha、1907～1984)、あるいは「生きた人物や自然の情景による世界の解釈」（John Grierson、1898～1972）とも言われる。すなわち、ドキュメンタリーの記録性とは、単に対象を物理的に記録するのではなく、対象を主体的に選択，観察し，状況の一部をクローズ･アップすることで、独自に世界を解釈するものである。[4)] ドキュメンタリーとしての実践記録も、記録者自身が、実践的に対象と生きた関係を切り結びながら実践の全体像をとらえようとするものである。教育実践を、物理的にそのまま正確に記録したものが実践記録ではない。また、そのまま記録できるものでもない。記録するという行為のなかで、既に選択が行われ、解釈が行われ、分析が行われている。したがって、その実践記録は、記録者（実践者）の視点からとらえた実践の全体像であり、そこには、記録者（実践者）の子ども観や指導観が強くに反映される。

二　島小学校の実践記録

それでは、島小学校の実践記録はどの様な特徴をもち、そこから島小学校の授業実践のどの様な特質を読みとることができるか。

井上光洋（大阪大学）が復刻した『島小研究報告（1 ～ 21 集）』には、非常に多くの実践記録が残されている。[5)]

授業の実践記録の形としては、上で述べた「授業の実践記録」の②の形がほとんどである。また、一時間の授業全体の記録、あるいは単元全体の記録はあまりなく、一時間の授業のある場面を取り上げての記録が多いといえる。

それは、一つには、『島小研究報告』の後半になると、教育雑誌に掲載される原稿として書かれたと思われるものが多くなり、そのスペース的制約から、限定した授業場面の記録が多くなったと考えられる。二つには、昭和 29 年から昭和 35 年という時期に、今日の様な手軽な記録機器がなく、厳密な記録を残すことが容易ではなかったということがありうる。しかし、もう一つ考えられるのは、その書き方に、斎藤喜博を中心とする島小学校の教師たちの授業指導観が現れているということである。

そこでまず、斎藤喜博の横口授業「山の子ども」の実践記録を検討することで、その授業指導観を考察する。

1　横口授業「山の子ども」の二つの実践記録の分析

横口授業「山の子ども」の実践記録として残されているのは、一つは「出口・ゆさぶり論争」の発端となった斎藤喜博による『未来誕生』、『授業』（国土社）の中に書かれている実践記録と川島浩・斎藤喜博による写真集『未来誕生』（一莖書房）である（実践記録Aとする）。もう一つは、井上光洋によって「模擬・復元」された実践記録がある（実践記録Bとする）。井上の「模擬・復元」は、写真集『未来誕生』をベースに行われたものである。この写真集『未来誕生』に書かれている「解説文」は、授業者である赤坂里子が下書きをし、斎藤喜博が手直しをしたものである。前者の実践記録Aは「授業の実践記録」の②の形態，後者の実践記録Bは①の形態をとっている。

さて、この二つの実践記録を比べると、次のように言える。

(1) 実践記録Bは、実践記録Aを含めた様々な資料を駆使して復元された記録であり、両者に表現上の違いはあっても基本的違いはない。

(2) 実践記録Bは、客観的復元がめざされており、井上が開発した「教授行動の選択系列のアセスメント」の視点からの意味づけが行われているが、子どもたちの意識的内面的過程の記録は、意識的に抑えられていると思われる。

(3) それと比べると、実践記録Aは、授業過程のおいて、教師によって「読みとられた」子どもたちの意識的内面的過程についての既述が大変多いと言える。

それを、実践記録Aのなかの『授業』における斎藤喜博の文章で見てみる。

〈表１〉

< A > 〈『授業』の文章〉（全集第５巻 p.210 ～ 212）	< B > 〈模擬・復元された実践記録〉
子どもたちは、この「出口」ということばを問題にしていた。もちろん「出口」は「でるくち」という一般的解釈はみなわかっていたのだが、その上に立って、学級全体で、さまざまの考えを出し合っていた。そしてその結果、森の終わった最後のところ、すなわち、森と、そうでないところとの境が、「出口」だ、という解釈を出して喜んで	

いた。

その授業をみていた私は、「そんなところは出口ではない」といって、上のような図をかき、私の「出口」を示した。

子どもたちは、私のことばをきくと、びっくりして、本を小わきにかかえこんで立ち上がる子、あるいは腰を浮かせて、ぼうぜんとしている子など、一しゅん教室全体が、驚きの緊張でいっぱいになった。

少したつと、その緊張が変わって、「そんなことはない」といって、猛烈に反対しだした。子どもたちは、手を動かしたり、図にかいたりして、自分たちの主張を説明しはじめた。

私はそこで「同じことばでも、解釈は一つだけではない。この文章では私のほうが正しいと思う」といった。すると子どもたちは、こんわくしてしまい、立ち上がっていたものも、しょんぼりとすわって、考えこんでしまった。子どもたちは、自分たちが考えてもみなかった解釈のあることを、いままでの学習で何回も体験していたので、ここにもそういう世界があるかもしれないと考えたのだった。

だがどうしてもわからない。そこでまた、自分たちの解釈の正当性を、さまざまの角度から出してきた。新しい発見をし、「にこっ」と笑って、私に食いついてくる子どももいた。

T27 斎藤喜博
「そんなところは出口ではない」
〔図〕

C27・1 森の中に「出口」があるなんておかしいよ。
C27・2 森の中に「出口」があるとしたらどうやって森の外にでるのよ。
C27・3 そのなのぜったいにないわよ。おかしいわよ。（秀姫……写真……棒立ちになってしまう）
C27・4 そんなことないわよ、おかしい。

T28 斎藤喜博
「同じことばでも、解釈は一つだけではない。この文章では私のほうが正しいと思う。」
（C28・1 子どもはみんなきんちょうする。）
（C28・2 校長先生があれだけいっているんだから何かあるかも知れない。）

〔写真〕葛藤につかれてしまう子、ちがうよ……と、茶化している子、歯をくいしばっている子

〔写真〕ちがうわい、校長先生のいっている「出口」はおかしいよ

T29 斎藤喜博
「山の向こう」できんちゃんは山のてっぺんからトンネルの「出口」を

見ていて汽車が出てくるのを見たけど、みんなが汽車にのっているとしたら、トンネルの出口は、どんなふうにみえるかな。
明るい出口がみえたときかな、きんちゃんの見た「出口」にきたときかな。汽車は長いんだよ、乗っているところで出口の見え方はちがうよ。

T30 斎藤喜博
森は広がりがあって深く、複雑なんだよ。あきおさんとみよこさんは、はやく森の外に出ようと必至だったんだ。そしてはやくおとうさん、お母さんに知らせなくてはと……思っていたんだ。つかれて、寒かったんだ……

C30・1 近道をして戻っていったかも知れない
C30・2 それにしたっておかしいよ（全員）

T31 斎藤喜博
「緑の野山」「村と森林」の情景の説明。山おくの森は、たいらな島村とちがうんだよ

そこで私はつぎのような話をした。「みんながいっしょにならんで島村の外へ出ていくとき、どこまでいったら島村の出口へきたというだろうか。島村と、となりの村との境には橋があるが、橋の出はずれのところへ行ったとき、出口へ来た、というのだろうか、それとも、近くに橋がみえてきた

T32 斎藤喜博
「みんながいっしょにならんで島村の外へ出ていくとき、どこまでいったら島村の出口へきたというだろうか。島村と、となりの村との境には橋があるが、橋の出はずれのところへ行ったとき、出口へきた、という

とき、出口へきたというのだろうか」といった。

私がそういう話をすると子どもたちは、「うん」と強くうなずいたり、「そうだ、わかった、わかった」といったり「私もそう思う」といったりしながら、いままでの自分たちの考えを否定し、私の出した考えのほうに移ってきた。それはちょうど、子どもたちが、自身でそれを発見したような満足した様子のものであった。

話し合いが進むにしたがって、その顔は、さらに充足していった。新しい高い世界、広い世界に出た喜びに、花の咲ききったような顔になっていた。「出口」ということばが、森と、そうでないところの、厳密な線のところばかりでなく、もっと広い範囲もさすことを知ったことがうれしくてならないのだった。

それがすぎると、子どもたちの姿は、脱力の状態になっていった。驚き、こんわくし、真剣に思考し、ようやくわかって満足する。ここまでの子どもたちは緊張の連続であった。そして、新しい世界にはいった喜びにひたりきったあと、はじめて脱力ということが出てきたのだった。だから満足しきって、肩の力をぬいている子どもなどもいたのである。

のだろうか、それとも、近くに橋がみえてきたとき、出口へきたというのだろうか」

C32・1 ここまできたら、もうきたのと同じってところがあるんだ。

C32・2 どこでも目印になるものがあるんだよ。それを見ながらいくんだよ。

C32・3 山と同じように、いろいろなところから入れるんだよ。

C32・4 そうだ、わかった……「出口」はいろいろあるんだ。

C32・5 寒さにふるえながら、家にもどろうとしているんだから「出口」の見えかたがちがうんじゃない。

C32・6「やっと」ってあるから、そのときの気持ちは大変だったんじゃない。

T33　斎藤喜博

みんな、森の「出口」について、いろんなこと考えたね。はじめに考えたことも，決してまちがいじゃないんだよ。森は深く、入りくんでいて、迷ったときなんか、「出口」をさがして必死だよね。

C33・1 そういう考えもあるんだ。どうしてわからなかったんだろうか、先生のいうほうがほんとうだ

C33・2 山に登るんだっていろんな登り口があるのと同じだ。
「自分たちはどうして気づかなかったんだろう」

	T34 斎藤喜博 きょうは、みんなと先生と私と意見がちがっちゃったけど、つぎの国語の時間、この「山の子ども」のところ整理して、まとめてください。みんなも、赤坂先生もがんばっていい授業でした。

上に『授業』の中の斎藤喜博の実践記録の文章＜Ａ＞と、井上による「模擬・復元」＜Ｂ＞の同一場面の実践記録記録を並べた。「模擬・復元」と対比すると、斎藤の記録は、省略と単純化が行われていることが分かる。それは、「授業の実践記録」②の形態として、当然と考えられる。

斎藤喜博の実践記録の際だった特徴は、網掛けをした部分に表れている。すなわち、

①教師がとらえた子どもたちの、授業過程における活動の様子と表情の描写。

②そこから教師がとらえた、授業過程での子どもたちの内面的な意識・認識と感情・情動の動きの描写。

この二つの様子が表現豊かに描写されている。それは、〈模擬・復元〉の同じ部分と比べてみるとよく分かる。斎藤の実践記録は、その場に居合わせたように様子が読みとれる。いや、居合わせただけでは、ここまで授業の様子は読みとれないのが普通である。実際に、その場に居合わせても、教師と子どもたちの意識的内面的過程が、その場で観察者に提示されるわけではない。観察者は、授業を見ながら推測するほかない。斎藤の実践記録が、「子どもたちの学習活動の意識的内面的過程」を把握し、それを描写してくれているから、居合わせたように読みとれるのである。

このように、斎藤喜博の実践記録は、先に「1．実践記録の形」で述べた「②b）子どもたちの学習活動の意識的内面的過程」の記録が大変豊かにある、という特質がある。（「②a）実践過程での教師の意識的内面的過

程」の記録は、一般的にどの実践記録にも書きこまれているものである。）ただ、この「子どもたちの学習活動の意識的内面的過程」は、子どもたち自身によって表現されたものではなく、「教師によってとらえられた」、つまり推測し解釈された子どもたちの意識的内面的過程なのである。

こうした実践記録の書き方は、斎藤喜博だけでなく島小学校の教師たちの実践記録に共通して見ることのできるものである。

２　船戸咲子の「一男さんの発表から　――四年生の授業記録――」の分析

次に取り上げるのは、船戸咲子の「一男さんの発表から　――四年生の授業記録――」という四年生・算数「二けたのかけ算」の授業の一部である。[6)]

〈表２〉

『島小研究報告』第 21 集

一男さんの発表から　――四年生の授業記録――

授　業　の　記　録

「今日の第一番は重夫ちゃんだよ」と子どもたちは重夫ちゃんによびかけている。

重夫ちゃんは、学習の時いつもあまり発表しない子なので、みんな心配しているのだ。発表するのは二けたのかけざんである。ノートを持った重夫ちゃんは、はずかしそうに立ち上ったが、いつもよりうれしそうなようすでみんなの方をみながら、「25 × 42 は 150 です」と発表した。すると、重夫ちゃんの発表をきいていた子どもたちは「ちがいます」と言った。

重夫ちゃんの発表する答は残念にもはじめからちがってしまった。さっきの重夫ちゃんのうれしそうな顔はどこえやら、もうすっかり、しょげてしまっていた。

他の子どもたちは、

「あたしは 1050 だよ」

「そうだ、そうだ」とめいめい自分のノートをみて答を言っている。そしてやり方まで説明をしている子も出て来た。

重夫ちゃんは、ポツンと立ったままで、みんなの顔をみている。するとさっきから重夫ちゃんのノートをのぞきこんでいた二郎ちゃんが、にこにこと前に出て来た。二郎ちゃんは、いつものんきそうにしているが、みんなが問題がわからなくなった時などいつのまにか出て来て、黒板にせいりしたり、話しあいをすすめたりしていってくれる。今日も、誰れも何も言わないのに、出て来て黒板に重夫ちゃんの問題を計算しはじめた。いままでにぎやかだった子どもたちもみんな二郎ちゃんのかく計算にひきつけられた。

$$
\begin{array}{r}
25 \\
\times\ 42 \\
\hline
50 \\
1000 \\
\hline
1050
\end{array}
$$

二郎ちゃんは、計算がすむとみんなの方をみわたして、「答は 1050 です」と云う。みんなは「そうです」と云って次の計算の発表に移ろうとした。

すると理ちゃんが「重夫ちゃんはどうして 150 になったんだんべなあ」と云った。そばにいた弘子ちゃんも立って、「重夫ちゃんにやり方を説明してもらうとよいと思います」と言った。

いままでだまって立っていた重夫ちゃんは二郎ちゃんに「ほれ重夫ちゃん出てかいて来るんだぜ」と背中を押されて、しぶしぶ出て来た。そしてさっき二郎ちゃんが計算していった左の方へかきはじめた。

$$
\begin{array}{r}
25 \\
\times\ 42 \\
\hline
50 \\
100 \\
\hline
150
\end{array}
$$

重夫ちゃんは、こんなやり方を小さな声で説明してくれた。重夫ちゃんの説明をきいていた子どもたちは「重夫ちゃんは、くらいどりがちがうんだよ」とか「0 をそろえてしまうからだ」などいろいろ意見を出している。

私はそれらの子どもたちの声をきいていて重夫ちゃんのやった計算をただのまちがいとしてそのまま終らせたくないと思った。重夫ちゃんは、この頃算数を特に自信をもって学習するようになって来たのである。此の前もテストで九十五点をとったとき、とてもうれしそうな顔だった。私に話しかけることなど全くなかった重夫ちゃんがそのときは、「先生おれはこれがちがったんだよ」と云ってそばに来てはなしてくれた。その時の重夫ちゃんを思い出すと、今ここで計算をまちがって立っている重夫ちゃんをなんとかしなくてはならないと思った。そんなふうに思っていたので重夫ちゃんの問題をみんなの問題として考えていくことにした。

この船戸の授業実践記録においては、子どもと教師の意識的内面的過程の描写が豊かにある。それは、ここでは次の四つに分類できる。

①教師がとらえた子どもたちの、授業過程における活動の様子と表情の描写。

→網掛けで表示

②そこから教師がとらえた、授業過程での子どもたちの内面的な意識・認識と感情・情動の動きの描写。→アンダーラインで表示

③一人ひとりの子どもの学習歴や学習上の課題や個性。→アンダーラインで表示

④教師の意図・願い。→傍点で表示

教師が、子ども一人ひとりの生活歴、学習歴、抱えている困難や課題をきちんと把握する。そして、授業過程のなかでの子どもの心の細かな動きを、その表情や身体の動きから敏感に捉える。そして教師としての願いや課題を明確にして次の授業展開をつくり出していく。こうした教師の高度な力量による授業指導のあり方が表れている。

三　島小学校の授業実践の特質

以上のように、斎藤喜博と島小学校の授業実践記録を検討してくると、そこから、どの様な授業指導観を読みとることができるのか。

斎藤は、井上が復刻した『島小研究報告（第21集）』に含まれている「授業展開の科学性と人間性」[7]において、授業を創造するのは、教師の「人間の豊かさ、高さ、大きさ」であることを、繰り返し強調している。そしてさらに、「よい授業は、教師が生身の人間としての教材解釈を持ち、方法プランを持っており、それを生身の人間である子どもと授業のなかで激突させ、そのなかで自分の解釈も方法も変更していくような質の授業だった」と述べている。斎藤の要求する「生身の人間」としての「豊かさ、高さ、大きさ」が具体的に何を意味しているかは、必ずしも明確ではない。斎藤は、そのような教師の教育者としての人間性と指導力とは何かを探求し、教師教育としてその普及に取り組んだのである。

斎藤の探求したものをここでまとめる用意はないが、今回試みた実践記録の分析から言えるのは、斎藤喜博・島小の授業における教師の指導性は、教師の豊かな教材解釈を前提に、教師による生身の人間である子どもたちの全面的把握、しかも、授業過程のなかで刻々と変化し動いていく子どもたちの全面的把握を要求していることである。それによって刻々に授業展開を創造していく指導性である。その意味で、教師が授業創造の中心に存在し、教師の優れた指導性こそが子どもたちの豊かな学習を生み出すととらえられている。

それは、『授業入門』では、次のようにも表現されている。「……それは、ちょうど鵜飼が、たくさんのひもを手であやつり、さばいているようなものである。教師は、自分の手に持ったひもの先に、学級全員のひとりひとりを確かに握っている。そして、子どもの学習の変化に応じて、示唆を与えたり、もつれをほぐしてやったり、他の子どもと接触させたり、ひとりの問題を、みんなの問題としてやったり、発展させたりしながら、だんだんと、ぜんぶのひもを自分の方へたぐり寄せてくる。それは、学習の中心へ中心へと、学級の全員を引き寄せていくことである。」[8]

四　新しい授業論と教師の指導性の相対化

「人間の豊かさ、高さ、大きさ」に裏付けられ、教材と子どもを全面的に把握し柔軟に変化できる教師の指導性こそが、優れた授業を可能とする。このような斎藤喜博・島小の授業指導観は、教師に極めて高度な力量を要求し、教師には厳しい修練が必要となる。このことは、教師大衆にとっては、決して容易なことではない。したがって、斎藤喜博・島小以降の授業実践と研究の運動は、授業における子どもたちの集団をどう組織するかを追究する研究運動や、授業における教師の指導性を技術として客観化し誰でも使えるものにしようとする運動など、多様な授業研究運動へと展開していくのである。

斎藤喜博・島小学校以降の授業研究のなかで、注目すべき流れは、「教師が授業創造の中心に存在する」授業指導観から、教師の指導性を相対化していこうとする授業指導観への流れである。例えば、「学習集団」による授業づくりの取り組みは、1960 年前後から盛んになってきた「集団づくり」に学びながら、その中で明らかにされた集団の教育力とその組織方法論を授業づくりに取り入れていうとするものとして始まった。そこでは、主要な研究課題の一つとして、子どもたちの集団を授業への要求主体・権利主体・学習主体として育てることが追究された。すなわち、教師の授業展開に対して、子どもたちが自治的集団として全員の学習参加と「わかる」ことの保障を求めていくような授業を追究したのである。また、そのような学習主体を育てる教師の指導の理論と方法技術が追究されたのである。

さらに近年、授業において、子ども集団が自治集団として、授業展開だけでなく、学習目的、学習内容や教材、学習方法の選択・決定、さらに学習評価にも自治的に関わっていく、といった実践と授業論が登場してきている。[9)]

岩垣摂は、現在の子どもたちの学校での学びが、「学校知」の画一的な一斉授業による学びになっていることの問題を指摘する。そして、それを克服するためには、「教師と子どもが対等な関係のなかで、共同で授業を構成することが必要である」とし、「子どもが授業構成の主体として授業に関与すること」を主張する。[10] そして、L. クリンクベルクの論を紹介しながら、次のように述べる。「従来通りに、学習者を学習内容の習得主体と捉える場合には、学習者の『自己活動』とか、学習者の『能動性』とかが問題になるだけである。確かにこのことも重要である。しかし、新たに学習者を授業構成の主体と捉える場合には、教師が授業を学習者と共に構成しなくてはならないことになる。つまり、教授者と学習者が授業を構成することになる。授業を共同構成するためには、共同決定と共同責任が伴わなくてはならない。」そして、「相互主体的な授業としての対話型授業」の必要性を提起している。

このように、子どもたちを授業構成の主体としてとらえ、その主体者としての活動内容を明らかにしていくことで、授業における教師の指導性を相対化していく授業論と実践が登場してきている。特に、「総合的な学習の時間」の授業実践の実施が課題になっている時、この子どもを授業構成の主体と捉える授業指導観は、実践的に重要な示唆を与えるものと考えられる。しかし、教育活動において、教師と子どもが文字通りの意味で対等ということは、原則的にあり得ない。「子どもを授業構成の主体として」どう指導するか、という指導の論理を明らかにしないと、それが、「教師と子どもが対等な関係」の緊張を失い、子どもの活動への追随に陥ることは、歴史が繰り返し示していることである。教師の指導性の相対化は教師の指導性の後退ではない。むしろ逆に、子どもの生活歴や学習歴、個々の子どもの全面的把握による高度な指導によってこそ、子どもを授業構成の主体として指導できるのである。そのような指導とは何かを追究しなくてはならない。その意味で、斎藤喜博・島小学校に見られる授業指導観を過去のものとして片づけるのではなく、現代的視点から検討する必要があると考える。

注

1）拙論「援助と指導〜『指導』と『管理』概念の検討」、福岡教育大学紀要、第43号、第４分冊、1994。
2）「授業研究における“実践記録”の役割と書き方」、日本教育学会 第51回大会（北海道大学）1992.8。「授業研究において実践記録がもつ機能と分析の方法」、教育工学関連学協会連合第４回全国大会（岐阜大学）1994.10。および、「斎藤喜博の授業論（２）—島小の授業—」、日本教育学会 第54回大会（都立大学）1995.8。
3）拙論「授業研究における実践記録の意義と方法」、福岡教育大学教育実践研究指導センター編『教育実践研究』第４号、1996.3。
4）『大百科事典』、平凡社、1985。
5）『島小研究報告（1〜21集）』、井上光洋（大阪大学人間科学部）研究代表による「文部省科学研究費補助金・試験研究および基礎研究」平成６〜８年。
6）同上、第21集。
7）同上、第21集、昭和38年8月17日、教科研全国大会特別分科会（教授学）における報告。
8）斎藤喜博『授業入門』、『斎藤喜博全集４』、国土社、1969、p.58。
9）例えば、吉田和子「『現代生活』を読む授業—『学校知』をこえる授業づくり」、教育科学研究会『現代社会と教育』編集委員会編『現代社会と教育４，知と学び』、大月書店、1993。
10）岩垣摂「相互主体的な授業と教師の指導性　—新しい学習観の検討—」、『千葉大学教育学部紀要』第43巻Ⅰ：教育科学編、1995。

第４章　現代学校における教師の実践的指導力

——教育実践記録づくりと実践分析の意義——

一　実践的指導力の形成と研修

１　教師の仕事と研究・研修

ある専門的職業に就くための資格を獲得する能力とその職務を遂行していくために必要な能力には、最初は隔たりがあるのが普通である。資格をとれば、直ちに仕事が充分に出来るわけではない。したがって、たいていの専門的な職業では、職に就いてから研修を受け、最初はより責任の軽い仕事から始め、経験を積みながら、次第により責任の重い仕事を担っていくのが普通である。しかし教師の仕事は、新卒の教師でも、経験10年、20年のベテラン教師と同じ内容の仕事を、同じ責任を負ってしなければならないという希な仕事である。しかも、教育実践にはここまでしかできないという限界がない。だから教師が獲得すべき実践的指導力には際限がない。したがって教師の仕事では、他の職種と比べても、研究・研修活動が非常に重要視されている。

わが国では、すでに明治期から教師の力量形成をはかる研究授業や講習会が行われていた。今日では、教育公務員特例法の第十九条（研修）に、「教育公務員は、その職責を遂行するために、絶えず研究と修養に努めなければならない」と定めている。そして、行政によって行われる研修としては、初任者研修、５年経験者研修、10年経験者研修、20年経験者研修、生徒指導主事研修、新任教務主任研修、教頭研修、校長研修、大学・研修所・民間企業等への長期派遣研修、教科指導・生徒指導等に係わる専門的研修（教育センター等が開設）といった様々なものがある。それ以外に、各教科や特別活動や総合的学習などをテーマとした研究会が、各地域や各学校ごとに盛んに行われている。また、一方では、行政からは独立した民間の自主的な研究会等も数多く行われている。

このように、おびただしい数の研究・研修が行われているなかで、改めて問われるのは、ではいったい、教師はどのように実践的指導力を獲得していくのかという根本的な問いである。というのも、この盛んに行われている研究・研修の取り組みが、やり方によれば、教師の実践的指導力の獲得につながらず、日々の教育実践にとっての負担になったり、教師の教育実践を管理・統制するものにさえなり得るからである。

2　行政における実践的指導力の捉え方

教師の実践的指導力については、1997年の教育職員養成審議会が「教員に求められる資質能力」とは何かについて具体的に提言している。例えば、「変化の時代を生きる社会人に求められる資質能力」として「課題解決能力等に関わるもの～例：個性、感性、創造力、応用力、論理的思考力、課題解決能力、継続的な自己教育力」、また「人間関係に関わるもの～例：社会性、対人関係能力、コミュニケーション能力、ネットワーキング能力」等といった具合に30数項目を例示している。これらは教員に求められる資質能力を要素的に分類して、「どのような」内容の力が必要なのかを列挙したものである。

研修のあり方については、1999年の教育職員養成審議会、「養成と採用・研修との連携の円滑化について（第3次答申）」で、「見直しの方向」として示している。そこでは、研修のあり方として大切な提起がされている。一つは、「日々の職務」のなかから見いだされた実践的問題をとおして研修を行うことであり、第二に、「自発的・主体的な研修意欲に基づいた研修を奨励」し、そのために、「選択制」や「参加型」など、研修を自発的・主体的にする工夫をすることである。しかし、教師がどのように実践的指導力を獲得していくのかについての考察はなく、多種多様な研修の機会をもうけることに止まっている。そうした研修・研究を、教師の実践的指導力を確かに形成していくものにするには、何が重要であるかを検討する必要がある。

３　実践的指導力と教師の人間的成長

ところが、教師がどのように実践的指導力を獲得していくかという問いは、簡単には答が出せない深く難しい問いである。それは、一人の役者がどのように名優へと成熟していくのかと同じように、あるいは一人の医師がどのように人間性あふれる名医として成長していくのかと同じように、大変難しい問いである。なぜなら、教師の実践的指導力は、研修を指定された時間数だけ修めたり、あるいは教育的知識や指導の方法技術・マニュアルを獲得すれば獲得されるものではないからである。それは、教師が一人の自立した人間＝社会的人格として、どのように豊かな人間性や魅力、教養や人間的迫力を獲得していくかと深く結びついているからである。

しかし、教師は人間として成長・成熟してから教師になるわけではない。若い教師も教師としての仕事をしながら成長し、教師としての喜びをもちたいのである。いや若い役者しかできない役があるように、若い教師だからこそ持てる実践的指導力もあり得るのである。そうであれば、若い教師も含めて、どのような実践的指導力を、どのように獲得していくかを追究し明らかにすることは、教師の研修や研究活動を意義あるものにするためにも重要な課題である。

二　実践的指導力とは

教師の実践的指導力として求められるものは、上述したように教育職員養成審議会も多様に列挙しているし、すでに多くの論者が様々に述べている。

実践的指導力とは何かを明らかにするためには、まず「実践」概念を明確にする必要がある。一般に「実践とは、人間が対象に対して目的をもって意志的に働きかけて、対象を変化・発展させ作り出していく人間だけに見られる活動」である。

人が農作物を育てたり物を作ったりする生産労働が典型的な実践であるが、医療活動や政治活動や芸術活動なども実践である。教育も実践の一つとして、対象である子ども・生徒たちに、人類と民族の文化遺産の最良のものを獲得させ、社会的な人格としての豊かな人間的諸能力を形成することを目的とし、意識的・意図的に働きかける活動である。

この「実践」概念から、教師の実践的指導力を構成するものとして、論理的に次の４つの力を導くことができる。

①対象を捉える力

教育実践にとって、「子どもを捉える」「子どもを理解する」ということは、教育実践全体を左右する実践の最も基本的な活動である。なぜなら、一般に「実践とは、人間が対象に対して目的をもって意志的に働きかける活動」である。したがって、この実践の対象、働きかける対象を捉えるということは、あらゆる実践にとって基本的な活動である。例えば、医療実践において、医者が患者の症状からどういう病気か捉える＝見立てることは、医療行為の基本的出発点である。当然、教育実践においても、目の前にいる子どもたち一人ひとりを捉える力は、実践的指導力の基本である。

②対象に働きかける力

実践が、対象に対して目的的、意志的に「働きかけて」、対象を変化・発展させる人間独自の活動であるならば、実践にとって、どのように働きかけるかは重要な課題である。教育実践も、教育する者が子どもたちに対して何らかの形で「働きかける」活動である。つまり、微笑みかける、話しかける、頭を撫でる、ほめる、叱る、見せる、指示する、問いかける、ゆさぶる、説明するなど、何らかの外的に現れる形で子どもたちに働きかける活動である。しかも、その「働きかけ」とは、教師が子どもたちに一方的に働きかけ、「教え込み」「動かす」ものではない。働きかけられた子どもたち自身が、学び活動や生活活動、学習活動の主体者として、生き生きと自主的に取り組むような活動を導き出す「働きかけ」でなくてはならない。その様な「働きかける」力を「指導力」という。

③活動内容を構成する力

教育実践における教師の働きかけは、子どもたちの主体的な生活活動や文化活動、学習活動を導き出すような働きかけである。そうであれば、教師には子どもたちが取り組むにふさわしい生活活動や文化活動、学習活動の内容をつくりだし構成する力が必要である。自分が指導している子どもの発達の現状を的確にとらえて、彼らの知的力や社会的力を豊かに発達させるために必要な、また彼らが取り組むのにふさわしい活動内容を創り出し構成する力、つまり、教育課程編成や教材づくり、教材研究の力が必要である。

④実践を認識する力

実践には対象を捉える力や対象に働きかける力が不可欠である。しかし人間の実践活動は、「対象に対して目的的、意識的に働きかける」という意識的活動であるから、人間は自らの実践を認識の対象とすることができる。動物も捕食しようとする獲物を対象として捉える力、どのように捕らえるかの力を持っている。しかし、自らの捕食活動を認識の対象とすることはない。したがって、動物の捕食活動が歴史的に発展することはない。ところが人間は、自らの実践自体を認識の対象とし分析する。それによって、対象を捉える力と働きかける方法技術を発達させてきた。

「経験から学ぶ」「経験を積む」ということは、自らの実践や活動を認識の対象にすることで、はじめて成り立つ。つまり、人間は自らの実践の事実を認識の対象とし分析することで、対象についての知識や理論を経験として蓄積し、さらに働きかける方法技術を発展させてきた。つまり実践の「文化」を歴史的に発展させてきたのである。

ここで「経験から学ぶ」ということは二つの意味をもつ。一つは、歴史的・社会的経験から学ぶという意味である。長い人間の教育の歴史のなかで、多くの先人たちによって蓄積された教育実践の知識や技術、理論・思想から、自らの実践的指導力を支える実践の知を学ぶという意味である。それによって、個人がゼロから経験を積み上げる労苦を避けることができる。

もう一つの意味は、自らの実践のなかで「経験」する事実から学ぶという意味である。言い換えれば、自ら直接に「体験」したことを「経験化」することである。ただ「体験」しただけでは「経験から学ぶ」ことにはならない。体験しても何も学ばない人間もいる。

「体験」が「経験」になるとは、人が身を持って「体験」する過程で、実感的に感じ、知ったことが、やがてその人の判断、考え方、生き方等を方向づける知恵や基準になる時、それは「経験」になったというのである。「経験」に裏打ちされることで、人は新たな課題に取り組む「手だて」と「見通し」と「確信」をもつことができる。

このように体験が経験化するのは、体験するなかで感じ、考え、知ったことを、自覚的な認識と考察の対象とし主体的に意味づけることによる。ところが、同一の体験をしても、経験は人によって同一になるとは限らない。体験したことを、どう意味づけ経験化するかは個々人によって違うからである。さらに言えば、経験が個々人の個人的経験に留まっていれば、それは理論的知にはならない。個々人の経験を集積して交流し、整理し、客観化し、体系化することで「理論」となる。理論となることで、個人的経験を超えて人に伝え、学び、共有することができ、また人びとの新たな実践の指針となる。

体験の経験化は、実践の日常的な繰り返しの中では進まない。努力を伴った意識的な考察による対象化によって、自覚化され経験化される。教育実践においては、実践の記録をとり、それを教育実践記録としてまとめ、みんなで協働的に分析・検討する活動、つまり「実践記録づくり」と「分析活動」のなかで体験は経験化される。しかも、体験した本人だけでなく、その実践分析の活動に参加した者が「経験からの知」、つまり「理論」を共有することができる。このような意識的で協働的な実践記録づくりの活動が、教師の実践的指導力の形成に重要な役割を果たすのである。

この「体験の経験化」にとって、実践分析のもつ意味を検討する。

三　教育実践研究と実践分析

わが国の民間の教育研究運動では、教師の力量形成のために教育実践分析が大変大切にされてきた。授業研究運動でも生活指導運動においても、実践記録をつくりそれを分析するという研究活動の方法は広く行われてきた。しかし、教育実践をどう分析するかという方法・技術は、必ずしも客観的・体系的に明らかにされ、確立しているとは言えない。まず、授業実践と生活指導実践では、記録の取り方も分析の仕方も違う。授業実践のなかでも教科によって、当然、記録のとり方と分析の仕方に違いがある。同じ教科のなかでも、また研究団体や研究組織ごとに違った記録のとり方、分析の仕方を作りだしている。このように、教育実践記録のあり方、分析の仕方は実に多様である。

自然科学の領域では、例えば化学分析などの場合、ある物質の化学的組成を識別する種々の分析方法は、定性分析、定量分析、状態分析として開発され、それぞれの分析手法がマニュアル化されている。医療の領域でも、血液や尿の成分分析は、技術として確立しマニュアル化されている。それによって資格をもつ者が行えば、だれでも一定水準の分析を行うことができる。

しかし教育実践のように極めて複雑な活動の場合は、それほど簡単なことではない。「観察者が見るもの、すなわち対象を見る際の観察者の視覚経験は、部分的には観察者の過去の経験や知識や期待に依存する」（A. F. チャルマーズ）[1)]。対象をどう分析するかは、分析者の過去経験に左右される。教育実践分析も、いまだに分析者の豊かな経験や知識に依存するところが少なくない。したがって、教育実践分析では、実践分析の力は経験の積み上げ、徒弟制的修練によって鍛えられてきたという側面もある。

しかし、自らの教育実践を記録し分析することが、「経験から学ぶ」ものとして実践的指導力につながるような実践分析のあり方を追究することは、教育実践の研究と発展にとって重要な課題である。

四　教育実践記録と分析

１　分析とは

「分析」は人間が対象を認識する方法の一つである。これと対になる認識方法は「総合」である。「分析」とは、辞書的には「ある物事を分解して、それを成立させている成分・要素・側面を明らかにすること」（広辞苑）である。ある事象ついて、その事象をひきおこす要素や成分に分解し、メカニズムを明らかにすることだ、とも言える。それに対して「総合」は、「個々別々のものを一つに合わせまとめること」（広辞苑）、つまり、分析された結果から元の現象を再構成することである。

分析は、分析の対象とする物事、事象によって、それぞれ異なった「成分・要素・側面」を分析の指標とする。例えば、化学分析では、「何が」「どれだけ」「どのような状態」で含まれているかを明らかにするが、その際の「成分・要素・側面」は、政治情勢分析におけるそれとは、自ずから異なってくる。教育実践を分析する場合も、実践を構成し動かす「成分・要素・側面」に相当する指標を設定する必要がある。そのためには、まず、教育実践のもつ特質とそれに対応した教育実践記録の独自な特質と構造を明らかにする必要がある。

２　ドキュメンタリーとしての教育実践記録

教育実践記録は、第３章でも述べたように、一種のドキュメンタリーとしての特質をもつ。ドキュメンタリー（documentary）とは「虚構を用いず記録に基づいて作ったもの」（広辞苑）とされる。docu（教え示す）と ment（もの）というラテン語からくる言葉で、「文書、書類、公文書、記録」といった訳があてられている。ドキュメンタリーは映画の歴史とともに使われるようになり、「記録映画」とも言われる。文学におけるノンフィクションに相当する。名詞としての「ドキュメンタリー」という言葉は、1920年代のイギリスのドキュメンタリー運動をリードしたジョン・グリアスンが造った言葉である。彼は、あるドキュメンタリー映画を評価する際、その映画は「ドキュメンタリー（記録文書的）価値をもっている」と書いた。[2)]

初期の映画では、まだ交通機関も情報網も充分にない時代に、世界各地の風景や外国の物珍しいものが撮影され大衆に向けて興行されていた。やがて、映画の持つ教育効果や宣伝効果が注目されると、国家的なプロパガンダを目的とするドキュメンタリーも作られるようになっていく。そこには明確な意図が込められている。一般的にドキュメンタリーは、制作者の意図や主観を含まない事実の記録ととらえられるが、事実を記録すれば、記録者の意図や主観を含まない客観的・中立的なものになるのではない。

ドキュメンタリーについて狩野良規は次のように言う。[3)]

> 我々の周りには、それこそ種々雑多な「事実」が存在している。そうした事実の断片をただ剥ぎ取るだけでは、決して質の高い記録にはならない。それらを取捨選択し、重要な事実を抽出する、そのためには、一定の視点なりモチーフなりが必要となってくる。そう、余分な要素を捨象し、焦点を絞り、あるテーマに沿って作品化することによって初めて、我々が肉眼で見る事実よりも密度の濃い現実を銀幕に映し出せるのである。

ドキュメンタリーとしての教育実践記録も、記録者自身が、実践的に対象と生きた関係を切り結びながら実践の全体像をとらえようとするものである。教育実践を、物理的にそのまま正確に記録したものが実践記録ではない。また、そのまま記録できるものでもない。記録するという行為のなかで、既に意図を持った選択が行われ、解釈が行われ、分析が行われている。したがって、その実践記録は、記録者（実践者）の視点からとらえた実践の全体像であり、そこには、記録者（実践者）の子ども観や教育観や指導観が強く反映される。だからこそ教育実践記録のあり方、分析の仕方は多様なのである。こうして「教育実践記録」は、それ自体が分析的活動の結果として作られる。この分析結果としての教育実践記録を分析することで、教育実践自体を分析するという活動をするのである。したがって、実践記録づくりの仕方、書き方、そこでの実践の分析の仕方自体も分析・検討の対象となる。

３　教育実践記録の構成要素

次に、教育実践分析のあり方を考えるために、教育実践記録がどの様な要素から構成されるかを検討する。

教育実践記録が備えるべき基本的要素は、教育実践がもつ特質から導かれる。既に述べたように、「実践とは、対象に目的的・意識的に働きかけて、対象を変化させたり、発展させたり、創造していく人間固有の活動である。」この「対象への働きかけ」という基本的特質から、実践は客観的に捉えることのできる何らかのやり方で対象に働きかける「客観的作用過程」という側面がある。同時に実践は、「目的的、意識的に働きかける」という基本的特質から意識性という性質を持つ。しかも、教師の主体的な意志・認識・情動が実践を動かしていく中心的力であり、この教師の内面をとらえなければ実践の姿がみえない。したがって、実践は「意識的内面的過程」という側面を持つ。

ところで、教育実践は対象である子どもたちに働きかけることで、子どもたちの主体的な学習活動や生活活動を導きだす活動である。この子どもたちの主体的活動も「客観的作用過程」と「意識的内面的過程」という二側面を持つ。

この様に考えると、教育実践記録には、教師の客観的作用過程と意識的内面的過程、さらに子どもたちの客観的作用過程と意識的内面的過程も、教育実践記録を構成する要素として書き込まれる必要がある。

この際、教師と子どもの客観的作用過程はVTR等によって客観的に再現し記録することができる。だが教師の意識的内面的過程は実践の過程では表現されない。子どもの内面の認識・感情も表現されない。この教師と子どもの内面過程を、実践記録に書き込みながら分析していくのである。教育実践記録を作成していく過程は、まさに実践を分析するという活動を含むのである。

4　分析と解釈と評価

こうして、教育実践記録には、実践者・記録者の価値判断と解釈が反映している。しかし、その教育実践記録の分析と判断と解釈さらに評価は区別する必要がある。

「分析」は実践を構成し動かす「成分・要素・側面」とそのメカニズムを、できるだけ客観的に明らかにすることである。その分析の方法・技術は客観化すべきものである。「解釈」は取り出された個々の「成分・要素・側面」のもつ意味や役割をどう理解するかであり、これは多様に成立しうるものである。「評価」はそれをどう価値判断したかを表明することかである。

分析のない評価はない。あるとすれば、それは「感想」である。また分析は評価（価値判断）を必要としない。そして客観的になし得るものでなくてはならない。しかし分析は、個々の「成分・要素・側面」をどう解釈するかで、人によって異なってくる。したがって、分析は、実践者、記録者、分析者がそれぞれの解釈を突きあわせながら、共同的に行うことで、客観性を高める必要がある。

4　教育実践の特質と実践記録づくり

ところで、これらの実践記録としての構成要素を書き込み実践記録を作っていく作業は、教育実践の持つ独自の複雑な特質をふまえなくてはならない。

教育実践は、それが進行している状態ではその全体像を捉えることが出来ない。なぜなら、繰り返し述べたように、例えば授業実践において、客観的作用過程は、その進行状況を VTR 等によって、映像的・音声的にも客観的にとらえて記録することができる。しかし、意識的内面的過程は、実践の進行過程上は表現されず、客観的に捉えることができない。

意識的内面的過程は、例えば授業においては、次のように進行する。教師は授業指導案をつくることで、つくり出そうとする授業実践の全体像と構想をすでに持っている。しかしそれに子どもたちがどう反応してくるかを、予め全てを見通すことはできない。その指導案に基づいて最初の「働きかけ」をした後、それに子どもたちどのように応じたかを認識し、その意味を判断する。そこで、指導案の構想とは違った子どもたちの様々な反応が出てくると、教師はその子どもたち分かり方や内面をすかさず推測し解釈し判断して、次の「働きかけ」を選択し決断し働きかける。

また教師は、日頃の指導のなかで、一人ひとりの子どもが持つ教育的課題を把握しているから、授業の進行過程で生ずる様々な事態に対して必要な働きかけをする。例えば、発言の少ない子どもが「間違い発言」をした時は、その子どもの内面をすかさず解釈し判断して、「間違い発言」を授業の流れの中で意味づけたり、発言への「頑張り」を評価するなどによって、学習への主体的参加へと導く。

一方、子どもたち一人ひとりは、教師や周りの動きを見ながら自分の行為を決めていくことのできる主体である。教師が何を思い何を求めているか、他の子どもたちがどんな意見を持ち、どのように授業に関わっているかを、自分で解釈し判断しながら授業に参加していく。しかも個々の子どもは、教師と違って、予め授業展開の構想を背負っているわけではないから、教師の働きかけに自由に反応する。こうして教育実践のなかでは、教師も子どもも、自分の内面を自己認識しながら、相手の内面を観測し、相手の活動を予測しながら、次の自分の活動をつくり出していく。この過程は、教師が指導案で構想した授業展開を維持しようとしても、相互作用の中で常に変化していく。もし、指導案のとおりに進行する授業があるとすれば、それは、子どもたちの意識的内面過程を無視して、機械的に強引に授業を進行させた場合のみである。[4)]

授業実践では、こうした教師と子どもたち一人ひとりの意識的内面過程の複雑な連鎖が進行していく。この過程は、授業実践の進行過程で客観的に表現されるものではないから、いったん実践が完結してから、教師と子どもたち双方から確認することが必要となる。

実践における子どもたちの意識的内面的過程の確認は一層難しい。子ども自身が表現することで記録できるものもあるが、表現しないものもある。教師は、子どもの表情や言動からその内面を、その都度、推測し判断しながら実践を進行している。その教師の認識内容は事後に確認して記録する他ない。

こうして、授業実践の全体像は、事後に明らかにされるのである。このように実践記録がつくられてこそ、外から見ることのできる全体像としての実践の記録が可能になり、それを解読し学ぶという新たな活動も可能になる。

ここで重要なのは、この授業実践の進行過程における教師の認識、推測、解釈、判断、決断といった意識的内面過程の的確さや豊かさこそ、教師の実践的指導力の中心をなすということである。したがって、繰り返し述べるように、自らの教育実践における意識的内面過程を明らかにし分析して検討すること、つまり「体験を経験化」することを通して、教師は実践的指導力を獲得することをめざすのである。そのために必要な作業が「実践記録づくり」とその分析の活動である。

五　実践記録づくりの作業と実践的指導力の獲得

1　実践記録づくりの共同性

実践記録づくりの作業は、VTR 等によって記録することのできる客観的作用過程と、事後に意識的内面的過程を明らかにしていく活動として行われる。ところで、人間の活動は、すべてが明確な意識と自覚をもって行われるのではない。無自覚的に行われる活動、反射的に行う活動、経験的・習慣的に行う活動等もある。その意味で意識の空白を伴う。教育実践においても、教師の子どもたちに対する目的的、意志的働きかけが、全て明確な意識と自覚に基づいた働きかけになっているとは限らない。確かに、優れた教師は、一つひとつの働きかけに明確な目的意識＝ねらいを持っている。優れた役者が一つひとつの表現に明確な意図をもって演技し、無駄な動きをしないのと似ている。まだ経験の浅い教師は、意図・ねらいのはっきりしない、意味が自覚できていない働きかけをしてしまうことがある。しかし、その意識的・自覚的でない教師の働きかけも、子どもたちの活動に作用を及ぼすのである。したがって、なぜその様な働きかけをしたのかを意識化させ、それを教育実践における教師の意識的内面的過程として記録し検討する必要がある。

だが、意識的自覚的でない教師の意識的内面過程を、どのようにして記録として書きとめるのか。一般的に言えるのは、教師の実践としての活動である以上、自分の行った活動について、言語化された明確な意識・自覚という形でなくとも、教師は感覚、感情、気分といった情動的な形、感覚的な形で（クオリアとして）とらえているものがある。しかも、「言葉」という形でとらえられた意識・自覚よりは、この方がその状況における教師の内面過程を正直に反映していることもある。

このように考えると、実践記録づくりで必要になるのは、実践した教師に他者が聞き込む活動である。「なぜそのように働きかけたのか」「何をねらったのか」「それはどのような判断からか」「その判断の根拠は何か」といった問いかけが、実践者が必ずしも意識的でなかった働きかけを意識化させ、言語化させる。すなわち実践者は、教育実践のその時点では、その意図や意味を明確に意識し自覚しないまま、何らかの経験的、感覚的、時には反射的判断で働きかけてしまうことがある。それを分析に参加する同僚や研究仲間から問いかけられるなかで、自覚化し、言語化することができるのである。

また、実践過程で子どもたちが見せる言動における彼らの意識的内面的過程をどう推測し解釈するかについては、多様な可能性がある。教師が行った解釈に対して、分析に参加している他者が別の解釈をすることもある。したがって、実践記録づくりでは、実践者、記録者、分析者などが、それぞれの解釈や分析、判断を付きあわせながら、客観性を高めていくことが大切である。

このように考えると、実践記録づくりは、実践者の個人的請負の作業では困難である。ともに授業を改善し、実践的指導力を高め合おうとする教師集団、研究仲間などとの共同的活動として行う必要がある。

2　実践分析と実践的指導力の獲得

実践の進行過程における教師の認識、推測、解釈、判断、決断、それに基づいて働きかける力の的確さや豊かさが、教師の実践的指導力の中心だとすれば、そうした力をどう形成するかが教師の研修・研究の一つの重要な課題となる。

各地で数多くの教育実践研究会が開かれる。なかには、長期間かけて周到な教材研究と教材づくりを行い、精密な授業指導案が作られて公開授業が行われる研究がある。また、授業終了後、直ちにその授業についての分析検討会が行われることがある。しかしそこでは、実践の全体像がとらえられる実践記録がないままなので、感想的な論議になることが多い。確かに、こうした研究会は、本論の「二　実践的指導力とは」の「③活動内容を構成する力」で述べた実践的指導力の形成にとっては重要な意味がある。しかし、それは教師の実践的指導力の一面でしかない。教育実践の進行過程で重要な役割を果たす「①対象を捉える力」、「②対象に働きかける力」、「④実践を認識する力」を獲得するためには、共同的な実践記録づくりと実践分析の活動が重要な役割を果たすのである。

1960年代に入ってから、わが国の授業研究は一つの大きな発展を遂げた。そのきっかけとなったのは、1962年に文部省科研費を得て発足した「五大学共同研究」である。[5] そこから広まった全国授業研究協議会（全授研）をはじめとする様々な授業研究運動に共通すると思われる特徴は、一つの授業実践を、実践家も研究者も対等に「みんなの力」を結集して、実践の事実に基づいて論議し分析し検討するというスタイルを持っていたことである。そのような授業研究会のなかで、教師たちは、実践過程での認識や解釈、判断、働きかけ方などを学び合い、実践者も分析者も共に実践的指導力を鍛えあったのである。[6] 生活指導運動の領域でも、実践記録に基づいた実践分析のとりくみが大切にされ、その活動のなかで教師は実践的指導力を獲得していった。

六　教育実践分析の指標

教師の実践的指導力の中心としての認識、推測、解釈、判断、決断、それに基づいて働きかける力、すなわち「対象を捉える力」、「対象に働きかける力」、「実践を認識する力」を、実践分析によって抽出するためには、教育実践分析の指標を設定する必要がある。それは、既に述べたように、授業実践と生活指導実践では違いがあるし、教科によっても違いがある。また教育観や実践観の違いで、様々な指標が設定しうる。ここでは、生活指導実践の指標と授業実践の試案を提案する。

A．生活指導実践の分析指標[7)]

（１）実践の対象

①教師が取り組もうとする子どもと集団の実態

②その実態の背景についての教師の分析

③子どもの内面についての教師の分析

（２）実践者の意図

④教師がどういう意図や願いを持って働きかけたか。

（３）実践の事実

⑤教師が具体的に、どのように働きかけたか

（４）実践の結果

⑥子どもがどの様に活動したかの事実

⑦そこで生じた子どもの内面についての教師の分析

B．授業実践の分析指標

（１）実践の対象

①学級全体と個々の子どもたちの教科内容に関わる学習の達成状況

②学級の学習集団としての力量と個々の子どもの授業への参加状況

（2）授業構想

③子どもたちに獲得させたい教科内容とそのために準備した教材

④授業展開の構想

ｉ）教師の教材解釈

ⅱ）発問構想

ⅲ）子どもたちの分かり方の予想

ⅳ）集団思考の組織の構想

⑤学級を学習集団として組織し、子どもたちを学習主体として育てる構想

（3）授業実践の事実

⑥授業展開における教師の一つひとつの働きかけの事実～発問、説明、指示など

⑦授業展開における子どもたちの学習活動の事実

（4）教師の意図と解釈

⑧授業展開における教師の一つひとつの働きかけの意図、ねらい

⑨授業展開における子どもたちの学習活動に対する教師の解釈、判断

（5）授業の結果

⑩子どもたちの学習活動の成果についての教師の判断

⑪学習集団、学習主体としての成長についての判断

⑫今後の授業の実践課題

こうした指標は、実践を分析する指標であると同時に、実践記録を書く際の項目であり、したがってまた実践に取り組む視点ともなると考える。

注

1）A.F. チャルマーズ、Chalmers（1939 ～）『新版・科学論の世界』、恒星社厚生閣、1985、p.53。

2）スティーヴ·ブランドフォード他著、杉野健太郎他訳、『フィルム·スタディーズ事典～映画・映像用語のすべて』、フィルムアート社、2004。

３）狩野良規『ヨーロッパを知る 50 の映画』、国書刊行会、2014。
４）松野浩一郎『内部観測とは何か』、青土社、2000、を参考にした。
５）拙論「戦後の『授業における集団思考過程』研究」、『授業研究 21』№ 492 (1999.2)、明治図書。
６）杉山明男『授業の創造ー文学の教材と授業ー』部落問題研究所、1984。「みんなの力」で進めていく当時の授業研究会のあり方が、具体的に紹介され論じられている。
７）この指標による分析は、拙論「教育実践記録の分析の試み」、『高校生活指導』№ 159（2004 冬季号）青木書店、で試みた。

Ⅱ　学習集団を巡る論争

第1章　学習集団における教師の指導性

――『学級集団づくり入門・第二版』の分析と批判1――

一　集団づくり――科学的訓育論の確立

日本の民主的生活指導理論の発展史の中で、形式主義的権威主義的訓育に対抗して、人間的な願いや要求を集団的に組織し、それを社会的に実現していくこと、すなわち要求の組織化をとおして子どもたちの生活認識の発展と人間的成長とを統一的に指導するという原則が確立されてきたことは、大きな業績に値するといえる。すなわち、戦後日本の生活指導理論は、次の点で克服されるべき弱点を含みもっていたといわれている。

「その一つは一人一人の子どもの要求を一つ一つ掘り起こしてそこから集団的共感を盛り上げていこうとする点において個別主義的もしくは自然成長的な発想がみられ……。もう一つはそこで生活認識の指導に重点が置かれ、行動規範の確立において必ずしも確実な成果をおさめない」（①「第一版まえがき」）というような問題点があった。こうした問題に答えるべく、その後における生活指導実践は、みずからの理論を集団づくりの法則的過程としてあきらかにすることにむかって努力してきた。そしてそこでは、「自然成長的に子どもたちの集団化を待望するのではなく、教師の理くつぬきの要求を先行条件として子どもたち相互の矛盾相剋を意図的に激化して集団化への道をいやおうなしにひらいていく過程が組織的に用意された」（①同前）のである。このことは、日本の生活指導理論の前進のために大きな貢献をなしえたといえよう。

しかしながら、生活指導実践が拡大・深化していく過程で『第一版』で明らかにした理論および実践的手だては、生活指導運動の内外でたえず批判・検討されつづけた。そしてさらに『第一版』では言及されえなかった問題、あるいは不十分な問題等が、本書（『第二版』）ではいっそう明確化され、前進させられている。そこには長年にわたり多くの人びとによって検討・実践された学級集団づくりの理論や方法が、内容的にも、論理展開のしかたにおいても、説得的にのべられている。「班・核・討議づくり」について皮相的な理解にとどまっている人びとや異なった立場に立つ人びとに対しても十分説得力をもつといえる。そしてとりわけこの方式による学級集団づくりを志す人びとにとっても、非常に貴重なものといえよう。また今日、世界における訓育理論の水準や動向と比較しても、本書に展開されている集団づくりの技術体系はけっしてそれらに劣るものではない。事実、たとえば東独における代表的な研究者であるハンス・ベルガー（H. Berger）による集団づくりの理論、およびそれにもとづく実践においても、「班の人数の規定」・「核候補者のメルクマール」などのような緻密な実践的手だてを含みこんだ構造表に値するものは見出されえないのである。自治的集団づくりのこまかな法則的手だてを究明している点では、世界の訓育理論においてもきわめて高い意義をもっているといえる。

さて次に、とりわけ評価したいと思う基本的な点を大きく三点にまとめてみたい。

第一に、生活指導を単に教師の経験・熟練に還元してしまう傾向をのりこえ、生活指導学級集団づくりを科学としてうち立てたことである。生活指導あるいは学級集団づくりの必要性を理解しえたとしても、現実にあすからどのようにとりくめばいいのかということが、現場教師、とりわけ若くて経験の浅い教師にとっては切実な問題である。本書にはそれに答えてくれる十分緻密な技術体系がある。つまり、まず学級でという立場を明確にし、民主主義教育の本質と全体像の中での学級づくりの法則・手だてが本書では意識的・計画的にそして体系的に構築されているといえよう。

ここで特筆しておかなければならないことがある。それは、本書が生活指導を人格発達の弁証法的科学として体系づけており、ひきつづく訓育理論の発展の確固たる足場を築いていることである。本書を貫いている人格論は、しつけ・教化を手段とする権威主義的な人格形成論、あるいは子どもの自然成長的発達にいっさいを委ねる素質決定論的な人格論の理論的・実践的克服の所産とみてよかろう。すなわち、人格発達の弁証法的決定論的把握こそ本書における生活指導の論理の中核をなしているのである。

たとえば東独のハンス・ヒープッシュ（H.Hiebsch）※もいうように、弁証法的決定論の見地にたつ人格発達観においては、「人格の社会的決定」および「活動のなかでの、活動をとおしての人格発達」ということが中核的な命題となる。

※H.Hiebsch, Sozialpsychologische Grunglagen der Personlichkeitformung, Dt. Vlg. d. Wissenschaften, 1972.

『第二版』では、「人格の社会的決定」の命題が次のような立場のうちにとらえられているといえる。「……人格は彼がおかれている社会的・諸関係の総体の所産であり、思想は社会的諸関係の総体の反映であるということができる。また、その総体が矛盾に満ちたものであるという意味では、人格は自己をとりまく総体がもつ矛盾をいかに反映し克服するかによって決定されるものであるということができる」（①-p.39）さらに「活動」の命題からすれば、次のような立場が重要である。「……科学的生活指導は、行動の結果ならびに過程として何が生み出されそれらが行動主体にどのようにはね返っていくかを自覚的に捉えることによって、子どもたちの行動を民主的人格の形成に向けて指導するのである」（①-p.40）

つまり、人間における行動の変革は、当面の行動目標とそれをふまえての将来の見通しとの関係を自覚的にとらえ、そのことにもとづいて意識的・能動的に活動するときにこそ可能となるのである。このように、人格発達の決定論的な理解にたって「活動」を重視することは、行動主義などの機械的な環境決定論とは全く無縁なものである。人間は、環境決定論的見解とは異なって、自覚的な「活動」のなかでしか自己人格の変革をなしとげることはできないからである。

本書は、「人格の社会的決定」と「活動のなかでの、活動をとおしての人格発達」という弁証法的決定論的見地にたって、人格発達の科学を学級集団づくりの法則的過程として細かく明らかにしている。すなわち、集団における民主的人格の形成は民主的な集団関係の形成過程をとおして決定されていくものであること、同時に集団における自治的活動のなかでこそ、民主的社会関係＝民主的道徳の原論を実践的・能動的に獲得することができるということを本書は一貫して追求していると言うことができる。こうした意味で、本書のいう生活指導は、日本における最初の訓育の科学であり、その実践的＝方法論的体系化の点では世界においても類をみないものである、といってよいと思うのである。

第二に、集団に対する教師の指導性をとりわけ重視していることである。

一方において、子どもあるいは子ども集団の自主性・自発性を過大評価するあまり、子どもの自主的判断と自主的行動にいっさいをゆだね、教師は積極的に指導することをひかえてその任務を援助に限定しなければならないという児童中心主義的な考え方がひろく現実に存在する。他方、子どもの自発性・自主性を極端に過少評価し、単に子どもを客体、教育されるものとしてとらえ、教師が一方的にすべてを教えこんでいく教師中心主義的な考え方も存在する。そして両者の考え方には共通して子どもの自主性、自発性と教師の指導性とが敵対的・対立的にとらえられているのである。

しかし、教師は子どもたちがまさに自主的に判断し、行動できるようにするためにこそ指導を入れていかねばならないのである。教師の指導性というのは、子どもたちを無原則に信頼することでもなく、被教育者として管理的に扱ったりすることでもなく、なによりもまず、子どもたちの中に、生活の主人公として、自治的集団の主体として、巧みに自己活動を引き起こさせることにあるといえよう。教師のこのような指導とのかかわりのなかで、集団はその自己指導を発展させていくのである。したがって、教師の正しい指導のないところには、集団は育たないのである。本書では。このような考え方が一貫して基調となっている。

第三に評価すべき点は、『第一版』と比較して『第二版』においてはとくに、学級づくりの規律だけでなく、遊び・文化活動・仕事などの多様で豊かな活動内容が大切にされていることである。子どもたちは、そうした多様で豊かな集団的活動があってこそはじめて、真に集団の中で生きることの喜び、集団のちから、すばらしさを体験的・情動的に認識し、獲得することができるのだからである。

このほかに細かい点について評価すべき点はまだたくさんあるが、以上の三点をとりわけ高く評価したいと思う。

二 「学習集団」指導にかんする若干の問題点

しかし、若干批判検討の余地があると思われるところがないわけではない。次にこの点について、とりわけ第Ⅴ章を中心として、つまり学習集団の問題について、大西忠治氏や竹内常一氏の理論も参考にしながら、いくつかの疑問点を率直に提示して、それについての若干の意見をつけ加えたいと思う。

まず第Ⅴ章を全体的な視点からとらえてみると、従来とかく、授業の中で教科指導と生活指導との混同がなされて来たのに対して、授業においては陶冶を中心とする独自な任務＝教科指導の独自性を、授業外での生活指導と比較することによって、構造的に明確化したことは一定の評価に値するといえよう。しかし、そのように単に比較によって明らかになったことを機械的に学習集団の問題に、ストレートに結びつけられるであろうか。つまり、そうすることによって、今日の子どものおかれている困難な現実を、授業外はもとより、とりわけ授業の中でも、変革していくための具体的な手だて、方向性、見とおしが、どれだけ明確にされるであろうか。こうした問題の原因は、教科指導や学習集団についての論述の手法が、主として、生活指導や自治的集団との対比によって行なわれている点にひとまず求められよう。

いうまでもなく、教科指導と生活指導、学習集団と自治的集団とを単純に対比し両者のあるべき性格の違いを明らかにするだけでは、実践をきりひらき、導くための理論にはなりえないのではないだろうか。本書での論述は単に両者の比較にもとづいた教科指導の構造の説明にとどまっているように思えるのである。

というのは、全国生活指導研究協議会（全生研）みずからが確立した自治的集団と学習集団とのちがいを明確化しようとして、たとえば学習規律などはすべて学級集団づくりの側面としてとらえ、学習集団固有の問題ではないとする。したがって、結果的に、学習集団固有の問題としては、教科内容の編成問題だけといった帰結を招くことにもなり、究極的に教科教育学に学習集団の問題をゆだねることになり、そこでは教授学的視点を欠落させていく危険性をはらんでいくのではあるまいか。

もとより教育科学としての、授業の科学としての教授学は単にあるがままの事態や理想的な教育の構造を説明することにとどまってよいはずがない。なによりも現実に行なわれている授業に変革的にせまり、導いていく理論の全体系を明らかにし、それに基づいて理論の内的関連、内的構造をうちたてなくてはならないのではないか。今日、一方では学級の中には現代社会のさまざまな体制的矛盾が反映され、有形、無形の差別、圧迫が存在し、その中で子どもたちは相互にバラバラにされ集団的共感や理解を持ちえないでいる現実がある。また他方では、小学生の半数が授業についていけず、とり残されているというショッキングな事実が調査によって明らかにされているように、授業のなかで日々こうした差別・選別が確実に拡大されている。そして、教育がこのような実態にあるからこそ、できる子はできる子なりに、できない子はできない子なりに、能力に応じた教育方法を行う必要があるとしてクラスの能力別編成、とび学級、無学年制を強行しようとする考え方も存在している。しかし。こうした現実に対して、わからない子をわかるようにし、ひとりも取り残さないような授業を保障していくとりくみの中で、相互にバラバラにされている子どもたちを、真に集団的に共感し、理解し合えるように変革することに十分答えてこそ、実践を未来に向かってきり開き、導く理論といえるのではないだろうか。

ところで、先に述べたような自治的集団と学習集団とを峻別して、学習集団固有なものは教科内容であるという考え方では、全人格の発達に寄与するような教育の全体系の論理が不明確になり、欠落する危険性があるのではないだろうか。つまり授業においては、たんに知識習得のみならず、知的能力、思考力、態度・行動様式の変革をも目指すことが要請される。そうすることによって、真に人格の変容に迫る学習集団指導の論理となりうるのではないだろうか。

以上の点をまず指摘して、以下において、１「学級」をどう捉えるか、２「自治的集団」と「学習集団」、３「教授＝学習過程」と「学習集団」、という三つの柱で述べたい。今回はそのうち１と２について主要に論述することにする。

1　「学級」をどう捉えるか

今日、地域開発政策のもとで進行する過疎過密化のなかで、学級は教育の基礎集団としての条件を大きく欠いてきている。さらに、能力主義の教育政策のもとに、ますます激しくなる受験競争は、子どもたちを敵対的、個人主義的な競争へと追いこみ、一人ひとりをバラバラな個人に分裂させてしまう。そこでは、全員の学習を保障するために、子どもたちが相互に批判しあい、援助しあい、より高い認識にむかっていどみあい、競いあうような「学習集団」は形成されず、学級は集団としての実体を失ってしまっている。このような状況のもとで差別と選別と分裂の体制を克服し、子どもの人格と認識との発達の弁証法的決定条件となるような学級集団を確立することはますます重要になってきている。

学級について、本書ではとくに述べられているわけではないが、学級という教育の基礎集団をどのように位置づけるかということは、その指導とかかわってきわめて重要な問題であると思われるので、初めに述べておきたい。

学級は制度的には学習のために組織された教育の基礎集団である。すなわち、すべての子どもたちがすべての事がらを平等に学習するために、同一学年の子どもが同一のカリキュラムのもとに組織された学習のための集団である。

ところで、このような性格をもった学級は今日、実践的には解体されつつあるといえるのではないか。つまり、次の二つの問題状況が存在している。一つは、教育の多様化、個別化という名のもとで、現実には子どもの社会的、経済的背景によって規定され、それまでの教育の結果として生み出された「能力差」によって子どもを差別、選別し、さらに能力差を固定化し拡大するという状況が進行している。もう一つは教育の効率化、能率化あるいは教育における経済性の追求である。教育のシステム化、あるいはさまざまな教育機器の導入等々によってはかられているのは、そうした意味での教授＝学習過程の能率化であるといえよう。このような「教育の多様化・固別化」と「教育の能率化」という目的から、今日、学級集団は教科別、能力別、進路別集団へと解体、再編されつつある。

さて、以上のように、教科指導において能力別、進路別集団に解体されつつある学級を、今日、すべての子どもに民主的人格と科学的認識を保障しようとする立場からは、どのように捉えるべきなのであろうか。

従来、学級は二つの観点からとらえられてきた。すなわち「教授＝学習指導の能率化、効率化をはかる立場」と「近代学校が大衆教育の機関として発足し、一斉教授という経済的方法をともかく必要としたという事実をより積極的に生かす立場」（②-p.34）とである。

前者の立場が、すでに述べたように、優秀児の早期選別と早期教育をめざし、さらに、その他の多数の人材に対する早期の職業教育をねらう立場にそうものである。後者の立場は、さまざまな社会的、経済的な背景をもち、多様な能力をもった子どもたちが、同じ一つの集団の中で生活し、学び、その集団に反映されるさまざまな社会的、経済的矛盾に対決し、克服させていくことを通してこそ、民主的な人格の形成と真に科学的な認識の発達が可能となるとする立場である。それは子どもたちの集団を「能力」によって知的エリートと一般職業人に区別し、独自のコースを用意するのではなく、同じ一つの「国民」として教育することをめざすのである。

ところで、従来の学級は解体し、教科指導の目的に即して学習集団を再編成すべきだとする考え方が全生研においてもとられているようである。このことは本書においては、やや抽象的に述べられている（①-p.92）。さらに、大西忠治氏は、学級集団はクラブ、部を原型とした全校的な生活集団と、それを基礎とした各教科のための同一教科課程修得能力をもったものを、その同一の発達段階を基礎にした同一年齢の生徒をぬき出して組織する「学習」のための「特殊な集団」とに発展的に解消するものとして、その将来構想を明確に述べている（③-p.84）。

また竹内氏は、学級概念が成立してくる歴史的事情から、生活集団とは異なった独自な学習集団の性格を考察しようとする（④-p.120）。つまり、「日本における学級は、なによりも知的教授の原理によって編成されたのではなくて、擬似的訓練の原理によって編成されたのである。」すなわち、「訓練や薫陶の統一、生徒（児童）の自働・自治（おのずからおさまる）の育成、家族的共同体的な師弟関係の助長等」といった学級のもつ特徴が、それにおける教授の不徹底という短所にもかかわらず評価された、というのである。したがって、日本の学級は歴史的には「生活集団」として、まずは組織されたのである。竹内氏は、このように「擬似的訓練のために編成された学級という集団の家族主義的な『生活集団』的体質が真に自治的＝訓練的集団の成立を大きく妨げていること、またそれが擬似的な教授と一体化していて、知的教授と知的訓練の成立を大きく妨げている」（④-p.121）と指摘する。そして、こうした歴史的事情を背負った学級とはちがった「知的教授」のための学習集団を構想しているのである。

宮坂哲文氏によれば、明治24年に成立した学級概念は、たしかに教授法よりも訓練観によって特色づけられるようである（⑤-p.208）。そして、学級での学習指導が誤った訓育観によって歪められてきたことも事実である。

しかし、今日の教授と訓練を妨げ、あるいは陶冶と訓育の科学的な統一を妨げている原因をもっぱら、学級概念の成立事情と学級という集団の編成上の性格に求めることは一面的だといえるのではないか。

いうまでもなく、教育実践を阻み、子どもの発達を歪めている原因は、教育政策のレベルと子どもの実生活のレベルとに根深く存在しているといえよう。しかし、重要なことは、子どもを変革する筋道を、このような教育実践の全体構造のなかで明らかにすることであり、学級集団を自治的集団と学習集団とに機能分化させることによって克服しうるものではないということである。

全生研は差別と選別の教育に対する最も鋭い批判者であり、『第二版』においても「学習集団の差別的編成」に適確な批判をしている（①-p.224）。しかしながら、学級集団を自治的集団との対比の中でとらえ、学級が生活集団と「学習」のための「特殊な集団」とに発展的に解消するというとらえ方は、全生研の本質とは逆に、差別的教育体制の流れの中に組みこまれてしまうことを許してしまうのではないだろうか。

学級は教授の効率化の観点から解体されるものではない。学級は子どもたちに科学的認識と民主的人格を形成する陶冶と訓育の統一した過程としての教育を保障する教育の基礎集団としての性格を失ってはならないのである。

２「自治的集団」と「学習集団」

すでに述べたように、本書における学習集団についての規定は、主として自治的集団との対比において両者の違いを論じる手法でその特質が叙述されているために、授業において学習集団に着目し、指導することの積極な意味が明らかにされていないように思われる。そしてそのことは、さらには学習集団についての誤ったとらえ方につながるのではないか。その点について、以下、指摘してゆきたい。

まず第一に、学習集団と自治集団の規定について問題点を指摘したい。本書において自治的集団と学習集団の相違はつぎのように規定されている。「自治集団のばあい、生徒集団は、教師の公的指導をのりこえて集団の自己指導をつくりだしながら、集団のちからを内外に表現行使していくことを中心的なテーマとしているのである。それにたいして、学習集団のばあい、学習集団の自己指導は一般に教師の学習集団にたいする指導をのりこえてまえにすすむことはありえないし。そのようなことが目的とされるわけでもない」（①-p.209）とされているのである。

この場合、自治的集団と学習集団との相違は教師の指導と集団の自己指導との関係の中でとらえられている。つまり、自治的集団においては生徒集団の自己指導は教師の指導を「のりこえる」が、学習集団では「のりこえられない」とするのである。しかし、このような図式で捉えることは、学校教育における教師と子どもの教育的関係の本質をゆがめてしまうのではないだろうか。

たとえば、全生研常任である春田正治氏はかつて、「教育の場において、子どもの自由を認めるということは、教師の指導性、これを無限におしつめること、権力としての学校及び教師の管理と指導に対し、これと全面的に対立するものとして子どもの自由を認めるということである。子どもの自由を認めるという論理の発展は、必然的に、子ども集団の自治権をみとめるということになる」（⑥-p.57）と述べられている。ここでは「教師の指導」に対立するものとして「子どもの自治」が把握されているのである。また「自由」と「自治」との質的相違が明らかにされず、さらに「教師の指導」と「子どもの自治」との教育的関係が明らかにされていない。

しかし、本書ではこの点について「自治権の原理的承認は自治権の無条件承認と同じではないということである。自治権の行使は子どもを民主的人間に発達させるようなばあいにこそ承認される」（①-p.247）として、児童中心主義的発想からの間違った実践にたいする整理がたしかに行なわれてはいる。

教師が子ども集団の自治権を保障し、擁護するのは、集団が自治的活動によって豊かな生活の内実をつくり、そして同時に自治能力をそなえた民主的人格を形成するという教育的ねらいがあるからである。しかし、そうであるならば、自治的集団の活動を組織し、方向づけていく教師の指導は、いついかなる場合にも、直接的あるいは間接的に、集団に対してうちたてられていると考えねばならない。したがって、教師の指導が生徒集団の自己指導によって「のりこえられる」ということは、学校教育においてありえないし、またそうであってはならないと考えられるのである。

このように、自治的集団であれ学習集団であれ、客観的にみれば、学校教育において教師の指導は生徒集団の自己指導によってのりこえられないということは当然であろう。しかしまた。単にこのように規定するだけでは、子どもたちの学習への生き生きとした主体的、自主的なとりくみを導き出す「教育指導の論理」を明らかにすることはできない。

子どもを「教育の対象」としてではなく、「学習の主体」として自主的な行為へと導くためには、教師の直接的な指導は間接的な指導へと変えられなくてはならない。つまり、子どもに自治的能力を育てるために、一定「自治をうばいとる」というかたちをとらせるのであり、教師の指導を「のりこえる」というかたちをとらせるのである。学習においても、教師の指導を子どもたちが「のりこえる」というかたちをとることによって、学習への「やる気」を引きおこし、「自己活動」を導き出すことができるのである。

つまり、客観的にみれば自治的集団においても学習集団においても、生徒集団の自己指導が教師の指導を「のりこえる」ことは当然ありえない。しかし他方「教育指導の論理」としては、自治的集団であろうと学習集団であろうと、子どもたちが「のりこえる」ことはありうるし、むしろ、のりこえさせなくてはならないのである。子どもたちは、つねに教師の指導を「のりこえる」「うばいとる」というかたちのもとでこそ「やる気」を出すし、主体的にもなるのである。したがって、「教師のイニシアティブをのりこえて、学習集団の自己指導が前へ進むことは許されない」（①-p.209）と断定するだけでは、一面的であり、集団の主体的な学習が組織できず、子どもを受身的、請負い的な学習においやることになってしまうのではないだろうか。

第二に、学習集団と自治的集団との相違は、本書においてさらに集団編成（学級における班）の相違で説明がなされている。つまり、自治的集団では「集団行動の一致・不一致がまず問題にされ、それから行動の統一がひき出され、それにもとづいて思想や見解や目的志向的態度の一致がさらに追求されていくのであるから。自治的集団のばあいには行動の一致・不一致がたえず問題とされるような規模のもとで『班』が編成されていかねばならない」とされる。それに対して、学習集団においては、個人的思考の一致、不一致がたえず問題にされ、個人的思考における科学的真理の確立によって学習集団の統一が回復されるのだから、学習集団内に小集団を編成するばあいがあるときは、個人的思考の一致、不一致がたえず洗い出され、正確に問われるような規模のものでなければならない。いいかえるならば、それは当初からひとりひとりの思考のひだに入りこんだ話しあいができる程度の人数でなければならない」(①-pp.209-210)とされている。すなわち、自治的集団における「班」と学習集団における「班」との相違は行動と思考の特質から類推されている。したがって前者における班をそのまま授業にもちこむのには、それはまだ規模が大きすぎ、個人的思考の一致、不一致に集中するには、学習以外のゴタゴタを多くふくみすぎている、というのである。結論的にいえば、学習集団の班は、自治的集団の班よりもさらに小さな規模の集団であった方がよいと考えられているのである。

しかしながら、このような考え方については若干の疑問がある。

まず最初に、「思考の一致、不一致」と「行動の一致、不一致」とを、このように単純にわり切れるものであろうか。子どもの活動において、思考上の活動、行動上の活動とは実践的に何をさすのか、そしてそれはどうちがうのかを考えてみるとき、そう単純には思考と行動とをわけることはできないのではあるまいか。

次に、班内の人数が少なければ、そのことで「思考の一致、不一致が洗い出されやすい」とされていることである。しかし、むしろ、一定程度、人数が多い方が、生活班をそのまま授業の中で使っていくことの方が、かえって個性的で生活台にねざした意見が多様に出てきやすいのではあるまいか。したがってそういった多様な意見を基盤としてこそ、班内で思考上の一致、不一致があらい出されてくることが可能となるのである。この意味において、班の人数の多少が重要なのではなく、班の質こそが、重要な問題なのである。

さらに、上述した二つの点すなわち、授業における班と授業外における班とを、行動と思考の特質から区別して、前者は後者よりも人数が少ない方がよく、しかも思考の一致、不一致が出やすい方がよいというとき、そこでの学習の中味は、単に点検とか答合わせのようなものに終始しやすいのではないか。したがって授業が知識主義、知識伝達に陥ってしまう危険があるのではないか、と考えられるのである。

いずれにしても、現在、学習集団の構造やそれの指導については、多くの議論がある。そして全生研の学習集団論に対する無知ゆえの批判も多いようである。すなわち、教科と教科外との相対的独自性とそれの統一という関連を正しく見きわめないで、学習集団固有の構造を無視して、学級集団と同一視する考え方、あるいは「集団主義」に対するまったく無知からくる政治主義的批判なども、まだなくなってはいないようである。

われわれはそうした不毛な議論をするつもりは毛頭ない。われわれは、初めにも積極的に評価しているように、全生研によって実践的、理論的に探求されてきた訓育論の成果を高く評価しながら。その成果をさらに発展させるために、とりわけ「学習集団」の問題について率直な意見をのべ、それによって今後におけるわが国の教授理論の発展に少しでもかかわりたいという願いなのである。

〈広島大学教育方法学研究室［吉本均・諸岡証哉・高田清・井田薫・折出健二］、三重大学教育学部助教授（石川正和）による共同執筆。職名はいづれも当時の職名〉高田の執筆担当は、p.76 ～ 82 の二「『学習集団』指導にかんする若干の問題点」の「1『学級』をどう捉えるか」と「2『自治的集団』と『学習集団』」

引用文献

①全生研常任委員会著、『学級集団づくり入門第二版』、明治図書、1971
②国民教育研究所編、『国民教育 13』、労働旬報社 1972
③大西忠治著、『学習集団の基礎理論』明治図書 1965 年
④竹内常一著、「『学習集団の指導と管理』をめぐって」「現代教育科学」№180、明治図書、1972
⑤宮坂哲文著、『学級経営』、明治図書、1964
⑥春田正治編、『特別教育活動の計画化』、明治図書、1964

第２章　自治集団づくりと学習集団の指導

――『学級集団づくり入門・第二版』の分析と批判２――

一　学習主体形成の論理の欠如

１　全生研の学習集団論の特徴

全生研の『学級集団づくり入門・第二版』における学習集団論の論の展開の仕方の特徴は、すでに『学習集団研究』№１での「『学級集団づくり入門・第二版』の分析・批判１」で述べたように、学級集団づくりとの対比において学習集団論が展開されていることである。つまり、全生研は真の意味で実践からの批判に耐える一つの教育の理論を自治的集団論として創造し、それを「班・核・討議づくり」と呼ばれる実践的な技術体系にまで構築してきたのであるが、そこで明らかにされてきた自治的集団論のメルクマールと照らしあわせて学習集団の問題を明らかにするという論のすすめ方をしている。たとえば、自治的集団における教師の指導と集団の自己指導との関係、あるいは教師による管理と集団の自主管理の関係と対比して、学習集団における指導と管理のあり方を論じている。また、自治的集団における班のあり方、形態と対比して学習集団での班のあり方、形態を明らかにしようとしている。また、学習集団におけるリーダー（ガイド）も、自治的集団におけるリーダーとの対比によってその性格が論じられている。このように、全生研の学習集団論は自治的集団論の中で明らかにされてきたメルクマールが「教科指導固有の構造」によって、どのように屈折するかということに焦点があてられているということができよう。この問題については「分析・批判１」で述べたとおりである。

さて全生研の学習集団論に見られる特徴は、上で述べたように、自治的集団と学習集団との区別を明らかにしようとするとりくみにあらわれているが、その必要は学級集団づくりを授業のなかにもちこむことへの警戒ということにかかわって出てきたのである。この「もちこみ」への警戒という点では、それぞれ微妙な違いをもちながら学習集団について積極的に論究している全生研の学習集団研究者に共通して見られる特徴である。

それでは、なぜ授業のなかに学級集団づくりの方法をもちこむことを「警戒」しなくてはならないのか。この点について『第二版』では次のように述べている。「こんにち、学級集団づくりを授業のなかにもちこんで、学習集団の確立をはかろうとする実践的傾向がある。しかし、これらのなかには、かつての『集団学習』論と同じように、教科指導の固有の構造を無視して、生活指導の方法を無条件に授業のなかにもちこみ、教科固有の任務を妨げる、という誤りをおかしているものもないではない。」（①-p.208）つまり、学級集団づくりの方法を授業のなかにもちこむこと、「教科固有の任務を妨げる」おそれがあるということである。この「教科固有の任筋を妨げる」という問題に関しては、『第二版』の出版の後に書かれた竹内常一氏の論文の中で、より明確な形で論じられている（②）。竹内氏によると、教師は学級集団に自らの学習権を擁護する自治的なちからを育てる必要があるが、「……学級集団の自治的なちからは、授業を教授学的次元へとおしあげていくだけのちからをもっている。しかし、学級集団のちからそのものは非教授学的要素のかかったものである。したがって、それには教授学的次元での問題をさばききるちからはないといってもよい。それにもかかわらず、学級集団のちからが教授学的次元の問題に介入するとき、授業はいちじるしい混乱に陥ることがある。」（②-p.18）つまり、学級集団のちからは、集団の学習権の保障をもとめて「わかりません」「もう一度説明してください」と教師に要求し、教師に教授学的次元での指導を要求するのであり、この瞬間に「学級集団は学習集団の入口」に立つのである。しかし、入口からはいってもなお、学級集団のちからが授業の問題に介入していくとき、たとえ子どもたちがどんなに活発に、いきいきと活動したとしても、教科指導のねらいそのものは未達成に終わってしまうおそれがあるということである。

学級集団が学習集団の「入口」から、さらに先にはいってゆくためには「学級集団は別種の方法をもたなくてはならない。」（②-p.20）その方法は各教科各教材に応じて異なるのである。したがってまた、学習集団のありさまも各分野、各教材によって異なることになるだろう、と竹内氏は予想しているのである。

ところで、各教科各教材に応じて異なる「別種の方法」がいかなるもので、それが「集団」とどのように結びついてゆくのかについては、ほとんど明らかにされてはいないように思われる。その「別種の方法」は各教科の研究が進み、各教科・教材がそれぞれどのような「集団」を必要とするか、が明らかにされるまではわからないとされる。したがって、「当面のところ」学級集団づくりの方法を、一定の限定のうえでとりいれざるをえない、ということのようである。

2 「もちこみ警戒論」の問題

全生研の学習集団論は、以上に述べた理由から学級集団づくりの方法をもちこむことを警戒するのであるが、しかしながら、こうした論には若干の問題があると思われる。その一つは、結論を先に述べれば、学級集団づくりの成果を授業に積極的に生かしていくことを妨げてしまうのではないか、ということである。

全生研の学習集団論は、授業に学級集団づくりの方法をもちこんではいけないと述べているわけではない。各教科・教材の構造がいかなる集団を必要とするかがわからない以上、「不当に」もちこんではいけないというのである。したがって、すでに述べたように、科学的な教材編成ができ、それが「集団」とどう結びつくかが明らかになるまでは、「一定の条件と期間を限って」学級集団づくりの方法のもちこみを認める。あるいは『第二版』では「……教師は当面のところ、教科内容の指導を妨げたり、誤らせない程度において、授業のなかに学級集団づくりの方法をもちこんで、学習集団の指導を展開せざるをえない。」（①-p.216）と述べるのである。

このような、いつ明らかになるのかさだかでない科学的教科・教材の編成を前提とした学習集団論は観念論であるといわざるをえないが、さらに問題となるのは、こうした述べ方によると、学級集団づくりを授業にとりいれることが、どうしても否定的なこと、好ましくないことという印象をうけることである。

ところで、さきほどの『第二版』からの引用のなかに、学級集団づくりを授業のなかにもちこむ実践のなかには「かつての『集団学習』論と同じように、教科指導固有の構造を無視して、生活指導の方法を無条件に授業のなかにもちこみ、教科固有の任務を妨げる」（①-p.208）誤りがあったという説明がある。しかし、ここでいう「かつての『集団学習』論」の誤りは、教科指導のなかに適応主義的な小集団学習論をもちこんだこと、および、教科内容が生活経験的なものにゆがめられたことから生じてきた誤りであるいうことができる。無条件にもちこまれた生活指導の方法とは、適応主義的な集団観による「生活指導の方法」であったのである。しかしいまわれわれが「もちこむ」ことの是非を問うている「方法」とは自治的集団を形成する方法なのである。仲間をたいせつにして差別を許さず、相互に連帯し協力し、あくまで真理を追求していくような民主的人格を育てる方法が学級集団づくりの方法であるのならば、その方法が授業においても積極的な意味をもち得ないはずはない。授業に学級集団づくりの方法をもちこむことによって、学級全員のものがわかることをめざす相互援助・協力、そして真理を明らかにしようとする論争的コミュニケーションを組織できるのであれば、それを教科指導にとって意味あるものとして組織してゆくことは、けっして不可能ではないだろう。

このように考えると、学級集団づくりの方法を授業にもちこむことを警戒するよりも、むしろ、自治的集団づくりによって育てあげられた論争的主体が、授業をどのように変えていくことになるか、学級集団づくりと学習集団の発展とが、どのように相互に反映しあい、移行しあっていくかという点をこそ積極的に問題にしていく必要があるのではないだろうか。

たしかに学級集団のちからは、そのままでは、いまだ、教授学的要素の十分なものだとはいえない。つまり、そのままでは、教科指導のねらいを未達成に終わらせるものであることは明瞭である。しかし自治的集団づくりによる諸成果、たとえば学習規律の確立、相互援助と相互批判の体制、論争的主体による思考の対立・媒介の仕方などの一連の成果は、本来、学習集団にとってマイナスの要素であることを意味するものではないであろう。学級集団の自治的ちからは、いまだ、教授学的次元のものではないかもしれない。しかし、それは教授学的指導にとって、本質的に否定的なものでもないことはたしかである。むしろ、その時点から、教師による対象＝教材への指さし＝発問のたえざる指導の必要性をより強く要請してくることになるというべきであろう。教師による指導＝教材への指さしなしには、たしかに授業は混乱したり、停滞したりすることになる。しかし、自治的学級集団づくりが前進することによってこそ、はじめて、授業における知識の教授が、伝達、注入に終わらないで、「教師の指導」と「子どもの自己活動」との知的対決ともいうべき教授＝学習過程として成立しうる基礎的条件がととのってくるとさえいえるのではないだろうか。

全生研の学習集団論における、もう一つの問題点を指摘したい。

竹内氏によれば、先に引用したように、学級集団が学習集団の「入口」から、さらに先にはいっていくためには学級集団は「別種の方法」をもたなくてはならないが、その「別種の方法とは各分野各教材によって異なる。したがって『学習集団』のありようは各分野各教科によって異なることになるだろう。」（②-p.21）とする。

ところで、このような発想には、各教科・教材の内容がそれに応じた「集団」を必要としてくるのだ、という考えがあるように思われる。しかし、「……『媒体としての行為』が『集団』を呼びおこすという側面を積極的にとらえないと、学習集団の構造を十分にいいあらわすことにはならないと思うのである。教科内容研究がそれ自身で直接に『集団』を呼びおこすというのではなくて、その『内容』をいかに教授し、いかに学習するかという、そのときの『行為』に結びついたときはじめて、『学習集団』が問題となる……」（③-p.158）と考えるべきではないだろうか。この点では、大西氏の「数学という教材内容や、国語科という教材内容が集団を要請するというよりも、『学ぶ』という行為や、『教える』という人間行為が『集団』を要請してくると考えるほうが、ずっと自然であり、ずっと直接的だと考えられる……」④という言葉に、われわれは共通点を見いだすのである。このように考えないと、学習集団の問題が教科内容研究の問題に還元されてしまい、授業という教授＝学習過程をささえる論とはなりえないのではないだろうか。

そして教科指導の過程つまり授業を、わざわざ「学習集団」として改造するという言い方にこめられてきた一つの意味も不明なことになるのではないか。

特定の教科教材に従属して、一サイクルごとに、学習集団は成立し、消滅するものだということになれば、「学習集団」の研究は、それ自体としては、独自な分野をもたないものとなり、それぞれの教科教授学に解消されてしまうことになる。しかし、われわれは「一般教授学」の存在を知っている。それぞれの教科の授業研究から導きだされる諸法則の一般化をめざし、また逆に、教科の授業研究にも一定の知見を提供するものとして一般教授学は存在しているのである。そして、そうした一般教授学の次元の問題として、学習集団研究は成立するし、また、そのようなものとして構想していくことが必要なのではないか。

３　全生研の学習集団像とその問題

さて、前節までは全生研の学習集団論のもつ特徴とその問題点について意見を述べてきたが、次には、その学習集団論からもたらされる全生研の描いている学習集団像について意見を述べることにする。

日常的実体のない集団

本書『学級集団づくり入門・第二版』では学習集団の形成から確立までの過程を一教材や一時間の授業に対応する教授＝学習過程の一側面としてとらえている。「それはそれぞれの教科のそれぞれの教材に応じてその一サイクルの過程をなしており、しいていえば、学習集団の分裂・形成・確立のサイクルは授業の一時間ごとに対応しているのである。この意味では、学習集団は、自治的集団のように継続的・持続的に存在するものではなく、各教科ごとに機能的に現われるものであり、一教材が終了するごとにその一サイクルを完成しなければならないものなのである。」（①-p.211）ところが、こう考えると学習集団を規定するものは教科内容しかないことになり、内容が変われば集団形態もそのつど変わることになり、その集団とは恒常的実体を何らもたないものとなる。

しかし、このように学習集団を恒常的な実体をもたないものにしてしまうと、授業に積極的にとりくみ、集団の学習権の保障を自覚的に追求していくような学習主体を、一貫して意図的・計画的に育てていくことは困難になるのではないだろうか。学級集団づくりの発展が、学習集団としての学級の学習活動に反映していくことは、たしかに一般的にいわれることである。しかしまた、学級集団づくりにおける生活主体形成が、直接的に学習主体の形成に反映するものではないこともすでに明らかである。そうである以上、授業においても、学級集団づくりを基盤としながらも、独自に学習主体を形成する指導が不可欠となるのである。

以上のように学習集団を教科内容のサイクルごとに消滅するものとする考え方からは、授業における集団の意味が消極的にしか認められないといった考え方にも通じてくる。教科内容研究の重要さと同時に、集団討論や集団思考の意図的な組織化によって学習主体間の問答や論争をひきおこしていくことのもつ重要な役割が軽視されてはならないであろう。それというのもほかではない。教科の授業というものは、単に科学の成果を教えることにあるのではなく、成果の教授をとおして人類の進歩に参加する能力を発達させることが目標なのであり、そのためには、とうぜんにも、科学の成果を伝達するのではなく、授業過程を子どもにとっては再発見・再創造の過程として組織すること、つまり、集団思考の組織化過程として展開することがつよく求められるからである。

授業と学習主体形成

それでは、授業において学習主体を形成するとはどういう意味をもっているのだろうか。　授業は教授＝学習過程として組織されることは何人も異論のないことであろう。つまり、授業は教授と学習との統一される過程なのである。「……授業が教授と学習との統一であるという場合、そこでは、あくまで相対的に独立した教授主体の活動と学習主体の活動とが相互に知的対決を展開する過程であることが意味されているのである。」（③-p.73）ここで重要なことは、「知的対決」という言葉に対する大西氏の批判に対して吉本均が述べているように（③-pp.155-158）、文化価値の「伝達」も、学習者の思考と認識の「自己活動」を媒介としなければ達成されないということである。子どもたちが、主体的・能動的な「自己活動」をとおして文化価値に対していどんでいくことをとおして、文化価値は真に生きた認識として「伝達」されるのであり、また、そのことによってしか、授業をとおして子どもたちに知的探究能力をつけることはできない。教授主体の活動は、まさにこの学習者の主体的・能動的な思考と認識の「自己活動」を組織することにむけられるのである。そのためにこそ、教授主体と学習主体との「知的対決」という形を組織するのであり、さらに子どもたち相互に論争的コミュニケーションを組織するのである。学習集団の形成においては、このような、教授主体に知的にいどみかかり、仲間と知的に論争していく学習主体を形成していくという一貫した論理が必要なのである。

ところが、全生研の学習集団論には、自治的集団との対比による学習集団像はあるが、そこには学習主体形成の一貫した論理が欠けているように思われるのである。また、学習主体形成の論理の欠如は、学習集団を知的教授・知的訓練のための単なる機能集団としてとらえてしまうおそれがあるのではないだろうか。

この点に関連して、学習集団に関する将来像として、学級をもっぱら学習集団とし、学級外に生活集団を求めようとする考え方があるようである。『第二版』において「基礎的集団の組織化は、当面のところ学級集団を手がかりにしてすすめられるが、学級集団づくりの発展のなかで、基礎的集団は学級から『クラブ・部』的な集団へと移行していくものと予測されている。」（①-p.251）

こうした考え方によると、小川太郎氏も指摘しているように（⑤）、学習集団としての学級は、学習集団としてのみ機能し、生活集団としてはもはや機能しないようなときがくると考えられることになる。そうなると、自治的集団とは機能的に分離され、学習集団はもっぱら知的教授＝陶冶のためのものとなり、教科外の自治的集団は民主的訓育のためのものという二元論におちいる危険が生じてくることになる。

われわれは、異質なものを含む同一年齢の子どもたちに同一カリキュラムで教えることで、子どもたちの全面発達をめざす教育組織としての「学級教授組織」（Klassenunterrrichtsystem）の陶冶・訓育的意義とそれの必然性を正しく認識しなければならないと考えるのである。学校教育における基礎集団は、あくまで「学級」であり、そこで、同一年齢の子どもたちに、一定の陶冶が施されるとともに訓育も行なわれていなくてはならないのである。そこに学級教授組織のもつ進歩的な意義が存在していると考えるわけである。

二　教科的力量と組織的力量との規定の仕方をめぐって

すでに述べてきたように、全生研の学習集団論は、学級集団との対比で展開されてきている。そしてそこで、学習集団の特質としてたえず強調されていることは、教師の教科内容の指導が優先するということである。たしかに『第二版』が指摘しているとおり、教科内容の科学的な指導が学習集団のなかで貫徹されないなら、「教科指導と生活指導との混同」が生じ、したがって授業が「徳目主義的な教科内容の注入主義的な『教授』となったり」「生活問題を解決するための道具主義的・実用主義的な知識の学習、ないしは適応主義的・改良主義的な生活道徳、生活態度の学習の指導に転落してしまう。」（①-pp.199-200）ことはいうまでもない。

しかし、教科内容の指導の強調によって学習集団の独自性を明らかにしようとするとき、たとえば本書にみられる授業における班の編成とか授業でのリーダー（ガイド）の特質の規定の仕方には、若干の問題があるように思われる。

授業での班の編成については、自治的集団が行動の一致・不一致を問題にするのに対して、学習集団での班は思考上の一致・不一致が問題とされるような編成がなされなければならないとされる。そして「班は、集団的行動の一致・不一致をたえず問題にし、そのことによって集団の目的を認識させるための最小規模の集団ではあるが、それでも班は学習集団のための小集団としてはまだ大きすぎるといってよいのではないだろうか。個人的思考の一致・不一致に集中するには、班はそれ以外のゴタゴタを多くふくみすぎているといえよう。」（①-p.210）と述べられている。このように班の編成については、行動と思考とを対比させることによって、編成の特質が語られるのである。しかしこういった行動と思考とを対比させることによっては、前回の「『学級集団づくり入門・第二版』の分析・批判１」ですでに指摘したように、班での学習の中味が単に点検とか答あわせのようなものに終始しやすいのではないか。したがって授業が知識主義・知識伝述に陥ってしまう危険があると考えられるのである。

また、学習集団のリーダー（ガイド）については、教科内容の指導が優先するという学習集団の特質から次のようにとらえられている。「そのような生徒は、教師の教科内容の指導にまず先頭をきって挑みかかることのできるような生徒、授業のわからない仲間のいることにまっさきに気づき、これに教科的な指導と援助をくわえることのできる生徒、仲間の疑問を代弁して教科的な指導の充実を教師に要請することのできるような生徒によってになわれる必要がある。すなわち、学習集団のリーダー（ガイド）の第一条件は教科的な力量においてすぐれていることであって、自治的集団のように組織的能力においてひいでていることではないのである。ガイドのばあい、組織的能力は第二の条件である。」（①-p.212 傍点－引用者）と。

しかし、このような学習集団におけるリーダーの特質の規定の仕方には、次に述べる二つの問題点があるように思われる。

まず第一の問題点は、こういった論述のすぐ後で具体的なリーダーの仕事が三点あげられているが、その仕事の中味をみてみると、必ずしも教科的な力量においてすぐれている者でないとできない仕事ではないし、むしろ、組織的能力こそが必要とされる仕事であるということである。三つの仕事とは、「教師の教科内容の提示、説明、指導について、①理解できることはしっかりうけとめて反応すること、②理解しにくいこと、理解できないことは先頭にたって質問し、もう一度やりなおしてもらうための要求を出すこと、③理解できるが実感とむすびつかないもの、あるいは、それがなんのために理解しなくてはならぬものなのかわからない場合に、すぐ説明を要求する。」（①-pp.212-213）といったことである。しかし反応すること、要求を出すこと、先頭にたって質問すること、といった仕事は、教科的な力量がいくらすぐれていようとも、そういった行動をおこす力量をもっていなければできない仕事なのである。その意味では、教科的な力量よりも組織的な力量においてすぐれているものの方が、リーダーの仕事にかなっているともいえる。さらに、理解できることに反応したり、理解しにくいこと、できないことを質問したり、実感と結びつかないものに説明を要求するといったことに、教科的な力量がことさらに必要であるといえるだろうか。このようにみてくると、学習リーダーにとって、「組織的能力は第二の条件である」というより、むしろ組織的能力が基礎的な条件となってくるのである。

「組織的能力は第二の条件である」ということは、たしかに学習集団の特質を自治的集団とのなかで明確化することになるとしても、学習集団のリーダーにおける組織的力量の重要性を軽視していくことにつながらないだろうか。学習集団のリーダーにあっても、リーダーである以上、組織的力量をもたねば、集団の指導は不可能である。自治的集団との対比によって学習集団の独自性を強調するあまり、リーダーとして共通するものが見失われるという危険性をいだくのである。学習集団のリーダーを形成していく際にも、教科的力量のあるものにまず着眼していくという方向ではなく、組織的力量のあるものに着眼し、彼らに教科的な力量をつけていくという方向が有効であると考えられる。

また、教科的力量と組織的力量とを対比・区分していくことが、二つの力量を相互に対立・分離するものとしてとらえ、その結果、二つの力量を統一的に子どもたちに形成していくという方向が見失われるのではないだろうか。組織的力量と教科的力量との対比・区分を明らかにすることだけでなく、それらの統一、相互移行過程を究明していく必要があろう。

第二に問題としたいのは、教科的力量と組織的力量をこのように対比・区分していくとき、そこでの教科的な力量の中味は何かということである。「わからない仲間のいることにまっさきに気づき、これに教科的な指導と援助をくわえることのできる生徒」といわれる場合、「教科的な指導と援助」の中味は何なのか。わからない生徒に、教科的な力量をもつものが一方的に自分の知っていることを教えることが「教科的な指導と援助」であると理解されてはならないし、『第二版』でもけっしてそういった「指導と援助」が考えられているわけではないだろう。しかし、教科的力量と組織的力量を『第二版』のように、対比的にとらえたとたん、教科的な力量とは、いわゆる知識量の多いことや記憶力がある、知的理解が早いということに理解されてしまうのではないか。そして、授業ではそういった力量をもった「早くわかったもの」が、そういう力量のない「わからないもの」に一方的に教えていくということが、「指導と援助」という名の下で行なわれていくのではないだろうか。

『第二版』では、リーダーを中心とした学習集団による授業の展開過程が次のように述べられている。「学習集団のリーダーのとりくみの中で、まだ理解できていない生徒や、誤って理解していた生徒たちが、『わからない』『なぜそのようになるのか』という声をあげ……学習集団は目的自覚的にその分裂や対立を克服し」ていくとある。（①-p.214）ここには、学習集団のリーダー（教科的な力量をもつもの）＝早く理解できたもの、正しく理解できたものが、まだ理解できていないものや誤って理解していたものに働きかけ、そのことを通して、分裂や対立が克服されていくというすじ道が考えられている。つまり、早く理解できたものが、おそく理解するものに働きかけていくというとらえ方、言いかえれば、おそく理解したり、誤って理解したりするような生徒が指導の対象であるというとらえ方がある。

ところで、最近授業についていけない子どもの問題をめぐって、わかる授業をどう組織していくのか、また「わかる」とは何なのかが問われてきている。そのなかで、従来の授業で「わかる」「できる」といわれる子どもを批判的にとらえなおしていくことがなされている。たとえば、坂本忠芳氏によれば、今日の市販テストにみられる画一化され、パターン化された答を積みかさねていくような学習体制下では「『できる子』が、じつはものごとの本質について『わからない』ことが少なくない」「その場合『できる』とは主として、操作をいわれたとおりに、機械的にすみやかに『できる』こと、機械的な記銘と再生がすみやかにできることにほかならない」「だから複雑な計算ができ、複雑な文章題がとける『できる子』が、√×√＝２や（－）×（－）＝（＋）がどうしてそうなるかが『わからない』ことがおこるのである」とし、「今日『わからない』ことの現実は『できない』こととかさなりあっているが、しかし、『できる子』がほんとうに『わかっている子』といえない」と指摘している。(⑥-p.7)

このようにみてくると、いわゆる教科的な力量がある子どもとは、実は「わかっている子」なのではなく、「できる子」であるともとらえられるのではないか。たしかに、「できる子」は、早く理解するし、教師の問いかけにもまっ先に反応するし、こういった意味では、教科的な力量があるといえるからである。しかし、先ほどの指摘にもあるように、「できる子」＝教科的な力量のある子は、「わかっていない」場合が多いのである。教科的力量をもった「できる子」は、しばしば、ものごとを自分の生活や経験からきりはなして理解する。逆に、「わからない子」は自分の生活や経験に固執し、それに結びつけてものごとを理解しようとし、結びつきが見いだされないから「わからなく」なってしまうのである、といえよう。

「できる子ども」がわからない子どもに一方的に働きかけていくという

方向で授業が展開されるとき、そこでは自分自身の生活台や内面的なかまえを素通りして、単なる知的操作としてものごとを理解していく子どもたちが生まれてくることになる。授業のなかで子どもたち相互の指導や援助をつくり出そうとする場合、しばしば子どもたちをできる子＝優児、できない子＝劣児に分け、優児に劣児の誤りを正させていくという形がとられるが、そのことは知識主義・伝達主義の授業を生じさせる結果を生み出すのである。

今日、受験体制が貫徹されている授業において、教科的力量をもったもの、そうでないものと対比的に捉えることは、優児・劣児という固定的なとらえ方に対応してくるのではないか。したがって、まだ理解できていないものが学習集団のリーダーによって働きかけられるという場合には、その働きかけの中味をよほど慎重にとらえないと危険であろう。また、理解できていないものが、逆に早く理解できたものに挑みかかっていくという方向を大切にしなければならない。わからない子どもが指導の対象＝問題児であると捉えるのではなく、「できる子ども」の方に問題があるととらえなおしていく必要があるのではないか。わからない子どもが、「できる子ども」の表面的な理解やたてまえ的な考え方をつきくずし、そうすることで、単なる知的理解に終わる授業が、生活台や自己の生き方にまで結びついた確信の形成にいたる授業へと変わっていくからである。

教科的な力量、組織的な力量という視点はたしかに学習集団におけるリーダーの独自性を明らかにしていくかもしれない。しかし、その場合、教科的な力量とは何かということをたえず真剣に問いつづけていかなければ、上述した危険性が生じてくるのである。

〈吉本均、諸岡康哉、高田清による共同執筆〉
高田の執筆担当は、P84 ～ 92 の「一学習主体形成の論理の欠如」

参考文献

①『学級巣団づくり入門・第二版』（明治図書、1971）
②竹内常一「学習集団をなぜ問題にするか」（雑誌「生活指導」、№162 明治図書、

1971、12）
③吉本均『訓育的教授の理論』（明治図書、1974）
④大西忠治「学習集団研究の課題」『現代教育科学』№181（1972.11）明治図書。
⑤小川太郎「学習集団をめぐる闇題」（日本教育方法学会編『授業研究の課題と方法』明治図書、1974）
⑥坂本忠芳「能力と学力」（国民教育研究所編（国民教育№15、国民教育研究所、1973）

第３章　戦後授業理論の再検討

――学習集団論をめぐる論争を中心に――

はじめに

近代学校教育が学級を教授の基本単位とするようになって以来、教授において学級の「集団」を何らかの形で組織しようとする試みは数多く行われてきた。戦前のわが国では、すでに大正期に及川平治の「分団式動的教育法」があるし、木下竹次も分団学習を追究している。また、昭和に入って、生活綴方運動のなかでも、鈴木道太や野村芳兵衛らには学級の集団を組織していく考えが見られる。戦後になると、「グループ学習」「小集団学習」「集団学習」といった様々な立場、主張のもとに授業における学級の集団の組織化が追究されてきた。

ところで、授業における集団の指導の問題が、初めて本格的に取りあげられ、実践的、理論的に追究され、その体系化が試みられるようになったのは、1960 年前後から盛んになってきた「学習集団」研究の運動によってである。当時、「学習集団」をテーマにかかげ研究した団体やグループはいろいろあったが、今日にいたるまで、一貫してこれを追究し続け、しかも相互に活発な論議を交わしてきたのは、吉本均氏を中心とする研究グループと、「学級集団づくり」という生活指導実践の追究のなかで不可避的に「学習集団」の研究にふみこんでいったという全国生活指導研究協議会（全生研）である。

両者の間の論争は、1970 年代の初めから、77 ～ 8 年頃にかけて活発に行われたが、論議が十分かみ合わず、整理もされないまましばらく跡絶えていた。最近、1983 年になって、再び論争が再開しそうな動きもある。

論者はかつて、この論争の整理と検討を試みたが、数多くある論点のうち二点しか取りあげることができなかった。[1] 本論では、その点もふくめ、学習集団論をめぐって、吉本氏を中心とする研究グループと全生研、とくに大西忠治氏、竹内常一氏、春田正治氏らとの間で行われた論争の検討を試みてみたいと思う。

一　学習集団における「教師の指導性」

両者の間で行われた論争は、学習集団とは何か、学習集団の基本的性格とは何かという点を中心的なテーマとして展開された。それは、とりわけ、自治的集団との対比という形をとりながら、様々な角度から論争が行われたのである。

まず、その一つは、学習集団における「教師の指導性」のあり方をめぐる論点である。

大西忠治氏は次のように述べる。「ところで、わたしは、集団を考える場合に、まずその集団に、どのような指導が存在しているか、そして、その指導とからみあって、どのような管理が働いているかをみることにしている。……集団を一個のものとして、組織体としてとらえようとすると、それがどのような組織であるのか？そしてその組織の内部にいかようなちからが存在しているのか？いいかえると、その集団の指導や管理がだれによってにぎられ、遂行されているのかという、メカニックですらある問題をあきらかにすることなしに、具体的に集団にせまっていくことはできないと思うからである。」[2] こうした視点から大西氏は、学習集団と自治的集団との指導と管理のあり方の違いから学習集団の集団としての性格を明らかにしようとする。

それは、学習集団に関する大西氏の最初のまとまった著書である『学習集団の基礎理論』のなかで、次のように述べられている。「……『学習』集団における『指導』という場合、わたしは二重の意味があると考えます（「学習集団」における指導は、内容上からは、教材内容の指導と、集団の指導との二つがあり、形態上からは教師による指導と、子ども集団の内部に生まれてくる子どものリーダーによる指導との二重性をもっているということ）。……もちろん、この『指導』における二重性の問題は、『学習』のための集団にだけ固有な問題ではありません。『学級』活動でもそれは存在します。けれども、それを特にわたしが問題にするのは、いわゆる『学級』活動における『指導』は、子どもたちの内部に自主的なリーダーが育ってきて、その力が正しく発揮できるようになってくるにしたがって教師のそれは徐々に子どもたちのリーダーによってのりこえられ、教師の指導は徐々に子どもたちの指導へと道をあけわたしていくことができますし、むしろ、そうすることを目的にして指導はなされるのだといつてもいいすぎではありません、……それに対して、『学習』における教師の『指導』は、子どもたちに徐々に道をあけわたしていくことができるものなのか？それを目的にしていいものなのか？ついには、教師は教えなくても子どものリーダーが教えるということになるのを目的にしていいのか？ということです。」[3)]

大西氏は、このように「学級」活動における集団、つまり「生活集団」においては、教師の指導によって子ども集団の内部に発生してきた自己指導は、教師の指導を「のりこえ」、やがて「教師の指導」を徐々に不必要にしていくものであるのに対し、学習集団においては、子ども集団の自己指導が教師の指導をのりこえ、それを不必要なものにしていくということはありえないとする。この点から、大西氏は学習集団の集団としての性格を次のように捉える。「だとすると、こういう内側に独立した自己の指導体系を完全に持ち得ない集団を、集団としての完全な実体をもったものといい得るのか？という問題が発生する。そして、わたしは、『授業』のための集団＝『学習集団』を集団としての完全な実体をもったものとは考えることはできないのである。」[2)]

この大西忠治氏の学習集団のとらえ方は、全生研常任委員会著『学級集団づくり入門・第二版』における学習集団の規定にはほとんどそのまま引きつがれている。そこでは次のように述べられている。「自治的集団のばあい、生徒集団は、教師の公的指導をのりこえて集団の自己指導をつくり出しながら、集団のちからを内外に表現行使していくことを中心的なテーマとしているのである。これに対して、学習集団のばあい、学習集団の自己指導は一般に教師の学習集団にたいする指導をのりこえてまえにすすむことはありえないし、そのようなことが目的とされるわけでもない。」[4)]

吉本氏は、この『学級集団づくり入門・第二版』における規定を取りあげ、次のように批判した。「行動の指導を目的とした自治的集団づくりのばあいには、つまり、訓育過程においては、教師の公的指導をのりこえるが、知識、認識の教授を目的とした陶冶過程のばあいには、子どもは教師の指導に従属しなければならない、ということになるのだろうか。……わたしのむしろ強調したいことは、自治的集団づくりにおいても、はじめから最終まで、教師の集団発展への見とおしの下での、たえざる指導なしには、それは一歩も前進しないということである。子どもの自発性への無原則な信仰にしたがうのではなくて、断乎たる要求にもとづく指導を加え、指示を与え、集団にゆさぶりと挑発をしかけていかなくてはならないということである。……しかもこうした教師の指導性は、自治的集団の力量が増大するにつれて後退するべきだと考えることも正しいと思われない。」[5)]

吉本氏のこの批判は、さらに私も含めた広島大学教育方法学研究室が書いた「『学級集団づくり・第二版』の分析と批判１」という論文では、次のようになる。「教師が子ども集団の自治権を保障し、擁護するのは、集団が自治的活動によって豊かな生活の内容をつくり、そして同時に自治能力をそなえた民主的人格を形成するという教育的ねらいがあるからである。しかし、そうであるならば、自治的集団の活動を組織し、方向づけていく教師の指導は、いついかなる場合にも、直接的あるいは間接的に、集団に対してうちたてられていると考えねばならない。したがって、教師の指導が生徒集団の自己指導によって『のりこえられる』ということは、学校教育においてありえないし、またそうであってはならないと考えられるのである。」[6)] こうして、自治的集団であれ、学習集団であれ、客観的にみれば、学校教育において教師の指導は生徒集団の自己指導によってのりこえられることはないとする。「しかしまた、単にこのように規定するだけでは、子どもたちの学習への生き生きとした主体的・自主的なとりくみを導き出す『教育指導の論理』を明らかにすることはできない。子どもを『教育の対象』としてでなく、『学習の主体』として自主的な行為へと導くためには、教師の直接的な指導は間接的な指導へと変えられなくてはならない。つまり、子どもに自治的能力を育てるために、一定『自治をうばいとる』というかたちをとらせるのであり、教師の指導を『のりこえる』というかたちをとらせるのである。」したがって、「客観的にみれば自治的集団においても学習集団においても、生徒集団の自己指導が教師の指導を『のりこえる』ことは当然ありえない。しかし他方『教育指導の論理』としては、自治的集団であろうと学習集団であろうと、子どもたちが『のりこえる』ことはありうるし、むしろ、のりこえさせなくてはならないのである。」

このように、吉本氏および広島大学教育方法学研究室は、学習集団と自治的集団の違いを、集団の自己指導が教師の指導を「のりこえるか」「のりこえないか」という観点から規定することの問題を指摘した。

もっとも、大西忠治氏の場合は、『学級集団づくり入門・第二版』ほど単純な形で「のりこえる」「のりこえない」と述べているわけではない。先にも引用した『別冊授業研究』における論文では、「たしかに教育的であるということでは、自治的な集団であっても子どもの集団は、外側からの教師の指導を常に必要とすることは否定できない。」としている。しかし、この時点では、まだ、「……その外側からの教師の指導は、内側に子ども自身の指導を成立させるような援助として必要だという限定をもっており、それはいいかえると、外側からの教師の指導を不必要にする方向に内側の指導をひき出してくるためにこそ意味のある、自己否定的な指導なのだといってもよいかもしれない。」[2]と述べ、「不必要にする方向」といういい方をしている。

それが、先に引用した吉本氏の最初の批判が発表された時より後に書かれたと思われる「自主性と指導性の統一」という大西氏の論文においては、次のような述べ方になる。

「……自治的集団における『指導性』は、生徒にそれを超えることができる見通しを常にあたえながら、生徒に超えられながら、しかもたえず、新しい高い『指導性』として生徒の前に立ちふさがり、再生されていくというふうなダイナミズムを持たざるを得ないという性格をもっている。つまり、第一の『指導性』は、ある時期に生徒に超えられ、そこから生徒の『自主性』によって否定され、それによって、先の指導性よりも更に一段高い第二の『指導性』としてふたたび提出しなおされ、その第二の『指導性』は次の時期に生徒に超えられて、生徒の『自主性』に転化すると同時に、第三の『指導性』として更に高いものとして出現してくるというふうに、自己否定をつみかさねていくようなものではなくてはならないということである。」[7] このように、大西氏の述べ方は、「のりこえる」過程における教師の指導性のあらわれ方を説明することで、吉本氏らの述べ方とかなり近くなってきているのである。

竹内常一氏は、「『学級集団づくり・第二版』の分析と批判」に対して次のような反論を行った。[8]「この点については誤解がある。」自治的集団のばあい、生徒集団は教師の公的指導をのりこえるのであって、「教師の指導全体をのりこえるなどといっていない。」「生徒集団の自己指導が教師の公的指導をのりこえるや、教師の指導は公的な指導をとおしてその指導を行うことを原則としてやめるのである。教師は生徒集団の特別な一員として、私的な指導をとおして指導するのである。……つまり、生徒集団が教師の公的指導をのりこえるや、教師の指導の発想形態は根本的にかわるのである。」

ここで竹内氏は、自治的集団のばあいも学習集団のばあいも、客観的には「教師の指導全体」をのりこえることはないことを認めている。ただ、自治的集団のばあいは、教師の公的指導をのりこえるのだとする。ところが学習集団について述べるときには、「学習集団の自己指導は一般的に教師の学習集団にたいする指導をのりこえてすすむことはありえないし……」(傍点は引用者)とし、「公的指導をのりこえて」とは記していない。

したがって、ここでの「指導」とは公的指導も私的指導もふくめた「教師の指導全体」と考えられる。自治的集団と対比して述べるさい、対比しているものが一方は「公的指導」であり、他方は「指導全体」ということになる。これでは「誤解」が生じかねない。

この問題をあきらかにするためには、学習集団においても「公的指導」と「私的指導」という概念が成立するのか。成立しないとすれば、それは何故なのか。成立するとすれば、それはどのような内容をもつのかについて、さらに追究する必要があるだろう。そのうえで、何が「のりこえられ」「のりこえられないか」を検討すべきであろう。

そもそも、客観的には教師の指導が貫かれながら、学級集団の自己指導が教師の公的指導を「のりこえる」というのは、集団のなかに自己指導力を形成させるための教師の実践的な戦略（ストラテジィー）としてあるのではないか。学級集団の自己指導が教師の教育的目標からはずれていく時は、教師は教師の指導によってそれを方向づけるはずである。あくまで、教師の指導のもとに学級集団の発展があるのである。そうであれば、学習集団においても、教師の指導性をあくまで貫きながら、教師の「公的指導」を「のりこえる」形で一定の自己指導力を形成するという言い方も不可能ではないことになる。

このように考えると「のりこえる」「のりこえない」の違いは、学習集団と自治的集団を区別するメルクマールとしては、十分に適切だとは言えなくなる。両者の区別のためには、「のりこえる」「のりこえない」でなく、どのような内容の自己指導力を、どのような方法で形成していくかについての自治的集団との違いをあきらかにすることが必要なのではないか。

二　学習集団における「自治」について

春田氏は、吉本氏が「自治的集団」という言葉を使う場合、それは、全生研が使う場合と意味内容が大きく違っているとする。

春田氏は、吉本氏の論を紹介しながら、次のように述べる。「授業における子どもの学習は『行為の過程』であり、したがって直接に子どもの行為を対象とする訓育過程が授業のなかにもあり、そこに子どもの自主的・自治的集団も形成されるのだということになれば、そこには集団としての意志決定と、それにもとづく成員への統制と指導が存在することになるのだろうが、それはいったいどう考えているのだろうか。」[9] つまり、春田氏は全生研が明らかにしてきた自治的集団の基本的性格のうち、先ほどふれた「指導性」の問題についで、自治的集団の活動目標や集団的意志の「決定」のあり方を取りあげ、それと対比して学習集団の集団的性格を問題にする。「子どもがわからない時にストップをかけ、ベルで席につき、班討議のための時間を要求したからといって、それで進行している『授業』総体の主人公に子どもがなったといってよいであろうか。そこで学んでいる教材をそれを学ぶと決定したのは誰であったか。授業においてもっとも大切な『何を学ぶべきか』ということに何ら関わることもなしに、そこに子どもの『自治』があるといってよいだろうか。」[10]

このような疑問を提示しながら、春田氏は次のように主張する。「わたしたちは『授業』といった時の内容論の重要さを考えないわけにはいかず、したがってまた基本的にはこの内容の選択編成権を子どもにゆだねることはできない限り、ことばのじゅうぶんな意味において『授業における自主的・自治的集団』を想定することはできない。……これに『自治的』という形容句を与えるとしても、残念ながらそれは制限された範囲での『部分自治』であるにすぎない。」[10] このような観点から、吉本氏の指導下にある細美田鶴枝氏や野崎坦良氏の実践記録、著書を分析し、そこに全生研のいう自治的集団づくりが欠けていることを指摘する。そして、吉本氏たちが教科外での本来の「自治的集団づくり」を軽視し、それを授業のなかに内在させ、矮小化していると批判する。

それに対して、吉本氏は「わたしは授業の中でのみ『集団づくり』をすれば、それで十分だとか、授業のなかでしか『集団』を追究すべきではないかといったことは、かつて一度もないのです。」[11] とし、氏の著書や氏の指導のもとにある全授研諫早サークルなどの実践を例に引きながら、教科外における集団づくりについての考えや実践のあり方を示している。そして、「わたしたちも授業のなかで文字どおり『自治的集団』ができるとは考えていないのである。」[12] としたうえで、次のように述べる。「しかし春田さんとわたしたちの違うところは、その『制限された範囲での部分自治』をどう評価するかという点に関してである。春田論文の論調によれば、『部分自治』でしかないのだから、それにはあまり価値をみとめないという方向へ傾斜してくるのに対して、わたしたちは『部分自治』であるにしても、そこに重要な意義をみとめ、それを積極的に推進していく必要があるといっているのである。」[12]

このような吉本氏の主張の背景には、学習集団を自治的集団との「対比」でとらえ、その違いを明らかにするだけでなく、両者の相互移行の関係をもっと追究すべきだという考えがある。「教科外と教科との相対的に独自な集団の性格のちがいを前提としたうえで、しかし、それをただ、『対比』にとどめないで、両者の相互移行、浸透の関係をふまえながら学習集団をどうつくりだしていくか、その指導のプロセスをもっと積極的に、そして具体的にあきらかにしなくてはならないというのが、わたしの一貫した考えなのです。」[11] そして次のように指摘するのである。「教科外＝自治権、教科＝学習権、教科外＝『完全自治』『全体自治』、教科＝『部分自治』『自治の煤小化』などという二元的な発想は、まったくのあやまりだと考えています。『自治』という問題は、『学習』に対する単なる『対比』的な概念ではないし、また、『教授』に対する『訓育』のための『自治』でもないと思うのです。」[11]

この論争点については、後に諸岡康哉氏が吉本氏の立場にたって、授業における集団の自治的性格をどう捉えるかという点から検討している。[13]諸岡氏は、まず城丸章夫氏の次の文を紹介する。「教科の授業にあっては、みずからを管理するという集団の自治のちからは、表に現われてはきません。教師の指導の前では、それはみずから眠りこみます。しかし、学習集団に対する教師の誤った管理権の発動や不十分な発動に対しては、自治のちからをもった集団はみずから不十分さを補い、あるいは誤りを是正します。決して眠ったままではないのです。それは学習集団が教師がきちんと教えてくれること、すなわち、指導の貫徹を期待しているからです。すぐれた指導の前には、みずから眠りこむのもこのためです。こうした子どものなかにある自治のちからは、教師が指導を命令と混同することを許さなくさせるのです。」[14] それをうけて、諸岡氏は次のように述べる。「教師の指導に子どもたちが対立してくるのは、ここで指摘されているように、『教師が指導を命令と混同することを許さなくさせ』るものであり、逆に、子どもたちが自治的なちからをもたず、対立してこないなら、教師の指導は誤りをもったままでも授業の中で発動されていくのである。したがって、授業における集団が自治的性格をもってくればくるほど、それは、教師の指導を原則的に正しくつらぬいていくことにつながっていくのである。

……授業において、子ども集団の自治的性格を生みだしていこうとする教師は、自己の指導に対立し、抵抗してくる集団をまさに自分自身の手でつくりだすことによって、自己の指導の確立をはかっていこうとしているわけである。このように授業における子どもの自治的性格をとらえてくるならば、自治の問題を授業外だけに固有のものとして捉えるものではなく、授業においてあらためてその意義を明らかにしておく必要がある。」こうして氏は、自治の指導は教科外の問題だとしてとどめておくのではなく、教科の領域における自治の指導を独自に追求すべきことを主張している。

三　「知的対決」か「伝達におけるヘゲモニー」か

1．大西氏の問題提起

学習集団における「教師の指導性」をめぐっての論争は、第二節で取りあげた「のりこえる」「のりこえない」の問題以外に、「知的対決」か「伝達におけるヘゲモニー」かという問題として行われた。

大西氏は、1971年の『現代教育科学』誌上で、同年に出版された吉本均編『学習集団づくり』双書における次の文を取りあげて問題にした。[15] つまり、「授業が教授と学習の統一であるという場合、そこでは、あくまでも相互に知的対決を展開する過程が意味されているのである。」[16] という文である。これについて大西氏は次のように批判する。「さて、『対決』という規定である。教授主体の活動と学習主体の活動の相互関係を『対決』と規定するのは（その気持はよくわかるが）、文学的、ヒユ的にすぎるのではないかと私は思う。対決と呼びたいような精神的な緊張関係がたしかにあることは認める。そして吉本氏がそれを『対決』と規定し『であう』と、表現しようとするこころみに心ひかれるものがある。しかし、なんと言おうと、個別科学の成果＝教科内容を子どもたちはより多く深く、より正しく認識した者（教師）がそうでない者（生徒）に「伝達」することが「授業」の本質ではないか――ということを否定することはできないと思う。」[15] そして、「『伝達』においても、伝え手の主体的活動が、受け手の主体的活動としてのものに関わることなしに成立するはずがない」としたうえで、「私が、吉本氏が『伝達』を『対決』と規定しなおしたときに、その考え方の底に流れるものには共感する気持をもちながら、さんせいできなかったのは、『伝達』では不十分な生徒の主体の活動を強調する側面のプラスのかわりに、『伝達』にあった教師と生徒の役割の違い、立場の違いを捨象してしまっていることに不満なのである。」[15] と批判する。

このような立場から、大西氏は、「伝達におけるヘゲモニーの性格」こそ学習における教師の指導性の本質であるとし、それをあきらかにすることなしに、「授業」＝「学習」というものの集団的性格の特質はあきらかにならないと主張するのである。

それに対して、吉本氏は『訓育的教授の理論』において、授業が教授と学習の統一であるということは、「一方が他方に従属する過程としてではなくて、両者が精神的緊張と知的対決を介してであうということ、主体と主体とのきびしい対決ともいうべきであい（Begegnung）であることを意味しているのである。授業は、主体と客体との間にみられるような一方交通作用ではなく、本来的に、主体と主体との間の相互対決作用であるほかないのである。そこに教育に固有な論理が存在している。」[5] と述べるのである。

吉本氏は、主体相互の間の知的対決にこそ教育に固有の論理があるとする。いいかえれば、知的対決に指導の論理を見出そうとしていると言える。そのことを、同じく『訓育的教授の理論』で次のように述べている。「伝達する教師から援助する教師へ、そして組織する教師へという教師のリーダーシップの発展は、子どもの側からいえば、伝達され、説教される対象＝客体から、しだいに自主要求と自主活動の主体として学習にとりくむようになることでなくてはならない。そして子どもたちが自主的な学習要求と学習活動をはじめるにつれて、教師の意図の一方的実現はいっそう困難になる。つまり、子どもたちが主体に接近するにつれて、教師からの一方的なコミュニケーションに対する、ある種の緊張や抵抗が強まってくるからである。教授主体と学習主体とは、互いに知的緊張と対決を介して、出あうことになるのである。教師は学習主体からの抵抗に盲目であったり、それを回避することは許されないのである。さらにいえば、教師にとって抵抗にさえなるような集団的自主性をその教師みずからの手で育てあげるということ、そこにこそ、組織する教師のもちうる最高のリーダーシップが存在しているのである。」[5)]

大西氏は、これに対して、先に引用した『訓育的教授の理論』の文を取りあげ、「この述べかたで読みとり得ることに関する限り、教授主体と学習主体とは対等に対決するとしかよめない。……こうなると、教師の指導性の重要性が、指導内容の質と、指導の性格の重要性としてよりも、指導態度と、技術の重要性に限定されるように読めるのである。」[17)] としたうえで、「そこでは、『教えるもの』と『教わるもの』との違いを明確にしていない傾向がある。指導における『伝達』するということの軽視があること、そして、その伝達におけるヘゲモニーの性格こそ、もっとあきらかにすべきではないか」とし、再び、「伝達」における「ヘゲモニーの性格」こそ、学習集団の指導の性格を規定するものだと強調するのである。

2　大西氏の再提起

さて、この問題は7年後、大西氏が最初に取りあげてから13年を経て、大西氏が編集する『国語教育評論』の創刊号において、大西氏自身によって再び取りあげられる。[18] これは春田・吉本両氏の「往復書簡」以来のものである。大西氏の論文は、吉本氏の学習集団論についての全く新しい視点からの批判というものではなく、基本的には従来から度々大西氏が行ってきた批判の視点にたったものであり、その延長線上にあるものと見ることができる。そこでは、「学習集団とは何か」「学習の集団的性格を規定するものは何か」という問題を追究する筋道のなかで取りあげられる。

大西氏の批判の骨子は、第一に、吉本均編『教授学童要用語三〇〇の基礎知識』（明治図書、1981）における「学習集団」の概念規定、つまり、「学級はそのまま学習集団ではない。また学習集団は班学習・小集団学習という学習の形態を意味しない。学習集団とは、みんなでわかりあう授業の創造を目指す教育実践の目標概念である」を取りあげ、「学習集団」を「目標概念」として規定したことを問題にする。

大西氏は、吉本氏が初期の著作『授業と集団の理論』のなかで、「学習集団」に目標的意味、肯定的イメージを付与していく論理の過程を分析し、そこには「吉本氏の論理的な飛躍」があるとする。そして「学習集団」という概念には、もともと「現にあるもの」、「現に存在しているもの」としての集団を意味するものであり、「学習集団」に目標的性格、肯定的意味をつけ加えたのは、「吉本氏のまったくの根拠のない主張的な思いつきだったのではなかろうか……」[18] と批判する。

さらに、『学習集団づくり』双書の前年に出版されている吉本氏の『現代授業集団の構造』における「授業は、作用形式からみれば、教授＝学習過程である。ここで教授というのは、教授主体、つまり、教師の活動であり、学習とは、学習主体、つまり、子どもたちの活動をさしている。だから授業が教授＝学習過程であるという場合、それは、教授する主体と学習する主体との相互対決の過程であることを意味している。」[20] という文章を取りあげ、その検討を通して、「こうみてくると、客観的な存在としての『授業』の規定の中に価値的な『対決』という概念を論理的な飛躍として導入したことが、まず吉本氏の『学習集団』を目的概念にかえるキッカケとなった」とし、さらに、「『客体』という存在論の範疇に入る概念と、『お客さん』という価値的な概念と混同することによって二重の飛躍を導入して、『学習集団』を決定的に目的概念にかえてしまった……」[18]と批判する。

第二に、大西氏は、まず従来から主張してきた氏自身の「学習の集団的性格」について見解を述べる。つまり、学習は、前代の後代に対する文化遺産の伝達という意味で、また、先生と生徒との関係という点で、また、労働の準備段階としての学習という意味で、類的には集団的性格をもっているが、しかし、「学習」そのものは「非集団的で、個人の心のうち側の問題、ないしは、個人の個人的な精神的肉体的問題にほかならない」[18]もので、個人的性格の強いものだとする。したがって、「『学習』に視点をあてて追及する方向には授業における『集団』の概念の導入は不可能であり、不必要でさえある。……こうなると、『学習集団』という概念は、『学習』をとりまく、『学習』を規定してくる外的条件における『集団性』に求めざるを得ないわけである。」[18]とする。

ところが、大西氏によれば、「吉本氏は、『学習集団』を、生徒と教師、生徒と生徒、教師と教師との人間的な問題として規定しようとした。」そのために、それは一種の「技術主義・操作主義」におちいってしまうと『授業研究』№151における批判を再びくりかえす。

さて、大西氏の吉本氏に対する批判の骨子は以上のようにまとめることができると思うが、そこでは大西氏と吉本氏との学習集団論の違いが明確にされてきており、また、批判の論理展開のなかで大西氏の学習集団のとらえ方の基本的特徴が明らかにされている。本稿では、ここに見られる大西氏の学習集団論の特徴を検討してみることにしたい。

３　大西氏の批判と吉本氏の「論理」

大西氏は、「吉本氏が、その初期にもっていた『もの』としての学習集団の性格、存在している集団という性格を棄て切って『目標概念』にしてしまった」[18]理由は、すでに紹介したように、〈教授＝学習過程〉という場合の記号である（＝）が、〈との活動〉におきかえられ、それが、さらに〈相互対決〉とおきかえるという操作を行うことによって、「客観的存在としての『授業』の規定の中に価値的な『対決』という概念を論理的な飛躍として導入した。」[18] からだとする。

大西氏によれば、「教授＝学習過程と、イコールされたのは、『教授過程』と『学習過程』が一つの過程のきってもきれない両側面であることを示しているわけである。教師の側からみると『教授過程』であるものが、生徒の側から見ると『学習過程』であるということを示しているわけである。」したがって、「教授主体の活動であると同時に学習主体の活動である」[18] というのが厳密ないい方であり、二つの活動として切り離すことができないものだ。ところが、吉本氏は「……それを『対決する者』として、対立させることで二つの活動を決定的に切り離してしまうのである。ここにはあきらかに論理的な操作がある。飛躍がある。」と大西氏は述べるのである。

たしかに、大西氏のいうように、授業において教授活動は学習活動を前提としており、学習活動は教授活動によってはじめて組織されるものであり、両者が切り離されて成立するものではない。しかし、大西氏のようないい方では、授業における教授活動と学習活動との相対的に独自な特質と相互の関連のし方が見えにくくなってしまう。

『授業研究大事典』の「教授・学習過程」の項には、これを「授業過程を、教師の教授活動と子どもの学習活動とのダイナミックな相互作用の過程としてとらえようとする概念」と規定したうえで、この概念を用いる場合に含まれる主張の一つとして、次の点をあげている。「……授業の内容がそのまま子どもたちに学習されるのではなく、教授過程と学習過程とを相互に、矛盾・対立・統一を繰り返す過程として捉える。」[20] つまり、子どもの学習は教授の機械的な反射ではない。子どもは「独自の思考、願望、意志および感情をもって生活し活動する主体として教授過程に参加している。」[20] だから、子どもの学習活動は教師の教授活動の直接的な反射としてではなく、それと「矛盾・対立・統一を繰り返し」ながら展開するものである。したがって、教授と学習とを切り離すことができないものと規定するだけでなく、両者の独自な特質をふまえた相互の関連のし方を考察する必要が出てくる。そこで、たとえば、吉本氏は「伝達のリーダーシップ」「援助のリーダーシップ」「媒介のリーダーシップ」として、教授＝学習過程のあり方の類型化をしているのである。[19]

大西氏は、吉本氏が「教授＝学習過程」の〈＝〉を〈との活動〉とおきかえ、「微妙に違ういい方で、二つの活動として切り離す方向に移行させた」[18] と批判したが、吉本氏の「おきかえ」は、「切り離す方向に移行させた」というものではなく、教授と学習を相互的な関連をもちながら、相対的に独自な過程であるという特質をふまえてのことと読むべきであり、それは、また、今日の教授学では、ごく一般的なとらえ方であると言える。

また、子どもを「独自の思考、願望、意志および感情をもって生活し活動する主体」としてとらえ、教師の教授活動に機械的に反応する者ではないと捉えることは、教授活動が、いかにして子どもの主体的な学習活動を組織することができるかという教授のストラテジィーを追究することを要求する。なぜなら、教授活動は学習課題に積極的にとりくむ子どもの主体的な学習活動を呼び起こすことができなければ、子どもの発達を達成することはできないからである。教授と学習との関係を「主体」、「客体」という概念を使って論じるのはこのことに関わっている。

つまり、授業において教師は教授活動の主体であり、子どもは教授活動の客体である。しかし、子どもは単に客体であるのではなく、同時に発達の主体（＝学習の主体）でもある。教科教材にとりくみ、学習内容を自らのものとして習得し、精神的諸力を自己形成していく主体である。しかも、教授活動の客体となることで、はじめて発達の主体となり得るのである。子どもが授業において教授の客体であり、同時に発達の主体であることは、弁証法的に統一されるべき矛盾である。

ところが、大西氏は教授＝学習過程を「主体」、「客体」という概念を使って論じることを批判する。つまり、「教授主体の側から言えば子どもはいかなる場合にでも『教授する』という働きかけの対象である以上『教授主体に対しては客体』であるのは当然なのである。『なりさがって』などいないのである。教師と子どもの関係を主体・客体という関係でとらえようとする吉本氏のやり方でいうなら、……逆に『学習する』という行為の主体は生徒であるが、『学習する』者にとっては教師は『客体』となるのも当然であろう。『学習する主体』に教師はなり得ない以上、そういわざるを得ない（はじめから、教師と生徒との関係を主体と客体という関係で捉えることにムリがあったのである）。」[18]（傍線は引用者）と述べている。この大西氏の主体と客体のとらえ方には、明らかな誤解がある。すでに述べたように、子どもは教授の「客体」であり、そのことで、同時に、発達の「主体」となるのである。「学習する」者にとって、客体となるのは「教師」ではなく、人類の文化遺産としての科学的な知識や技術、つまり、直接的な学習の対象としては教科教材である。「『お客さん』になりさがっている」とは、教科教材にとりくみ、精神的諸力を自己形成する発達の主体になっていないという意味に理解すべきなのである。

ところで、教授主体の活動では、教授の客体としての子どもを、いかにして教科教材にとりくむ学習の主体に組織するかが問われる。吉本氏が、実現すべき教授＝学習過程のあり方を「組織する教師のリーダーシップ」あるいは「媒介のリーダーシップ」と表現したのは、この問いに対する吉本氏の解答であろう。したがって、また、〈相互対決〉という表現も、子どもの主体的な学習活動を「組織し」、「媒介する」教授活動のストラテジィーとして解釈すべきものと考える。大西氏のいうように、「対決」という概念を導入することで、教授と学習を決定的に切り離してしまったということではない。むしろ、両者の相互の関連のし方を明らかにしようとしたと見るべきであろう。

そこで、大西氏は、吉本氏が「『授業』の規定の中に価値的な『対決』という概念を論理的な飛躍として導入した」ために、学習集団を目標概念にしてしまった、と批判するのであるが、「対決」を以上述べてきたような意味に解釈できるとすれば、「論理的な飛躍」とは必ずしも言えないことになる。そうだとすれば、大西氏には「学習集団」を「目標概念」として捉えることが、なぜ間違いなのかを改めて論証する必要がでてくる。なぜなら、「論理的な飛躍がある」とすることが、大西氏の批判の唯一の論拠になっているからである。

4　大西氏の「学習集団論」の特徴と問題

このように見てくると、大西氏は、「教授＝学習過程」のとらえ方においても、「主体・客体」のとらえ方においても、教授と学習、あるいは主体と客体との間に存在する形式的な関係だけでとらえていくために、それらの間にある弁証法的な相互関連のあり方について考察することを、学習集団論の本質的課題からはずしてしまうことになる。だから、大西氏は、吉本氏の学習集団論を次のように批判することになる。つまり、「……人間的な『対決』という、きわめてロマンチックな規定を『学習集団論』の本質的部分に構想してくるようになったのである。そうなると学級内の人間の関係、その働きやあり方に焦点が定められてしまう。『指さし』もそれであり、『ゆさぶり』も、『班指名』も『時間要求』も、組織や、対象としての教科内容のようなもの的なものを排除した、働きとしてのものが、それが『学習集団』を構築する要素となってしまうのである。」[18] こうして、「働きとしてのもの」については、「技術主義、操作主義」におちいるとして、学習集団論の本質的部分からは排除してしまう。

ここから、大西氏の学習集団論の一つの特徴を読みとることができるように思われる。つまり、大西氏は、教授と学習、主体と客体との間にある関係を形式的な関係でとらえてしまったうえで、授業における人間の関係、その動きやあり方、「働きとしてのもの」などは、「学習集団」を構築する要素ではないとし、それにかわって、「もの」的なもの、「存在としてのもの」に「学習集団」という概念が成立する根拠を求めようとするのである。

大西氏は、次のような論を展開する。

「私は『学習』は個人的性格が強く、集団的でありにくいと考える。しかし、『学習』の対象となる学習『内容』は本来、集団的なものであり、学習の目的もまた集団的であり、学習の行為そのものも、労働の準備段階としての集団的役割を持っている……」[18] このことは、また、すでに紹介したように、次のような表現でくりかえし述べられる。「『学習』は非集団的で、個人の心のうち側の問題、ないしは、個人の個人的な精神的肉体的な問題にほかならないのである。……つまり、『学習』に視点をあてて追及する方向には授業における『学習集団』の概念の導入は不可能であり、不必要でさえある。……こうなると、『学習集団』という概念は、『学習』をとりまく、『学習』を規定してくる外的条件における『集団性』に求めざるを得ないわけである。」とし、その外的条件における「集団性」として、①学習対象の集団性、②前代の代表としての教授者と次代の代表者としての学習者との関係としての集団性、③労働の準備段階であるという意味での集団性、をあげている。

このように大西氏は、「学習集団」概念の成立の根拠を、学習という個人的営みを規定する三つの外的条件のもつ「集団性」に求めるのである。しかし、この外的条件のもつ「集団性」についての説明が、抽象的、観念的であり、十分な具体的、実践的な説明がないために、わかりにくいものとなっている。また従来の大西氏の考えと矛盾した考えが見られる。

つまり、第一の「教科内容」の集団性については、次のように説明される。「『教科内容』の集団性とは、それが歴史的に形成された、人類という集団が、民族という集団が蓄積した遺産であるということにつきることである。その遺産によって、人類は自然にたちむかい、自らの生活をきずき出し、それを豊かなものとし、人類の安全と幸福を保障していくようなものにしあげてきたのである。そして、それが自然にたちむかって生活をきずき出させたのは科学性をもっていたからであり、それが幸福を保障するものとなり得たのは真理性を貫いていたからだと思う。いいかえると、㋐教科内容の科学性と真理性とから導き出されねばならないということである。たとえば、西郷氏の文芸学の理論は、その㋑教材解釈の科学性・真理性が必然的に規定してくる学習形態、学習の集団性があるはずだと思うのである。……『教科内容』がよびおこしてくる『学習集団』の性格である。」[18]（傍線は引用者）

ところで、㋐の文章の主語がはっきりしないが、「『教科内容』の集団性」が主語だとすれば、㋐は、「『教科内容』の集団性は、教科内容の科学性と真理性とから導き出されねばならない」となる。そうだとすれば、これは、「たとえば」でつながれる㋑の文章とは一致しない。なぜなら、㋐の文章では、教科内容が、ある学習形態、学習の集団性を要求しよびおこしてくることになる。それに対して、㋑の文章では、教科内容を「解釈」する行為がある学習形態、学習の集団性を要求し、よびおこしてくることになるからである。つまり、教科内容という客観的な「もの」が学習の集団性を要求するのか、「解釈する」という行為が集団性を要求するのか、ここでははっきりしない。大西氏は「……『教科内容』という客観的な存在を拠りどころにしてそこから『学習集団』論を導き出すほかにありようがない……」と述べているから、前者を主張していると考えられる。

しかし、大西氏は、かつて次のように述べたのである。つまり、竹内常一氏の「『教科内容』の研究が必然的に『学習集団』を呼びおこすにちがいない」という考えを紹介したうえで、それに対して、「もちろん、私が疑いをもつのは、私が見聞する教科内容研究の実態をふまえてのことではあるが、それだけではなく、教科内容の研究という、いわば個別科学に傾斜したその文化的なものが、直接に『集団』を要請してくるということに、何かしらしっくりしたものを感じられないからである。数学という教科内容や、国語科という教科内容が集団を要請するというよりも、『学ぶ』という行為や、『教える』という人間行為が『集団』を要請してくると考えるほうが、ずっと自然であり、ずっと直接的だと考えられるからである。『集団』は、たしかにその『集団』が対象としているものに規定されるだろうが、それは、『対象』はまずそれにむかっての行為を呼びおこし、その行為が『集団』を呼びおこすというふうに、『媒体』としての行為を一つのクッションとして存在させずにはおれないと思うからである。」[21]

この文章と比べると、今度の大西氏の論は、180度変化したことになる。しかし、その「変化」についての説明は全くない。また、「教科内容」がどのように学習形態や学習の集団性を規定してくるかについての具体的説明や例示もない。この点で、大西氏の論は、まだ十分に尽くされてはいないと思われる。大西氏の「変化」にいたる論理の展開と、教科内容が要請する学習の「集団性」についての具体的例示については、氏の今後の研究に期待したいと思う。

吉本氏を中心とする研究グループと全生研との間で行われた学習集団論をめぐる論争は、さらにいくつかの論点から行われたのであるが、それは常に自治的集団との対比において学習集団の基本的性格は何かという形で行われてきたのである。しかし、その論争は、ともすれば理論的、抽象的なレベルでの論争になりがちであった。論争の再開をきっかけに、この論争が具体的、実践的レベルで展開されることが、今後の学習集団論の発展にとって必要と思われる。

注

１）拙論「戦後『学習集団』論はどう問題になってきたか」『現代教育科学』No.310（1982.9）、明治図書。
２）大西忠治「授業で集団をどう考えるか」『別冊授業研究』明治図書、1970。
３）大西忠治『学習集団の基礎理論』明治図書、1967。
４）全生研常任委員会著『学級集団づくり入門・第二版』明治図書、1971。
５）吉本均『訓育的教授の理論』明治図書、1974（引用部分が最初に発表されたのは、『特別活動研究』No.45、1972.6）。
６）広島大学教育方法学研究室「『学級集団づくり入門・第二版』の分析と批判１－。学習集団における教師の指導性－」『学習集団研究』No.1（1974)、明治図書。
７）大西忠治「自主性と指導性の統一」、『学級経営』No.91（1973.11)、明治図書。
８）竹内常一「学習集団の研究をめぐって」『生活指導』No.212（1975.11)、明治図書。
９）春田正治「吉本理論を検討する⑴」『生活指導』No.214（1975.12)、明治図書。
10）春田正治「吉本理論を検討する⑵」『生活指導』No.215（1976.1)、明治図書。
11）吉本均「この問いかけでは理論に前進はない」『現代教育科学』No.240（1977.5）明治図書。
12）吉本均「学習集団の指導過程を－春田論文への反論－」『生活指導』No.217（1978.3)、明治図書。
13）諸岡康哉「自治的集団と学習集団の指導」吉本均編『講座現代教授学1』明

治図書、1980。
14）城丸章夫「現代の学校の役割と民主主義」『国民教育』25 号、労働旬報社、1975。
15）大西忠治「教師の指導性の明確化」『現代教育科学』№ 169（1971.11）、明治図書。
16）吉木均編『学習集団づくり』（1971.2）、明治図書。
17）大西忠治「集団学習の方式をめぐる争点と研究課題」『授業研究』№ 151（1971.1）、明治図書。
18）大西忠治「学習集団とは何か」『国語教育評論』①（1983.1）、明治図書。
19）吉本均『現代授業集団の構造』明治図書、1970。
20）広岡亮蔵編『授業研究大事典』明治図書、1975。
21）大西忠治「学習集団研究の課題」『現代教育科学』№ 181（1972.11）、明治図書。

第４章　学習集団の歴史と学びの「共同性」

はじめに

「学ぶ」という活動は、社会的活動であると同時に、個人的活動である。すなわち、「学ぶ」という活動は、まず本質的に社会的活動である。新しくその社会に加わる者が、その社会が歴史的に生みだし蓄積してきた文化を獲得する。それによって初めて、その社会の自立的構成員になることができるという社会的活動である。また社会にとっても、それによって初めて社会の維持と発展を託す次の世代を確保できるという意味で社会的活動である。それは一般的に、親が子どもに、教師が生徒に、というタテの社会的関係で行われる社会的活動である。同時に、この「学ぶ」という活動は、学習者個人が自らの脳と身体を使った主体的活動として行われる。個人による主体的達成としての学習は、何人も肩代わりをすることができないという意味で、個人的活動である。

このように、本質的に社会的活動である学習は、個人的達成としてしか実現されない。しかし、世界の教育実践の歴史では、この学習を集団的活動として様々な取り組みを生みだしてきた。それを従来は、授業を「分団学習」や「集団学習」、「学習集団」、「集団思考」等という用語を使って論じ実践してきた。最近では、「学びの共同体」「共同性」といった用語を使って、授業を論じようという試みが出てきている。この「学びの共同体」や「共同性」の意義を明らかにし、「学習集団」との関わりを明らかにするために、はじめに、「学び」における「集団」の歴史を整理することにする。

一 「授業」の成立と「集団」

1 「授業」の誕生

「学び」にとっての「集団」の意味は、「授業」の成立と不可分である。したがってまず、「授業」が成立する歴史を確認する。

人間の「学び」において、「授業」という形態が生まれてきたのは、17世紀である。つまり、近代的意味での授業＝学級教授組織が生まれてくるのは、コメニウス（Comenius、J. A. 1592 ～ 1670）以降だと考えられる。コメニウスは、「すべての人に、すべての事を、全面的に教える」教育、しかも、容易に、愉快に、自発的に学習する方法を解明しようとした。この「すべての人」には、当時教育の機会を与えられていなかった文字どおりすべての人がふくまれていた。彼は、教授方法を改善することによって「わずかな労力で、愉快に着実に」教授と学習が行えるよう提案した。たとえば、

・全般的なものから個別的なものへ

・やさしいものからむずかしいものへすすむ

・学習すべき事柄を精選する

・どんなときにもゆっくりとすすむ

・暗記を強制しない

・鞭をふるわず、感覚を通じて教える

・生活のなかで応用できるように教える

・一時に一事を教える

などの原則である。コメニウスは国民大衆の立場から近代学校教育のあり方を方向づけたのであり、まさに、「近代教育学の父」と言える。[1]

2 学級教授組織

授業における集団については、コメニウスが、「学級教授組織」の原則において教授学史上、はじめて明らかにしたといえる。同一年齢、共通学

習課題、統一的な教科課程などが、学級教授組織の原則とされる。つまり、彼は、同一年齢の子どもたち全体を一斉に教授し、一緒に学習させれば、全員が共通の学力を達成できるという発達の可能性への信頼に支えられて、年齢主義の観点から学級教授を展開している。[2)]

それまで、中世においては、特権階級の子どもだけが家庭教師によって個別的に教育を受けていた。それに代わって、国民大衆のすべての子どもたちに文化遺産を伝達する可能性を開き、学校を封建的・教会的支配から解放する役割を担うものとして、学級教授組織が構想されたのである。

しかしこうした構想が生まれる背景にあるのは、商工業の発達、近代市民社会の発展によって広く市民の子弟への教育需要が高まり、近代学校教育制度が発展整備されていく中で、多数の生徒集団を一斉に教えていく教育システムが求められたということである。コメニウスが「教師一人で、百人近くの生徒を指導することは、可能である」とし、学級集団を対象とする授業を構想した背景には、近代市民社会の発展と、それに伴う庶民の教育への要求の高まりがあったといえる。この意味で、近代的な意味での授業は、もともと「学級」という生徒の「集団」を前提として成立する活動であった。

二　学びの「集団」と経済性・効率性、管理・支配の追求

近代以降、「授業」にとっての「集団」にどのような意味を求めるかは、歴史的にみると多様である。「学級教授組織」という近代的な意味での「授業」が生まれたが、しかし現実にその学級集団に求められたのは、まずは、教育の経済性・効率性の追求であった。

1　助教制（モニトリアル・システム）

コメニウスが『大教授学』で示唆していた「教師一人が、多数を指導する」という方法は、19 世紀に入って、大衆教育における経済性や効率性の追究の方法として教育界に広がった。つまり、工場制大量生産方式を教

授法に取り入れる形である。

例えば、19世紀初めのイギリスでは、資本主義経済の発展、産業革命による人口の都市集中などに伴い、多数の生徒を学校に収容せざるを得なかった。したがって、学校教育の効率性の追究から、ベル（1753～1832）やランカスター（1778～1838）が助教制（モニトリアル・システム）を考案した。これは教育コスト低減が目的であった。一人の教師が、一度に多数、時には数百人を教育するために、児童を小さな班に分け、各班に助教生を配しておく。一斉教授のあと、優秀な生徒である助教生が、班の生徒一人ひとりに教授内容を復唱させて、正確に復唱できたか否かを試す。この方式では、一人の教師が一斉に多数の生徒を教えることができ、生徒数の急増に教師養成が追いつかない時期に、しかも低コストで教授することができた。[3)]

2　日本における学びの「集団」

わが国においては、近代学校制度成立前の代表的な初等教育機関は寺子屋であった。寺子屋は、主に庶民の子弟を対象に往来物などの教科書を用いて読・書・算、その他初歩的な実用知識や技能を教えた。その指導形態は複数の子どもが集まっていても、教師1人対学習者1人という個別指導が主であった。[3)]

わが国の近代学校史のなかで、「学級」という概念が成立し、したがって学級の「集団」、つまり、「生徒集団」が教育実践上の一つの単位として成立するきっかけとなったのは、明治19年（1886）の「小学校ノ学科及其程度」と、明治24年（1981）に制定された「学級編制等ニ関スル規則」によってである。それには、次のように書かれている。

> 「学級」とは「一人ノ本科正教員ノ一教室ニ於テ同時ニ教授スベキ一団ノ児童ヲ指導シタルモノニシテ、従前ノ一年級二年級等ノ如キ等級ヲ云フニアラズ、故ニ其学級ハ一学年ノ児童ヲ以テ編成スルコトアルベク又ハ数学年ノ児童ヲ合セテ編成スルコトモアルベシ」

つまり、これ以前には、児童の年齢によって学級を編成するのではなく、児童の個々人の学習の進度によって編成される「等級」が教授の単位とされていた。したがって、その編成は、臨時昇級、飛び級という形でつねに変動するものであった。「月末試験、進級試験、臨時試験が行なわれ、一等級に属する生徒はつねに変動することになり、安定した集団ないし集団生活は現実にも、考えかたのうえでも、存在しなかった」[4）]のである。

この「等級」においては、「あくまで生徒個人が主体であり、一つの学級にぞくする生徒が集団をなしていたとしても、その集団自体にはなんら積極的意味は認められていなかった」[5）]のである。一生徒一教師が理想であり、一教師が生徒集団を指導するのは必要悪ととらえられていたのである。

それに対して、前述した「学級編成等に関する規則」において提起された「学級」という概念は、「一人の本科正教員」が、「一教室」において、同一学年の「一団の児童」を指導するという、近代学校における教授の組織の基本的形を規定したものである。つまり、あくまで、一教師が一生徒を指導することを理想とし、その構成員が「飛び級」でたえず変動する「等級」に対して、同一年齢の「一団の児童」による「学級」という安定した集団を教授の単位として定めたのである。

しかし、ここでは、まだ「学級」集団は、教育的、指導的意味でとらえられたわけではない。杉山明男は、次のように述べる。

> 「……そこで形成された『学級』は、あくまでも、教授のための管理のための一つの組織としての学級であった。学級は団体的訓練の場であるという考え方があり、教師による指導の場としての学級が存在していたし、学級を単位として行なわれる活動も、上意下達という形が支配的であり、いわゆる『集団』は教育の手段としての集団であり支配するための、服従を要求される集団であった。そのことは『団体訓練』ということばに典型的にいいあらわされているように、指導者の命令によっていっせいに行動す

るという行動様式の教育方法として考えられていた。すなわち、この団体訓練は、いわゆる『兵式訓練』に範をおいた形も導入されていたので、『集まり』は、支配されるという意識を形成する上では役立ったともいえるであろう。」[6)]

このように学級は管理・支配あるいは団体訓練のための集団としてとらえられていたのであるが、ともかく、こうして、教授のための一つの教室内における、同一年齢の児童の集団という安定した集団が成立したのである。

3　分団学習

管理・支配・団体訓練のための集団から、教育的意味をもった集団指導へと発展していく過程で登場してきたものに、大正初期に提唱された、及川平治（1875 ～ 1935）や木下竹次（1872 ～ 1946）の「分団」による学級の集団組織論がある。

及川平治の「分団」は、当時の教育界で支配的であった一斉教授では個を無視していることを批判し、その欠陥を補うための組織として考えられていた。つまり、一斉教授において生じる学習の個人差を、児童の学習の成果に応じて、「急進団」「普通団」「遅進団」の能力別分団に分けるという考え方で、ここでは、分団は、各自の能力差に応じた個別的指導をするための手段ととらえられていた。

一方、木下竹次は、同じく分団という概念を使いながら、個人差に応じて学習を個別化するのではなく、「学友互に切磋琢磨するが為に分団学習をする」と主張する。つまり、個人差のある各自が「独自学習」をし、その成果をもって「相互学習」すなわち集団討議することによって学習を協同化していくことを提唱した。すなわち木下は集団の成員が相互にかかわりあい、学習を協同化、社会化するための手だてとして分団をとらえたのである。

このように、大正初期に及川、木下らによって提唱された「分団」という学級集団内の下位集団は、学習の「個別化」あるいは「協同化」の手だてとして考えられたものである。彼らは、授業における「集団」に学習上の意義を見いだし、それを教育的に組織していく方法を追究しようとしていたのである。

三　生徒集団の教育的意味への着目

木下竹次に見られるように、学級の集団を、学びの協同化のために組織していく試みが出てきた。つまり、経済性・効率性の必要や、子どもの管理、団体訓練のために生徒集団を指導するのではなく、集団の持つ教育力に注目して、集団の指導を追求したのである。ただ、はじめは、授業における集団の教育力としてではなく、生活指導実践における集団の教育力の追究が中心であった。

1　戦前の生活綴方教育運動

生徒集団に教育的意味を見いだし、教育的に組織する理論と方法を明らかにするのに重大な役割をはたしたのは、戦前の生活綴方教育運動である。

生活綴方教育は、その生活実践主体を形成する指導過程のなかで、学級の生徒集団に重要な意味を見いだしていた。つまり、生活綴方教育は、子どもに自由に生活を綴らせることによって、生活をリアルに見つめさせた。しかし、それにとどまるのではなく、書かれた綴方を、学級の生徒集団の前に提示し、それを集団的討論にかけた。その中で、仲間の喜びや苦しみ、考えを理解しあったり、また、相互に批判しあうという過程を通して、共通の集団的意識を形成していったのである。

（1）村山俊太郎（1905 ～ 1948）

村山俊太郎は、「尋六の学級経営」（昭和 13 年）という論文で、「学級は子どもにとって一つの生活の場である。さまざまな社会につながる生活の場であることを念頭におこう。」[7] と、子どもの生活が学級のなかだけにあるのでなく、学級外、学校外の生活との関連の中で捉えるべきことをふまえた上で、学級について次のように述べる。「子どもの生活の一つの場としての学級を考えるとき、この学級生活を中心に、他人を生かし、自分を社会的に訓練していき、社会人としての生活技術を訓練していくのが学級経営の目標だ。教室を根拠として、子どもの生き方、生活のし方を学ばせる自治的訓練と、子どもの個人的、団体的訓練や、学習計画を営ませるなかに学級経営の任務がある。」[7]

この村山の考えのなかには、明らかに、学級の生活集団を教師の教育的指導の対象ととらえ、さらに学級における集団生活を自治的活動として組織していくことで、生徒たちを民主的に訓練していこうとする発想を見ることができる。村山は、生活綴方教育の課題を、「北方の生活台を生きる人びとの、新しい社会関係、文化関係を組織する新しい世代の人間性を創ることにある」[8] と述べているが、村山は、この新しい人間性の訓練にとって、学級の生徒集団のもつ教育的意味を見いだしていたのである。

（2）鈴木道太（1908 ～ 1991）

村山と同時代に活躍した生活綴方教師である鈴木道太も学級における生徒集団のもつ教育的力に着目し、その組織方法論を追究した教育者である。鈴木の学級集団内の班は、部落という地域の集団を学級集団に結びつけるものとして考えられている。この点については、次のようにも述べている。「私は、学級に於ける集団を、学級外の、村落又は都市の集団の、一分団として、又は協力して進展すべき友朋的集団として理解する。」[9]「集団の教育である限り、村落集団と学級又は学校－集団が、てんでんばらばらでは何にもならぬ。それらは相互に影響しあって、一路最後の目標へ発展しなければならぬ。それで学校と、村落は結合してなければならぬ。」[9]
また班を「家族」になぞらえ、班ごとに机をくっつける、また、班長をおき、班ごとに学級内の仕事を交代で行うといったことが考えられている。

鈴木の学級集団内の班は、地域と学校を結びつける手段、生徒集団の学級における生活を組織していく手段、「喜びと悲しみを一つにする」ための組織としてとらえられていたのである。

こうして、生活綴方教育運動のなかで、生徒集団に教育的意味を見いだす実践が登場してくるが、これらの実践は、生活指導領域での実践が主な舞台であり、授業における集団の意義を本格的に取り上げるものにはなっていなかった。

授業における集団の教育的意味に注目し、本格的な研究と実践がはじまったのは、戦後になってからである。

四　戦後の授業における集団の研究

1　集団思考研究の始まり

「集団思考」という用語を使っての授業実践や授業研究が、いつ頃行われるようになったかは、はっきりしていない。木原健太郎は、1963年（昭和38）末に次のように述べている。「集団思考というコトバが教育現場の人たちの耳に触れはじめて、少なくとも十年にはなる。小川太郎教授がまだ名古屋におられたころ、『ペダゴギーク』（Padagogik）を読み合ったころが、わたしにとって最初の出合いであったから、それでも八年になる。『集団思考』というコトバは、当時の日本の教育運動が曲り角にさしかかってきたころの、もろもろの情勢を反映するものである。」[10] 木原によると、「集団思考」という用語が使われだしたのは、1953年（昭和28）前後から55年ころにかけてということになるが、氏は最初にこの用語を使いだした人物を特定してはいない。そして「当時の日本の教育運動が曲り角にさしかかってきたころの、もろもろの情勢」がどのようなものであったかについても述べていない。確かに、誰が最初にこの用語を使ったかははっきりしないし、それを特定するのも、戦後の授業実践と研究における集団思考研究の意味を考えるためには、とくに重要なこととは思われない。しかし、どのような「情勢」のなかで「集団思考」の研究が始められたのかは、確認しておく必要がある。

２ 「集団研究」の多様な展開

鈴木秀一は、集団思考の研究の経緯に関わって次のことを指摘している。「集団思考は、なんらかの理論的研究によって最初に発見されたのではなく、最初にある教育実践があって、その実践の特徴的な状態の一つとして言われだしたものであること」、さらに「集団思考が特に研究の対象とされるようになった底には、一方にはマカレンコ理論にもとづく集団主義教育理論の追求という流れがあり、他方では生産性向上や経営合理化、あるいは巨大な組織の形骸化、官僚主義化克服などをめざした社会学、社会心理学などの小集団研究、創造性開発研究や、政治学の組織論研究などの流れがあること。」[11] この鈴木の指摘は、集団思考が研究課題として浮かび上がってくる当時の「情勢」を、簡潔に言い当てていると思われるが、もう少し具体的に見ていく必要がある。

戦後のわが国の「授業」と「生活指導」を含めた教育実践研究の大きな特徴の一つは、「集団」研究が非常に活発になった点である。そして、それは実に多様な形で展開された。つまり、

a）1920 年代のアメリカで、企業経営のなかで始まったヒューマン・リレーショ ンズの研究や小集団理論、さらにグループ・ダイナミックス（集団力学）の研究が日本に紹介されたのは、戦後すぐである。日本グループ・ダイナミックス学会が結成されたのも、1949 年のことである。こうして、戦後、アメリカから導入された社会心理学や社会学の立場からの「集団」研究が活発に 行われた。

b）その一方で、マカレンコの著作選（教育図書出版所刊）が翻訳され刊行されたのは、1951 年から 52 年にかけてである。そのなかで、ソヴィエトの集団主義教育理論が紹介された。

c）また戦前の生活綴方教育の復興を象徴する無着成恭の『山びこ学校』が出版されたのも 1951 年である。この戦前からの生活綴方教育の運動は、単なる綴方の教育ではなく、子どもの「集団」の指導を本質的に含んでおり、その集団の指導のあり方が研究されるようになった。

このように、戦後、1950年前後のわが国の教育実践研究では、それぞれ土台となっている学問も歴史的系譜も全く異なった多様な立場からの「集団研究」が混在しながら、活発に行われていたのである。

こうして、授業の領域でも生活指導の領域でも、「集団」の研究は行われていたが、やがて、生活指導の領域での集団の追求、とりわけ民主的教育実践研究運動においては、『山びこ学校』をきっかけに、戦前の生活綴方教育の伝統に立つ「学級づくり」の生活指導実践、さらに集団主義教育の立場からの集団研究へと傾斜を強めていった。

それは、当時の政治的状況が影響していると考えられる。つまり1948年の「公務員の争議行為禁止」による教員のストライキ権の剥奪、50年の朝鮮戦争の勃発とそれにともなう警察予備隊の創設、51年の日米安保条約の締結強行と、戦後の政治状況が大きく転換していくなかで、民主的教育運動も「教え子を再び戦場に送るな」のスローガンのもとに、新たな展開がめざされた。そのような状況のなかで、戦前の民主的教育運動の伝統を引き継ぐ生活綴方教育が人びとの心をとらえたのである。そのなかで、「仲間づくり」、「生活綴方的学級集団づくり」の実践と研究が活発になっていった。それは、さらに60年代に入ると、「班･核･討議づくり」、「学級集団づくり」へと発展していったのである。

3　授業における集団研究の始まり

一方、授業における集団の研究はどうなっていったのだろうか。

50年代には、授業における集団研究はまだ活発ではなかった。確かに、生活綴方の研究領域では、生活綴方的教育方法における「話し合い」の指導が論点の一つとなっていた。国分一太郎は、54年の論文で、「おたがいに共通の問題をとりあげて話し合い、またそれについてめいめいが別々に考えたり感じたりした事がらをとりあげて話し合い、そうした集団的な体験の中で、互いに助けあいながら、集団の力で、ひとつのまとまったものの見方、考え方・感じ方をつくりあげていくような作業をさせなければならないだろう。」[12]と述べている。

小川太郎も、「生活綴方が、とくに今日の日本の教育の方法としてもっている独自の意味は、子どもの作文が学級集団の前にもち出されそれを中心として集団の話し合いが行われるところにある」と述べるが、小川はさらに、この「話し合い」が子どもたちの学習に対してもつ意義を指摘する。「生活綴方を中心としてつくられた新しい集団の質は、集団的に学習する態度をたくましく育てる。それは仲間学習という形で各自のもちまえによって助けあいはげましあう学習を発展させ、学級全体の学習の場でも全体の共同の学習の空気をつくり出す。」[13] こうして、生活綴方教育を研究する人たちのなかで、授業における集団の「話し合い」、「集団的な学習」についての研究課題が意識されていたのである。しかし、それはまだ、本格的研究にはなっていなかった。

授業における「集団研究」が本格的に始まるのは、60 年代に入ってからである。

4　五大学共同研究の発足

ポーランドの教授学者 W・オコンの『教授過程』(明治図書)が翻訳出版されたのは、1959 年である。彼の研究は、授業過程を観察・実験を用いて科学的・客観的に分析するものであり、その強力な授業研究の組織と体制のあり方は、日本の授業研究に大きな刺激を与えた。そのような状況のなかで砂沢喜代次が中心となり、文部省科研費を得て「五大学共同研究」が発足したのは、62 年である。

その五大学・七グループのメンバーは、次のとおりである。[14]

①東京大学

A グループ：細谷俊夫、斎藤健次郎

B グループ：宮坂哲史、坂本忠芳

②名古屋大学：木原健太郎ほか

③神戸大学：小川太郎、杉山明男、斎藤浩志

④広島大学

A グループ：末吉悌次、新堀通也

Bグループ：佐藤正夫、吉本均
⑤北海道大学：砂沢喜代次、鈴木秀一、
　　小田切正、熊谷和夫、阿部文男

この顔ぶれを見ても、多様な学問的立場や研究方法をもつ研究者が一堂に会した画期的な研究体制が組織されたことが分かる。

この共同研究を特集した明治図書の『現代教育科学』№56（1962.12）に掲載された各グループの論文のタイトルを見ると、最初から統一的テーマや研究方法を定めて共同研究を組織していったのではなく、「各グループが従来進めてきた研究（目標、仮説、方法など）および提出した計画を尊重するという前提のもとに」[14]共同研究が始められたのである。各グループは多様で独自な課題と研究スタイルをもってこの共同研究に参画していったのである。

（1）集団思考研究が始まる情勢

このような状況のなかで、1960年代になって「授業のおける集団思考過程」研究が始まった。その情勢と要因を推察すると、次のように考えられる。

第一に、戦後すぐの時期から、多様な理論的・実践的立場から集団研究がはじまり、授業における集団研究にも多くの研究者が関心を向けていたこと。特に、生活綴方教育には、学級での「話し合い」指導の伝統があり、それが戦後、「山びこ学校」以降、復興し追求されていたこと。

第二に、1950年代後半に、斎藤喜博の指導する島小学校の授業実践が高い評価を受け、全国的な注目を集めていた。「島小研究報告・第1集」が出されたのが53年、その後59年までに21集が出され、公開研究会も55年から60年まで毎年開催された。[15]『未来につながる学力』（麦書房）が出版されたのは58年である。この島小の実践や、さらに東井義雄の実践の教育学的分析と意味づけなかで、集団思考という用語が使われたのである。斎藤自身が「集団思考」という用語をキーワードとして実践とその理論化を展開したわけではない。その意味では、鈴木秀一が指摘したように、「集団思考は、なんらかの理論的研究によって最初に発見されたのではなく、最初にある教育実践があって、その実践の特徴的な状態の一つとしていわれだしたもの」[16)]という側面があった。

第三に、60年代に入って、生活指導の領域で、「班・核・討議づくり」の実践が発展し、集団指導の理論と技術がきめ細かく追求されてきたことが刺激となった。

第四に、日本の授業研究者が、W・オコンの『教授過程』に大いに刺激を受けたことは述べたが、鈴木秀一は、先に引用した同じ論文のなかで、次のように指摘している。「オコンのいう『方法論的革命』がまだ十分に及んでいぬ領域が集団思考研究だといってよいこと。」つまり、授業における集団の指導、とりわけ集団思考こそ日本の授業実践の独自な成果であり研究課題だという認識があったと考えられる。

以上のような情勢の中で、授業における集団の研究が活発になったと考えられる。

（2）砂沢喜代次の「集団思考」研究

五大学の共同研究を契機としてはじまった全国的・組織的な授業研究の運動は、1964年に砂沢喜代次責任編集で『講座・授業研究』（全6巻・明治図書）としてまとめられた。この全6巻の講座は、「第1巻・授業研究の基礎理論」から「別巻・授業研究運動」まで、授業研究全体を網羅する編集となっており、その第4巻に『授業における集団過程』がおかれている。砂沢はその後、67年に、思考過程研究に焦点をしぼって、オコン序／砂沢喜代次編『講座・子どもの思考構造』（全5巻・明治図書）を刊行する。その第4巻が『授業過程と集団思考』となっている。さらに71年になると、砂沢は、「集団思考」に限定して、砂沢喜代次編『講座・授業と集団思考』（全5巻・明治図書）を出している。

これを見ると、戦後の集団思考の研究は、五大学の共同研究から出発しながら、砂沢グループの研究活動のなかで、思考過程研究から、さらに集団思考研究へと焦点化していったことが分かる。その意味で、集団思考過程の研究を最も中心的に組織していったのは、砂沢喜代次を中心とする研究グループだったといえよう。

この砂沢喜代次の集団思考研究の過程は、藤原幸男が詳細な分析を行っている。藤原は、91年の論文[16]で、砂沢の集団思考研究の流れを四つの期に分け、その変化発展過程を分析している。97年の論文[17]では、それをもっと整理したうえで、これまでの集団思考研究を総括しパラダイム転換する必要性を訴えている。

藤原による整理を非常に簡単にまとめてしまうと、砂沢グループの集団思考研究は、第一期（58～62年）には、授業における教師と子どもの発言関連（言語コミュニケーション）のなかに、集団思考の中身となるものが構造的に示されているはずであるとの仮説に基づいて、類型化された発言関連図の分析という方法論によって研究が行われた。第二期（63～67年）には、「集団思考とは何か」「集団思考の教育的意義とは何か」が多様な角度から追究された。そのなかで、授業において認識過程と集団過程をつなぐものが集団思考だという命題が明らかにされた。第三期（68～71年）は、学習集団形成との関わりで集団思考が深められた時期である。そのなかで、「集団思考」は「科学的認識過程」における「組織過程」の問題だという観点がだされ、「科学的教育内容」の編成の研究、教材構成・授業プログラムの作成への取り組みへと傾いていった。しかしまた、砂沢は、古代ギリシャの対話の本質から、集団思考意義を明らかにしようとした。第四期では、砂沢はそれまでの集団思考研究の集大成をしていく。そのなかで、集団思考を単なる方法技術ではなく、「思想としての集団思考」「目的としての集団思考」を提起する。藤原は、最後に砂沢の未完に終わった「真理と集団思考」「コトバと集団思考」の内容についてその積極的意味を論究している。

「集団思考」の研究は、戦後日本の授業実践研究のなかでの独自な課題として追究されてきたものであり、この端緒から中心的役割を果たしてきたのは砂沢喜代次であった。では、それ以外の研究グループは、どのように関わっていたのか。

（3）吉本均の「集団思考」研究

五大学共同研究を契機として「全国授業研究協議会」が63年に結成され、明治図書の雑誌『授業研究』も創刊された。この時期、砂沢グループ以外にも多様な人びとが「集団思考」に関して論じた。例えば、滝沢武久や乾孝といった心理学者も発言している。これらは、科学的概念や科学的精神にとって集団思考の果たす役割などについて論じているが、その後の論究はない。

また、広島大学Aグループの教育社会学の研究者は、「学級での学習指導は、それがどんな所で行われるにせよ、一種の集団思考をともなっている」[18]と集団思考を広くとらえたうえで、集団思考をもりあげる条件としての集団の形態と構造の問題を追求した。したがって集団思考を論究の対象とはしなかった。

一方、班・核・討議づくりの生活指導実践の中心にいた大西忠治は、「いったい『集団思考』というものはほんとうに成立するのでしょうか。『思考』というものは、ほんとうは、ひとりひとりの精神的な活動としてしか成立しないのではないでしょうか」[19]とし、「集団思考」という用語の使用を避けて授業における班学習を追求した。

こうした中で、砂沢グループとともに、集団思考を積極的に論じたのは、広島大学Bグループである。吉本均は、当時、集団学習を一斉、個別、小集団という学習形態として捉えることを批判し、「集団思考にもとづく集団学習というのは、特定の学習形態をさすのではなく、授業において、子どもの集団思考を刺激し、指導し、組織するという教育の思想を意味している」[20]とする。そして「集団思考とは、共通の課題にたいして、学級のひとりひとりが、自己の内面的構えや生活台をふまえて主体的に思考し、それぞれの思考内容を共同で討論し合いながら探求的に思考して、より深い、より科学的な課題解決に到達する過程と規定」する。そして「このような集団思考を授業のなかで展開してこそはじめて、子どもたちに科学的な実践知と探求的な思考力を育成し、授業のなかでも連帯性を訓育していくことが可能となる」[21]と意味づけた。

吉本は、授業を教授過程と学習過程が統一される過程であり、陶冶と訓育が統一的に達成される過程であるととらえ、それを実現していく学習集団の授業実践の中心的課題として、集団思考の組織化を位置づけたのである。

藤原幸男は、吉本が後年になって、集団思考という用語をほとんど用いなくなったことを指摘している。[16] これに関わって、「管理主義教育が浸透し、集団という言語表現に対して、生理的嫌悪感が強まった80年代では、集団思考という用語はあまり使われず、むしろ対話とか討論というコミュニケーション用語が用いられる傾向にある」と述べている。確かに、吉本は60年代、70年代ほど「集団思考」を論じなくなった。しかしそれは「集団」という言葉へのアレルギーの問題ではないのではないか。

吉本は、80年代半ばから、授業成立の要件として、教師と子ども、子どもと子どもとの間の「表現する身体として互いに応答しあう相互関係」「相互主体（身体）的な応答し合う関係」の問題を論じている。吉本は、「わたしは、以前から、授業を『学習集団』として改造することを主張している。そのことは、知識伝達主義の授業を打破して、……『応答しあう相互作用』として授業を捉え、『応答しあう関係の質的発展』として授業を改造したい、ということであった」[22] と述べる。このような授業における相互主体（身体）的な関係を論ずるには、どうしても認識力形成の問題に限定して使われる傾向がある「集団思考」という用語をこえようとする積極的意味があったのではないだろうか。

今日、「集団思考」は、かつてほど活発には論じられていない。しかし、授業における対話、討論、問答、論議、議論、ディベートといったコミュニケーションのあり方は、以前にもまして教育実践にとって重要になっている。その意味で、戦後の授業における集団思考研究の成果を、もう一度、検討することは意味あることである。

五　「学習集団」をめぐる論争

授業における「集団」の教育的意味に関わっては、1970年代に、「学習集団」概念とその指導のあり方について、吉本均を中心とする研究グループと全生研との間で、活発な論争が行われた。

1　学習集団論争の論点

学習集団をめぐる論争は、これまで多様な考え方、立場の人を交えて行われてきたが、最も主要な論争、また検討に値する論争は、吉本均を中心とする研究グループと全生研、特に、大西忠治、竹内常一、春田正治らとの間で行われた論争である。この論争は、教科外領域において追究される自治的集団とは違った学習集団独自の基本的性格は何かという点を中心的テーマとして展開された。したがって、それは主として、自治的集団との対比という形をとって、様々な角度から論争が行われた。

いくつかの論点を列挙しておくと、①自治的集団と学習集団との「教師の指導性」のあり方の違い。つまり、自治的集団では、生徒集団の自己指導が教師の公的指導を「のりこえ」ていくが、学習集団では、「のりこえる」のかどうかという問題。②授業における自治は限定された「部分自治」なのか、また、その「部分自治」を積極的に捉えるのかどうかをめぐる論点。③自治的集団づくりの方法を学習集団の指導に積極的に「もちこむ」べきか、「もちこむ」べきでないのかの論点。④学習集団の成立基盤に関わっての論争。つまり、「クラブ・部」のような生活集団が基礎集団になり、学習集団は集団としての完全な実体をそなえたものではなく、学習が行われる間だけ、学習のために組織されるような集団になるのではないかという大西の考えと、同一年令の子どもが、同一の教室で、同じ内容を共同的に学習する「学級教授組織」を原則として堅持すべきだとする吉本の考えとの論争。⑤学習集団の集団的性格が何に規定されるかに関して、教材内容が集団を要請するとする春田、竹内と、「教えるという行為」「学ぶという行為」が集団を呼びおこすとする吉本の考え方の論点。⑥学習集団は目標概念なのか、あるいは「存在しているもの」なのかという論点。⑦授業における教師の指導性を「教授主体と学習主体との知的対決」として捉える吉本と、「伝達におけるヘゲモニー」を明らかにすべきだとする大西との論点等である。

この論争のなかで、全体的にいえば、全生研に属する論者は、授業における子ども集団の自治を限定的にとらえ、自治集団づくりの方法論を学習集団の指導に「もちこむ」ことに警戒的であった。それに対して吉本均を中心とする研究グループの論者は、学習集団の指導における集団の自治と自治集団づくりの方法論の意義を積極的にとらえようとした。しかし、やがて、全生研・高生研のなかで、授業における集団の自治を積極的に位置づけようとする授業実践、授業論が多く見られるようになった。したがって、この論争のなかで、授業における自治の問題がどの様に論じられてきたのかを、特に上の①②③の論点を中心に、あらためて整理し、そして今、どの様な新しい課題が提案されているのかについて考えてみることにする。[23)]

２　学習集団をめぐる論争の経緯

全生研は、1940年代後半から50年代にかけて戦後生活指導運動の中心的役割をになってきた生活綴方的方法による「仲間づくり」「学級づくり」の実践をのりこえて、1960年代のはじめから「学級集団づくり」という新しい生活指導の理論と方法技術を確立し、その後のわが国の生活指導運動の中心的運動体となった。全生研は、この学級集団づくり（自治集団づくり）のなかで明らかにされた集団組織の方法技術を授業指導にも適用し、授業を学習集団として指導していくことを追究した。それだけにそこでは、自治集団と対比しながら、教科指導固有の構造と課題によって規定される学習集団独自の指導方法のあり方が追究された。そして授業のなかに学級集団づくりの方法をもちこむことに、慎重になり、厳しい限定をもうけていった。

例えば、「……授業のなかに学級集団づくりの方法をストレートにもちこみ、それでもって学習集団の指導をすすめることは、教授＝学習過程の構造そのものを歪曲し、授業における認識過程の論理性を低下させることになる……」[24] そこで、各教科教材の構造がどのような集団を必要とするかを明らかにしなければならないとする。したがって、「……教師は当面のところ、教科内容の指導を妨げたり、誤らせない程度において、授業のなかに学級集団づくりの方法をもちこんで、学習集団の指導を展開……」[24] するといった限定をもうけていったのである。

竹内は、まさにこうした視点から、1960 年代前半に学習集団による授業改造にとりくんだ盛岡市立杜稜小学校の実践を批判したのである。杜稜小学校の学習集団の指導は、学級集団づくりの方法論によって、学級集団が一致して集団的に学習に取り組む体制を組織していく指導を中心としていた。それを「その実践は学級集団づくりからでているもので、授業過程からの必然的な所産とは思えなかった。そうだとすれば、授業固有の法則をおかすことなしに授業のなかに学級集団づくりを導入するにはどうすべきか、学級集団づくりを授業にどうかかわらせるべきか、という問題がでてくる。」[25] と指摘した。また、高生研の学習集団論においても、発言回数による競争、点数化による競争、発言内容による競争といった班競争を授業に導入した山下道也の実践に対しても、同様の視点からの批判がなされたのである。[26]

これに対して、吉本均は授業に学級集団づくりの方法をもちこむことの意義を積極的にとらえようとした。つまり、学級集団づくりの中で生み出される集団の組織的力量、たとえば、学習規律の確立、相互援助と相互批判の体制、論争的主体による思考の対立・媒介の仕方などが授業にとってもつ意義を積極的にとらえようとしたのである。

こうした吉本のとらえ方は、氏の学習集団による授業改造の研究と運動が、1960 年代の前半から広島県の庄原・比婆地区を中心として行われた授業研究運動を出発点としていることと無関係ではない。つまり、その授業研究運動の基盤には同和教育への取り組みがあり、その中で、すべての子どもたちの学力保障をめざす授業改造への追究が行われたのである。当時、小川太郎は次の様に指摘している。「庄原・比婆での授業研究がもっているもう一つの新しい意味は、授業をたんに授業の範囲で見るだけでなくて、その基盤との関係で見ることが意図されたということである。」「この地区の授業は、生活指導、教師集団、父母集団、地域の運動と行政などを基盤として現象しており、そうした基盤との関係においてとらえられてはじめて、その現実が明らかにされ、そして変革の現実的に可能な道を示すことができるのである。こんどの授業研究は、こうした視野を切り開くことを一つの課題としたのであった。」[27] したがって、吉本には、自治集団とは違った学習集団の独自性を明らかにしなければならないという発想よりも、子どもたちをめぐる広い社会的基盤、生活基盤を土台にして授業改革を追究しようとする問題意識が優先していたと考えられる。こうした問題意識から、授業改造にとって自治集団の指導理論と方法を積極的に意味づけようとしたのであり、その立場から全生研の学習集団論への批判を行ったのである。

この吉本の批判から始まる論争は、吉本の『特別活動研究』における「連載講座・学習集団の理論」（1972.4 ～ 1973.3）あたりを発端として、77 ～ 78 年頃にかけて行われ、さらに大西の「学習集団とは何か」（『国語教育評論』№ 1 、1983）を契機として若干行われた。とくに 75 年 12 月から『生活指導』、『現代教育科学』を中心に行われた春田との論争は、「吉本＝春田論争」として注目された。

３　授業における自治をどう捉えるか

論争点の第一は、学習集団における「教師の指導性」をどう捉えるかという問題であった。『学級集団づくり入門・第二版』には、次のように述べられている。「自治的集団のばあい、生徒集団は、教師の公的指導をのりこえて集団の自己指導をつくり出しながら、集団のちからを内外に表現行使していくことを中心的テーマとしているのである。これに対して、学習集団のばあい、学習集団の自己指導は一般に教師の学習集団にたいする指導をのりこえてまえにすすむことはありえないし、そのようなことが目的とされるわけでもない。」[24] 吉本は、この規定をとりあげ、次のように批判した。「行動の指導を目的とした自治集団づくりのばあいには、つまり、訓育においては、教師の公的指導をのりこえるが、知識、認識の教授を目的とした陶冶過程のばあいには、子どもは教師の指導に従属しなければならない、ということになるのだろうか。……わたしのむしろ強調したいことは、自治集団づくりにおいても、はじめから最終まで、教師の集団発展への見とおしの下での、たえざる指導なしには、それは一歩も前進しないということである。子どもの自発性への無原則な信仰にしたがうのではなくて、断乎たる要求にもとづく指導を加え、指示を与え、集団にゆさぶりと挑発をしかけていかなくてはならないということである。……しかもこうした教師の指導性は、自治的集団の力量が増大するにつれて後退するべきだと考えることも正しいと思われない。」[28]

吉本のこの批判は、さらに私も含めた広島大学教育方法学研究室の「『学級集団づくり入門・第二版』の分析と批判」[29] では、次のようになる。つまり、自治集団であれ、学習集団であれ、客観的にみれば、学校教育において教師の指導は子ども集団の自己指導によってのりこえられることはない。「しかしまた、単にこのように規定するだけでは、子どもたちの学習への生き生きとした主体的・自主的なとりくみを導き出す『教育指導の論理』を明らかにすることはできない。子どもを『教育の対象』としてでなく、『学習の主体』として自主的な行為へと導くためには、教師の直接的な指導は間接的な指導へとかえられなくてはならない。つまり、子どもに自治的能力を育てるために、一定『自治をうばいとる』というかたちをとらせるのであり、教師の指導を『のりこえる』というかたちをとらせるのである。」したがって、「客観的にみれば自治的集団においても学習集団においても、生徒集団の自己指導が教師の指導を『のりこえる』ことは当然ありえない。しかし他方『教育指導の論理』としては、自治的集団であろうと学習集団であろうと、子どもたちが『のりこえる』ことはありうるし、むしろ、のりこえさせなくてはならないのである。」

こうして、学習集団と自治集団の違いを、生徒集団の自己指導が教育の指導を「のりこえるか」「のりこえないか」という観点から規定することの問題を指摘したのである。

第二の論点に関して、春田正治は次のように述べる。「わたしたちは『授業』といった時の内容論の重要さを考えないわけにはいかず、したがってまた基本的にはこの内容の選択編成権を子どもにゆだねることはできない限り、ことばのじゅうぶんな意味において『授業における自主的・自治的集団』を想定することはできない。……これに『自治的』という形容句を与えるとしても、残念ながらそれは制限された範囲での『部分自治』であるにすぎない。」[30)]

それに対して吉本は、「しかし春田さんとわたしたちとの違うところは、その『制限された範囲内での部分自治』をどう評価するかという点に関してである。春田論文の論調によれば、『部分自治』でしかないのだから、それにはあまり価値をみとめないという方向へ傾斜してくるのに対して、わたしたちは『部分自治』であるにしても、そこに重要な意義をみとめ、それを積極的に推進していく必要があるといっているのである」[31)]と主張した。さらに諸岡康哉は次のように述べた。「教師の指導に子どもたちが対立してくるのは、……『教師が指導を命令と混同することを許さなくさせ』るものであり、逆に、子どもたちが自治的なちからをもたず、対立してこないなら、教師の指導は誤りをもったままでも授業の中で発動されていくのである。したがって、授業における集団が自治的性格をもってくればくるほど、それは、教師の指導を原則的に正しくつらぬいていくことにつながるのである。……授業において、子ども集団の自治的性格を生みだしていこうとする教師は、自己の指導に対立し、抵抗してくる集団をまさに自分の手でつくりだすことによって、自己の指導の確立をはかっていこうとしているわけである。」[32)]このように、自治の指導を教科外の問題にとどめておくのではなく、教科の領域における自治の指導を独自に追究すべきだという主張がだされたのである。

こうした全生研と吉本グループとの主張の違いから、第三に、自治集団づくりの方法を学習集団の指導に積極的に「もちこむ」べきか、「もちこむ」べきでないのかの論争がおこなわれたのである。すでに述べたように、全生研の論者は「もちこむ」ことに警戒的であり、吉本グループは積極的であった。

４ 「授業の中に自治をつくる」動き

1990 年代に入ると、全生研・高生研のなかでも、授業指導に集団の自治を積極的に取りこもうとする実践がでてきた。高生研では吉田和子が最も熱心にこの問題を追究している。吉田の追究は、二つの形をもって行われている。

第一は、「授業自主編成」の取り組みである。「大衆的青年期にふさわしい、学校知をこえる『新しい知』を、どう生徒たちに自前でつくりださせていくのか、それが可能になる授業指導のありようを実践的に模索したい」という課題意識から、「高校生が生活し、卒業後もそこで生きていく場としての“生活の場”にいま、どういう問題があるのか、その問題をどう考えればよいのか、その問題を解決していく方向性を自らの学習でさぐりだしていける授業。このことは、生徒自身が自らの力で教材をもつくりだす授業展開を、授業者である私にどう指導できるのか、という問いを含みもつものであった」[33] と述べる。春田のように「内容の選択編成権を子どもにゆだねることはできない」というのではなく、「教材は私がつくることもあるが、生徒がつくる教材を重視したい」という。このように「自己教育主体として授業のなかに生徒をどう登場させるのか」という視点から、授業における自治の問題を追究している。その実践のなかには、後で紹介するように、教師の発問に対して、生徒たちが「先生の質問ダサイ」と異議をとなえ、どんな「質問」を出すべきか生徒たちが生き生きと話し合う姿が描かれている。ここには、諸岡の言う「自己の指導に対立し、抵抗してくる集団をまさに自分の手でつくりだすことによって、自己の指導の確立をはかっていこうとする」指導と共通のものがある。

第二には、「学習問題をＨＲ自治の課題にする」として、赤点や私語の克服、「わからない・できない」を声にするといった問題を、自治集団の課題として取り組むという形である。[34] この点は、吉本の指導した初期の学習集団の授業実践で、ストップ発言や全員発言運動といった形で取り組まれた集団的学習運動と共通していると思われる。

既に述べてきたように、かつての論争で、全生研の論者は、自治集団の指導とは違った学習集団指導の独自性を明らかにし、従って、自治集団づくりの方法技術を「もちこむ」ことに慎重な態度をとったが、吉田は、そうした問題にはこだわることなく、生徒を学校知をこえる「新しい知」の主体に形成するために、自治集団づくりの方法を大胆に授業に持ち込んでいるのである。

一方、1990年代になると、竹内自身のこの問題についての発言も、変わっていった。例えば、「……教師はその指示・指導の権限を発揮すればするほど、生徒の授業にたいする意見表明権を認めなければならない。いいかえれば、教師がその指導権限を意識すればするほど、授業の中の自治を生徒に保障し、教師の教育の自由と生徒の学習の自由とをつきあわせていかねばならない……」「生徒が他の生徒の学習権を侵害するような状況がひろがっている現在、生徒が相互に学習権をどう保障しあっていくかということが、授業の中の自治の大きな課題となります。」[35] つまり、精神的自由権や生徒の意見表明権、学習権等にかかわって、授業のなかの自治を積極的に意味づけようとする発言である。

以上のように、学習集団論のなかでも、授業における「集団」の意味と指導論をめぐって、様々な論と実践が追究されてきた。

六　学びの共同性の追究

1　授業における集団追究の二つのスタイル

1990年代になって、学習集団という用語を使わず、「学びの共同体」あるいは、「学びの共同性」という用語を使って授業実践を論ずる試みが登場してきた。先に述べた吉田和子の実践もその一つである。この「学びの共同体」「学びの共同性」の意味を明らかにするために、わが国の戦前・戦後の授業実践における、集団追究の仕方を、あえて二つに分けてみる。

一つは、戦前の生活綴方教育運動以降、わが国の生活指導運動は、生活実践主体を形成する取り組みにとって生徒集団のもつ大きな教育的役割を明らかにしてきた。その生活指導実践における生徒集団の指導を、授業での学習集団の指導に積極的に結びつけていこうとする教育実践である。村山俊太郎、鈴木道太、無着成恭の『山びこ学校』などの生活指導運動の系譜につながる実践、さらに、同和教育における学力保障という原点をもつ学習集団の授業実践が、それに含まれると考える。斎藤喜博、東井義雄らの実践は、授業を主要な舞台として追究したが、その実践は子どもたちの「生活台」をしっかりとふまえた実践だったという点で、こちらに属すると考える。

もう一つは、集団のもつ教育力を、どちらかといえば授業に限定し、その組織論、実践方法の追究をするものである。戦後、アメリカから入ってきた社会心理学や社会学の立場からの実践、つまり、小集団学習、グループ・ダイナミックスの研究、さらに集団思考の研究の多くも、これに含めることができる。

このように二つのスタイルに分けたということは、どちらが良いか悪いかという価値判断をしているわけではない。実践と研究のスタイルとして区別できるということである。

ところで、この二つのスタイルに分けた場合、生活指導運動の中心であった全生研は、生活指導における集団論とは区別された、授業における集団のあり方に限定して追究しようとした点で、後者に含まれるといえる。先に述べたように、全生研は、学級集団づくりのなかで明らかにしてきた集団組織の方法技術を授業指導にも適用し、その中で生み出される集団の組織的力量によって学習集団を追究した。しかし、授業のなかに学級集団づくりの方法をもちこむことに厳しい限定をもうけた。このように、学級集団づくりと対比して、学習集団の独自性を明らかにしようとするあまり、授業における「集団」の追究に限定するものとなったのである。

全生研や高生研の実践のなかから、戦前の生活綴り方教育以来の生活指導の伝統を引き継ぎ、生活指導実践における生きることの追究と授業での学びとを深く結びつけた実践が現れてくるのは、1990年前後と思われる。子ども・青年に、精神の自由と人格の主体性を確立して生きることと結びつくような「学び」をどう実現していくのか。そのような問題意識から、様々な授業実践が創造されていく。そうした授業実践の一つとして、吉田和子の「学びの共同体」の実践とりあげ、検討することにする。

２　吉田和子の「商業法規」の授業実践

吉田は、商業高校３年の「商業法規」の授業実践をとおして「学びの共同体」を追究する。[33] それは、かって氏自身の「家族法」の学習で、「離婚問題を切り口にして、婚姻・夫婦・離婚・親子・扶養・相続と、条文を追いながら」した授業、「あれもこれもとつめこみすぎ、注入・啓蒙におちいった」授業を克服する試みであった。氏の授業実践は、どのような特質をもっているのか。

第一に、生徒たちの「現実生活」に結びついた問題を学びの切り口としている。吉田は、生徒たちの現実生活に視点をすえた内容にしぼりこむために、

①アメリカ映画『チャンプ』のビデオを見せる。

②そこで描かれている離婚後の子育ての問題をめぐって、生徒たち自身が見聞きする現実生活をふまえた討論を組織する。

③その討論を通じて自分たちの学習要求を共同学習課題にまとめる。

④五点にしぼった学習課題について、希望に基づいて各課題ごとそれぞれ二グループを編成。

⑤学習課題別の各グループは、それぞれ議論をとおして調査内容を決める。

⑥学校外への調査の前に、予備学習をかねて区立・市立の図書館に通っての事前調査を行う。

⑦調査活動では、学校外の様々なおとな、専門家の協力を求める。各

国大使館、法律事務所の弁護士、家庭裁判所の調査官、保護司、母子寮の職員と入寮者、離婚経験のある父母、卒業生等々である。

⑧調査結果の報告と討論をへて、新たな学習課題を発見し、新しいグループが編成される。

⑨そして調査報告書づくりが行われる。

このように、「高校生が生活し、卒業後もそこで生きていく場としての〝生活の場〟にいま、どういう問題があるのか、その問題をどう考えればよいのか、その問題を解決していく方向性を自らの学習でさぐりだしていける授業」を追求する。そのために家族法の学習では、『チャンプ』という不倫・離婚・子育て問題をあつかった映画を手がかりに、生徒たちが現実の生活のなかで経験していることを仲間のなかで語らせ、仲間の言葉をききながら、いま何を学習する必要があるか考えさせる。こうして生徒たちの現実生活をふまえて「離婚からみえてくるもの」として家族問題全体を見わたせる学習課題を設定する。

ここで注意が必要なのは、吉田のいう「現実生活」は、生徒たちの身辺的な現実の生活だけでなく、それを切り口としながら、現代の日本社会や世界全体の様々な問題へ広がっていく「現実生活」だということである。生徒たちの生活世界は、様々なメディアを通してグローバルに広がっているのである。彼らは、学習課題として、「日本の離婚と世界の離婚」「離婚裁判の歴史の変化」といったグローバルな視点を出してくるのである。

第二に、学習課題だけでなく、学習や調査の方法も生徒たちが設定し、考え出している。

不倫や離婚、それにともなう子育ての問題などは、教師さえ簡単に「正解」が見いだせない問題である。教師が解答と学習の方法をあらかじめ確保している学びではない。調査する対象や方法も教科書には示していはない。生徒たちが主体的に学習課題や調査対象・方法を考え、工夫していく可能性が豊かにある。吉田は「学習課題を生徒みずからが、仲間との話しあいのなかで設定する—これは、何を学びたいのか、学ぶ必要があるのかという、学習要求の組織化、実現化に向けての話し合いであり、授業のなかの自治の要ともいえる作業」だとし、その過程をていねいに指導している。

さらに、発問そのものを自分たちで設定する場面がある。「この『チャンプ』って映画のなかの不倫・離婚問題、みんなどう考える……？」という教師の発問にたいして、生徒たちは「その質問、先生ダサイよ」「クサクッテオモシロ〜クナ〜イ」と批判する。「〝不倫・離婚どう思う〟ってたずねて、いろんな意見でる？常識的に〝いいと思わない〟ぐらいのところにおさまる気がするわけよ。いろんな意見が出るような質問が大事なんて、先生、自分でいっときながら、いろんな意見が出にくい質問するんだもん」と。教師は、「じゃ、ダサくない・クサくない質問、どんな質問にすればよいのか、グループ討論、五分間です」と要求する。かれらは、グループ討議、全体討議のすえ、「不倫の世界からみえてくるものは何か」という「問題設定」を作り出す。問題・対象をとらえていく切り口＝発問を自分たちで作りだし、決定する。

吉田の実践のなかでは、学習課題の自己設定とならんで、調査方法、さらに学習方法の自己決定が、「授業のなかでの自治」への指導として見通されている。

第三に、授業が対話・討論を基軸として展開され、それが生徒集団における対話・討論から学校外の大人との対話へと発展している。

先に述べたように、これまでの授業における「集団」の追究は、学習主体形成や集団思考といった学級内の集団の追究が中心であった。それに対し、吉田の実践では、学校外の専門家や関係機関の職員、問題の当事者などの「おとなとの出会い」へと発展していくことである。吉田は、「学校外の方々の協力のもと、リアルな経験をもったおとなとの出会いのなかで学習課題調べが行えることは、生徒たちの学習意欲の持続と飛躍を引きだしてくれることが多く、私の授業には欠かすことができない協力者である」と述べる。おとなとの出会いと対話を通して、生徒たちの「現実生活」は、身辺的なものから、いっそうグローバルなものへと広がるのである。こうした学校外のおとなとの出会いと対話による「共同的学び」は、子ども・青年に、自らの現実生活を見つめさせ、自分の生活の見方や生き方の問い直しを迫るものとなるため、しばしば、生活指導的様相をもってくる。

吉田の「新しい家族文化をもとめて」の授業では、次のような実践を報告する。[34)]

> 非嫡出子の法律上の差別に関心をもった宏子が、「どうして認知してもらわないのか、子どもが可哀想、男にだって責任をとらせるべき」という思いを持って、未婚の母に聞き取り調査を行った。相手の女性から「認知制度にも疑問を感じるし、認知してもらうということは、父親が子どもの存在を認めてやるという感じがする。逆にこっちが父親として認めてやる！というくらいの気持ちがある。」という返事とであう。宏子は、「もしかしたら認知してもらうという考えは間違っているかもしれない。」と自分に疑問をいだく。宏子の「認知制度」調べは、それから本格化していった。地域の図書館の司書の方のアドバイスを受けながら、関係の本を読みはじめた。その学習のなかで生じた疑問を仲間や教師に語り、女性弁護士にも尋ねにいった。彼女の学びは教室を超え学校を超えて、生活と時代の文化的実践づくりに参加することを含めた〈学びの共同〉づくりの様相をつくりだしていった。

3　吉田の「学びの共同体」の特質

こうした吉田の授業実践には、「学びの共同体」という視点からは、どのような特質をみることができるのか。

第一に、生徒たちの「現実生活」に結びついた問題を学びの切り口にすることで、共通の問題意識、課題意識をもたせ、それに向けての学級における共同的なグループ討論、全体討論を組織している。

第二に、クラスの共同学習で生まれた知的関心・意欲から、それと結びつく仕事や生き方をしている大人を求めて、学級・学校を越えた「学びの共同」を生みだしていく。多様な生き方をする人びとと出会い、共存の道を探る「学びの共同」は、生徒たちの「自分さがし」にもなっている。

第三に「教師にすべてが分かっている」、教師が解答も学習の方法も用意している学びではない。教師も生徒たちと「ともに分かっていく」学びである。吉田自身が、「権威主義的に教えるのでなく」「教師自身が、教えられる自分でありたい」と語っている。教師と子どもが共に学ぶという意味での「共同」という特質をもっている。言い換えると、学校での学びを教師と子どもとの「相互主体的な学びの共同体」として構想しようとしている。したがって、学習の内容・方法・評価について生徒たちの自己決定権を認め、保障する。

４　学習集団と「学びの共同体」

こうして、「学びの共同体」「学び共同性」「学びの共同」といった用語が使われるようになっているが、それと「学習集団」とは、どの様に関係するのか。

吉田は、当初、「学びの共同体」という用語を使っていたが、最近は、「学びの共同性」「学びの共同」という用語を使用するようになっている。これについての説明をしていない。

では、「共同体」と「共同性」をどう捉えるのか。

共同体が維持・発展していくために、その構成員の活動は、その目的、手段、形態において共同的性格をもつ。それを「共同性」と言うのである。すなわち、共同体とは実体を示し、共同性はその実体の持つ特性を意味している。（「学びの共同」という表現を使う時も、「共同性」と同じ意味で使われていると言える。）その意味では、学習集団も「共同性」を持つことは間違いない。

人間が、そこから離れては生きていけないような共同体、つまり基本的な生産手段である土地を共有し、共同労働･共同防衛にあたり、労働成果を共有・共同消費するような社会（例えば原始共同社会）では、人びとの社会生活はあらゆる面で共同性を持つ。そこでは、共同体を維持するために必要な「知」も共有される。そのための社会的システムも作りだされる。

ところが生産力の発展によって生活の機能分化が進むと、生活の共同性にも機能分化が生ずる。すると知も分化し、一部の専門的・特権的な者に占有される状況が生まれる。知の獲得は、特権的地位の獲得と維持にとっての重要な手段となる。

現代の日本社会では、子どもたちは、否応なく市場原理による能力主義的・個人主義的競争に組み込まれている。したがって、そこでの知の獲得は、本来の有用性や面白さ楽しさを失い、「学校知」の個人主義的獲得競争となる。しかもそれは、本来の知の獲得ではなく、学業成績の向上をめぐる競争という歪んだ形となる。

このような状況のなかでは、子どもたちの学習活動は、当然「共同性」を失うことになる。人間の知の創造、さらに言えば、知の獲得の過程には共同性が有効な働きをするが、知の所有には、必ずしも共同性は必要としないから、学校知の所有を競うような学習は、共同性を容易に失う。

そのような状況の中で、学習の共同性を追求してきた教育実践が、学習集団による授業実践である。それは「全員参加」をめざすという形で授業をクラス全員の共同的活動として組織しようとするものであり、そのための集団的・共同的な学習への参加の仕方を「学習規律」として追究してきた。また「集団思考」を組織することで、多様なものの見方や分かり方をする子どもたちが、みんなで真理を共同的に見つけだし共有していく学習過程を重視し、豊かで確かな「知」の獲得を目指す。これらによって、すべての子どもたちを「学習主体」へと形成することを目指すものである。学習集団の授業づくりは、学びの共同性が容易に失われていく状況の中で、学びの共同性を取り戻す運動であると言える。

しかし、「学習集団」という用語を使わず「学びの共同性」「学びの共同」という用語を使おうと実践があるのはなぜか。それは、「学習集団」が「学級集団」と対に使われ、学級という限定された集団における学びの共同性の追究に留まるという意識があるからではないか。もちろん、小学校における実践と高校における実践では、共同性の拡がりに違いがあることをふまえる必要がある。そのうえで、「学びの共同性」や「学びの共同」という表現によって、学級という集団を越え、学年、学校、多様な生き方をする地域の人びとや専門家を含めた人びととの学びの共同を構想しようとする方向性が見れるのである。また、「学びの共同体」という用語でなく、「学びの共同性」「学びの共同」という用語に変化してきたのは、学級を越えた多くの人びとと学びの共同は、恒常的に実体ある集団として存在するのではなく、子どもたち・生徒たちの学習活動の必要に応じて作り出されていく学びのための集団的活動となるからであろう。

このように考えると、「学びの共同性」は、学習集団と対立したり、乗り越えようとするものではない。自治的な力を獲得した学級集団は、自分たちの学習集団としての学びを、学級を越えて発展させようとするのであり、学習集団はその「基地」としての役割をもつのである。学習集団を基地としながら、その学習活動の発展として、子どもたち生徒たちが、地域の大人・関係者・専門家との関わり、「共同性」「共同」を作り出していくのである。

注

1)『現代教育学大事典』、労働旬報社、1988。
2) 吉本均編『教授学重要用語300の基礎知識』、明治図書、1981。
3)『新教育学大事典』、第一法規、1990。
4) 高田清、「いま、なぜ生徒集団を問うのか」『民主的生徒集団をどう育てるか』、明治図書、1984、p.13 ～ 14。
5) 宮坂哲文『学級経営入門』明治図書、1964。
6) 杉山明男『集団主義教育の理論』明治図書、1977。
7)『村山俊太郎著作集』第三巻、百合出版、1968。
8) 村山俊太郎「北方の国語教育運動」『村山俊太郎著作集』第二巻、百合出版、1967年。
9) 鈴木道太「学級・集団・技術－集団主義教育の理論と実際」(「教育論叢」第27巻第4号所収、1932〈昭和7〉4月)、『生活指導』№41(1962.11)の特集「生活指導の遺産の発掘と継承7」に掲載されたものより引用。
10) 木原健太郎「コミュニケーション技術と集団思考の訓練」『授業研究』№12(1963.12)、明治図書。
11) 鈴木秀一「正確な現象観察を出発点に」『現代教育科学』№131(1968.9)

明治図書。

12）国分一太郎「生活綴方的教育方法の必要性」『教育』№36（1954.8）、国土社。

13）小川太郎「生活綴方的教育方法」『教育』、№35（1954.7）、国土社。

14）砂沢喜代次「五大学共同研究の発足にあたって」『現代教育科学』№56、（1962.12）、明治図書。

15）井上光洋「島小研究報告」文部省科学研究費補助金・試験研究（B）、平成7年。

16）藤原幸男「授業における集団思考の組織化－1971年以降の砂沢喜代次の集団思考論－」『琉球大学教育学部紀要』第39集、1991.11。

17）藤原幸男「戦後日本の授業研究史における集団思考概念の検討」『琉球大学教育学部紀要』第51集、1997.11。

18）末吉悌次「集団学習の形態と集団思考」『授業研究』№2（1963.12）、明治図書。

19）大西忠治「〝思考〟成立の集団的条件をつくる－班学習の立場から－」、『授業研究』№13（1964.12）、明治図書。

20）吉本均「集団学習－その意義と必要性」『授業研究』№13（1964.12）、明治図書。

21）吉本均・岩垣摂「集団構造の発達段階と集団思考」砂沢喜代次編『講座・授業と学習集団2　集団思考と授業集団』明治図書、1971。

22）吉本均「自他関係としての存在感」『現代教育科学』№444（1993.11）、明治図書。

23）この論争については、私はこれまで何度か整理を試みている。例えば、「学級集団内部に自己指導力を育てる」『特別教育活動』№157（1980.11）、「戦後『学習集団論』はどう問題になってきたか」『現代教育科学』№310（1982.9）、「全員参加の授業はどう研究されてきたか」『授業研究』№249（1983.4）、「『学習集団』概念の成立の根拠について」『国語教育評論』№2（1983.8）、「学習集団における『自治』について」『高校生活指導』№118（1993秋）、以上明治図書。

24）全生研常任委員会『学級集団づくり入門・第二版』明治図書、1971。

25）竹内常一「授業と集団づくり～杜綾小学校の『学習集団論』について」『生活指導』№97、明治図書、1967。

26）竹内常一「授業における民主主義」『高校生活指導』№51（1975・冬）明治図書。

27）小川太郎「同和教育における集団教育の展開」、『小川太郎教育学著作集 第5巻』、明治図書、1980。

28）吉本均「自治集団と学習集団」『特別活動研究』№45（1972.6）明治図書。

29）広島大学教育方法学研究室の「『学級集団づくり入門・第二版』の分析と批判 ～学習集団における教師の指導性～」『学習集団研究』No.1（1974.7）、明治図書。
30）春田正治「吉本理論を検討する（2）」『生活指導』No.215（1976.1）明治図書。
31）吉本均「この問いかけでは理論に前進はない」『現代教育科学』No.240（1977.5）明治図書。
32）諸岡康哉「自治的集団と学習集団の指導」吉本均編『講座・現代教授学1』明治図書、1980。
33）吉田和子「現代世界が見えてくる授業」『教育』No.524（1990.7）、国土社。
34）吉田和子「新しい家族文化をもとめて」『共生する社会』、東大出版会、1995。

Ⅲ　学習集団の基礎研究

第1章　集団思考の本質

授業は陶冶（人類の文化遺産である知識や技術の習得、および、それらを自由に駆使しうる能力や知的探究能力の形成をめざす教育作用）と訓育（知識や技術を正しく使うことのできる人間の意志、確信、感情、行動様式、世界観などの形成をめざす教育作用）の統一的達成によって人間の全面的発達への貢献をめざすしごとである。授業をそのようなものとして改造するためには、学習集団に基づく集団思考の組織化が大変重要な意義をもつと考える。授業を集団思考の過程として組織するのは、授業がやむなく数十人の子どもを同時に指導しなければならないという事実に迫られているからではなく、多様な個性や能力をもっと子どもたちが、同じ教室で、同一の学習対象を集団として学ぶことのもつ巨大な教育力に着目するからなのである。そこで、授業におげる陶冶と訓育の統一的達成にとって、集団思考がどのように関わるかを明らかにしたいと思う。

一　陶冶＝訓育過程と集団思考

1　陶冶過程と集団思考

（1）「わかる」とは何か

人間の発達を動物の発達から区別する基本的な特徴に関して、レオンチェフは次のように述べている。「子どもの知的発達は動物の行動の個体発達とは質的にちがう。……すなわち、子どもの発達において主要な過程は、社会的歴史時代に人類によって蓄積された経験の習得あるいは『わがものとする獲得』の過程であり、動物にはない過程である」。つまり、動物は遺伝的に定着されている機構をもとにして個体発生を繰り返すのに対し、人間は、先行世代が歴史的に蓄積してきた精神発達の成果を習得することによって発達するのである。このことが、ますます加速される人類の歴史的進歩を支えてきたのである。

組織的・意図的な教育の機関である今日の学校は、科学、芸術、技術にわたる人類の文化遺産、それを教授学的に選択し、再構成したものとしての教授内容を子どもたちに習得させることで、子どもたちの知的発達の実現を図ることを基本的任務としているのである。

しかし、すでに述べたように、授業の陶冶的課題は、たんに人類の文化遺産としての知識や技術を伝達するだけではない。同時に、それらを自由に駆使しうる能力や新しい知識、技術を創造し、人類のさらなる社会的、歴史的発展に参加しうるような創造的思考力、知的探究能力の形成を達成しなくてはならない。この二つの課題を統一的に実現するためには、まずは、教授内容の習得の過程を能動的な自己活動として組織することが必要となる。子どもの発達は、子ども自身の内部の矛盾を原動力とする自己運動の過程である（コスチューク）。子どもは、自らの主体的、能動的な学習活動を通して発達するのであり、どんな親でも教師でも、子どもの学習を肩代りすることはできないのである。したがって、子どもたちに教授内容を伝達しようとすれば、教師の提起した学習課題を生徒が自己の課題として引き受け、それを解決しようとして努力する能動的な自己活動を引き起こさなくてはならない。

ところで、その自己活動は「内的矛盾」を原動力として引き起こされる。つまり、教授内容は、人類の文化遺産としての科学・芸術・技術の体系を基礎にしたそれぞれの分野の論理・内容の体系をもつのであり、それは、子どもたちがそれぞれすでにもっている認識に対して、一定の矛盾をもって客観的に存在している。しかし、教師が提起した学習対象のもつ論理、内容の体系と、子どもの知識・認識体系との矛盾は、いまだ外的（客観的）矛盾でしかない。ところが、子どもがその教授内容を自らの課題として引き受け、その解決を欲求するとき、外的矛盾は内的矛盾に転化し、その矛盾を克服すべく学習活動が引き起こされ、教授内容の習得がおこなわれるのである。

このように、授業における子どもの学習過程とは、教師の提示する知識・技術を、ただ機械的に記憶していく過程ではない。子どもたちにとって学習過程は、彼のもつすべての知識と認識を総動員しての、全人格をかけての獲得の過程なのである。子どもたちは、家庭や地域や学校での生活における実践活動を通じての直接的経験によって認識を獲得し、さらに、読書やテレビさらに学校での授業などを通しての間接的、抽象的な認識を獲得して、それぞれの知識・認識の体系を形成している。教師が学習課題を提起すると、子どもたちは、それをそれぞれのもつ既有の知識・認識の体系に結びつけて「わかろう」とする。つまり、教師の提起した課題と子どもの既有の知識・認識の体系との矛盾を克服しようとするのである。子どもが学習課題を解決し、「わかる」ということは、それまでの認識活動のなかでつくりあげてきた知識・認識の体系に、新しい知識を取り込み、位置づけ、さらには、その知識・認識の体系を組み変え、新しい体系をつくり出したりすることなのである。

したがって、子どもたちが新しい知識がわかり、習得するためには、子どもたちが既有の知識・認識を総動員して、新しい知識を能動的に習得していくように教師は学習活動を組織しなければならないのである。そのような能動的な学習活動を通してこそ、知識技術の習得の過程が、同時に、創造的思考力、知的探究能力の形成の過程となりうるのである。

このように考えると、テスト体制のもとで、大量の知識を機械的に丸暗記していくような学習活動によっては、子どもたちは既有の知識・認識の体系に新しい知識を結びつけ、位置づけ、さらに知識・認識の体系を組み変えることがない。そのために、機械的に暗記されたこまぎれの知識は、「テストが終わる」とともに急速に忘れられてしまうのである。

（2）「わかる」ことと集団思考

ところで、教師が提示する同一の学習対象に対して、子どもたちは彼らの既有の知識・認識を総動員して「わかろう」とするが、その「わかり方」は同一ではありえない。なぜなら、子どもたちのもつ既有の知識・認識はそれぞれ異なっているからである。

子どもたちは、それぞれ異なった家庭環境、社会環境あるいは教育環境のなかで成長してきている。その過程で、それぞれ異なった生活的経験や知識・認識の形成をおこなってきている。このようにして、子どもたちはそれぞれに独自な内的諸条件（既有の知識、認識、経験、興味や関心、ものの見方・感じ方など）を形成しているのである。ところで、「外的原因は内的条件を媒介として作用していく」（ルビンシュタイン）のである。コスチュークのことばをかりれば「（教育の作用もふくめて外部からの影響は）子どもに、特に生徒に直接的に作用するものではない。それに対する子どもの態度を通して、彼の生命の中で実際にうごめいている傾向や意欲と結びついた子どもの活動を通して屈折しながら作用するのである」。

つまり、教師が同一の学習対象を提示しても、それに対する「わかり方」は、子どものそれぞれの内的条件に屈折されて多様なものとなる。そして、それは、しばしば一面的な、不完全な「わかり方」や間違った「わかり方」を含んでいるのである。

したがって、授業においては、教師が提起した学習対象と子どもの既有の知識・認識の体系との矛盾に加えて、子ども相互間の「わかり方」に矛盾が生じてくる。この矛盾も教師が、子どもたちの一面的な考えや、誤りを含んだ意見を切り捨て、教師の期待する「正しい意見」だけを取り上げるのであれば、子どもたちの能動的な学習活動を引き起こす内的な矛盾には転化しない。

子どもたちの学習活動のうちに現われてくる「わかり方」の多様性、対立、および矛盾を、彼ら一人ひとりの認識の発達の原動力として意識的に用いなければならない。教師は、子どもたちのさまざまな知識・認識を組織し、子どもの思考をゆさぶることによって、子ども相互の「わかり方」の矛盾を、子ども一人ひとりの内的矛盾へと転化させ、その克服をめざす学習活動を組織しなくてはならないのである。

このような授業過程のなかでは、学級のある子どもの発言は、他の子どもたちの思考を呼び起こし、その結果、その発言を確認したり、否定したりする。つまり、子どもたちは、学級の仲間のどんな発言でも、それを既有の知識・認識の体系に基づいた自分の考えとつきあわせるのである。だから、学級集団を同一の学習課題に取り組ませるということは、彼らの思考を同一化することではなく、子どもたちの思考を相互に接触させることができるということである。いいかえれば、学習課題は、子どもたちの認識の対象であるばかりでなく、子どもたちが相互に思考をかわし合う媒体である。

教師は、こうした子どもたち相互の思考の交わりを、よりすぐれた認識、より科学的な認識をめざしての論争的コミュニケーション、つまり、「集団思考」として組織しなければならない。その過程で、子どもたちは互いに自己の意見の真理性を主張し、互いに他の意見の誤りや不十分さを追究しながら、より高い認識をめざして厳しく意見をたたかい合わせていくのである。

さて、この集団思考を通して承認される知識・認識とは、より多くの学級成員を納得させることのできる知識・認識である。科学的認識とは社会的に認められてこそ、ほんとうの意味で科学的認識として成立するのである。その意味で、より科学的知識・認識をめざしての集団思考が激化すればするほど、論争の過程はそれぞれの教科の論理にそったものにならざるをえない。なぜなら、教科の論理には、その教科の基礎になっている科学・芸術・技術の分野で真理性を証明し、納得性を獲得してきた論理が貫かれているからである。こうして、子どもたちはそれぞれの領域の内容・論理にそった思考方法、知的操作を駆使して論争を行うのである。

集団思考のなかで、教科の論理にそった思考方法、知的操作を駆使して学習対象を習得することによって、子どもたちはその思考方法、知的操作を自らのものにすることができる。つまり、論争的コミュニケーションという、声を外に山す外言の形式で行う思考方法、知的操作か内言化されるのである。このような過程を通してはじめて、より豊かで、確かな知識・

認識を習得する過程が、同時に創造的思考力、知的探究能力を形成する過程となるのである。

以上に述べてきたような、教師の指導の下で、共通の学習対象に対して生徒がそれぞれの内的条件を総動員して思考し、相互に批判、援助し合いながら、より深い科学的知識・認識を共有していく過程、それを集団思考と考えるのである。

2　訓育過程と集団思考

人間は、内的矛盾を原動力とする自己活動を通して発達する。つまり、自己活動を通して陶冶され訓育されるのである。そこでは、陶冶作用だけをもつ自己活動と訓育作用だけをもつ自己活動があるわけではない。陶冶と訓育とは、子どもの自己活動を媒介として、すべての教育活動のなかで何らかのしかたで結合し、作用し合っている二つの側面である。この陶冶と訓育の統一は、あらゆる教育過程において一般的に現われるのであり、したがって、それは肯定的なかたちでも、否定的なかたちにおいても現われる。たとえば、テスト体制のもとで、個人主義的競争をしながら学ぶものは、それに対応した訓育を受けているのである。

授業における陶冶と訓育の統一を、科学的民主的な知識・認識や知的探求能力の形成が、同時に民主主義的な信念・確信・性格特性の形成につながるものとして達成する方策を探究しなければならない。授業における陶冶と訓育のそのような統一は、集団思考による陶冶的課題を徹底していくなかで実現される。そして、それは次の二つの側面から考察することができる。

第一に、集団思考を通して習得された科学的知識や認識は、信念となり、学習者のものの見方や考え方、行動能力の重要な要素になっていくというかたちで訓育性をもつ。

授業において、子どもたちはさまざまな知識を学ぶが、それをただバラバラな知識として記憶し、蓄積することでは、ものの見方・考え方に結びついていかない。教師の提起する学習対象に対して、子どもたちはそれぞれの既有の知識・認識を総動員して取り組んでいく。そして集団内に生じてくる「わかり方」の矛盾を克服すべく、子どもたちは互いに自己の真理性を主張し厳しい論争を行う。そうした集団思考を通して、より科学的な論理につらぬかれた知識と認識が、さらにいえば、より民主的な価値につらぬかれた知識と認識がより多くの子どもたちを納得させ、子どもたちはその科学的真理・民主的価値のもとに統一し、それを共有することができるのである。

このような厳しい集団思考を通して獲得した知識・認識に対しては、子どもたちはその真理性に確信をもつ。そして、それは自らのものの見方、考え方、行動のしかたを調整する信念に発展する。もちろん、子どもたちが取り組む学習対象そのものが、科学的真理と民主主義的価値を正しく反映したものでなくてはならない。しかし、逆にいえば、より多くの学級の仲間を納得させうる科学的真理、民主主義的価値を求めての厳しい集団思考の過程は、学習対象の科学的真理性と民主主義的価値を要求するのである。

以上のように、授業における訓育は、授業の陶冶的課題を徹底していくことによって達成されるのであり、いたずらに道徳的価値をもちこんだり、道徳的価値に結びつけることによって達成されるものではない。

第二に、学習対象に取り組む子どもたちの学習活動そのものが訓育的作用をもつ。

集団思考の過程で、子どもたちは自己の内的諸条件を総動員して学習対象に取り組み、あるいは学級の仲間の自分とは異なる意見にいどみかかっていく。こうした自己活動において、子どもたちはたんに知的な能力や技能だけではなく、同時に彼らの感情や意志の力をも働かせて、全人格として取り組むのである。したがって、彼らの学習活動は、陶冶的作用だけでなく、訓育的作用をももつのである。学習活動が全人格的な行動であるかぎり、「働きかけるものが働きかけられる」という人格形成の原則は、授業においても基本的に貫徹されているからである。

ところで、そうした学習活動は集団のなかでおこなわれる。子どもたちは教師の提起する同一の学習対象に対して、さまざまな「わかり方」をし、その集団内に生じた矛盾を克服すべく、相互の「働きかけ」、つまり集団思考を展開する。この、よりすぐれた知識と認識をめざす論争的コミュニケーションを貫徹するのは、集団的なちからの論理ではなく科学と民主主義の論理でなければならない。子どもたちの思考は、より大きな力のもとに、あるいはより多数者のもとに統一するのではなく、より多くの人を納得させる科学的真理・民主主義的価値のもとに統一するのである。したがって、集団思考を徹底しようとすればするほど、学習をめぐる人間関係の民主化を求めるのであり、逆に集団思考の徹底は学級の人間関係の民主化をさらにおしすすめるのである。このように集団思考を組織していく過程は、学級を民主化していく過程と結びついていなければならないのである。

こうして、集団思考が実現していく過程で、だれもが自由、平等に授業に参加でき、相互の意見を尊重しながら、しかも厳しく論争し助け合う、そして真理のまえに謙虚である、そうした民主的な人格特性や学習態度、行動様式が形成されるのである。

二　集団思考を組織する教授＝学習過程

以上に述べてきたような、授業で科学的陶冶と民主主義的訓育を統一する集団思考は、それではどのような教授＝学習過程によって組織されうるのか。そのためには、相互に、密接にかかわり合いながら、しかし、同時に相互に独自の論理をもって指導されるべき二つの筋道を考える必要がある。

一つは、自主・共同の学習体制の形成である。

子どもたちは、それぞれの既有の知識と認識を総動員して学習対象に取り組み、そして多様な「わかり方」をする子どもたちが科学的真理・民主主義的価値のもとに統一する。そのような集団思考を組織するには、まず、学級のだれもが自己の内的条件をくぐった考えや意見を、こだわりなく発言することができ、また、仲間の意見を尊重し、真剣に耳を傾け、しかも真理をもとめて厳しく論争したり、援助し合うことのできる自主的、共同的で、しかも民主的な学習体制が形成されなくてはならない。「できる子」と「できない子」が固定し、「できる子」が発言すれば「できない子」が口をつぐんでしまうような学習体制であれば、科学的真理、民主的価値をめざしての集団思考は組織されえない。そこでは、「出来ない子」の学習が保障されないだけでなく、「できる子」の学習も保障されないのである。なぜなら、「できる子」は、自己の「わかり方」を自己と異なる生活歴、教育歴をもつ仲間の「わかり方」にぶつけていくことで、自らを知的に鍛え、知識・認識を豊かで確かなものにしていく機会を失ってしまうからである。

自主共同の学習体制を形成するためには、学級集団づくりの方法論に依拠することが必要となる。なぜなら、自主共同の学習体制の形成を妨げているのは、「まちがった発言を笑う」学級の集団関係であり、子どもたちの個人主義的な学習観や学習行動だからである。したがって、子どもの行動の変革をめざす学級集団づくりの方法論に依拠し、授業における学習行動を手がかりとしながら、自主共同の学習体制を組織していくのである。

集団思考を組織する筋道は、第二に、深い教材解釈に基づく発問の展開である。

子どもたちが習得すべき教材内容は、子どもたちの現在の生活とは一応独立して客観的に存在している。しかし、その教授内容は、子どもたちの前に置かれただけで、自動的に子どもたちの合目的的な学習活動を引き起こすわけではない。また、教師が直接的に子どもに教え込こむとができるものでもない。子どもたちが既有の知識・認識をひっさげて、能動的に取り組んでこそ、真に学ばれるのである。こうした学習対象への子どもたちの能動的な思考活動を組織し、方向づけるのが教師による発問である。

教師の発問は、子どもの既有の知識・認識をゆさぶり、多様な考え、意見を引き出すものでなくてはならない。また、発問は子どもたちの学ぶ教材内容のもつ論理にそって集団思考を組織するものとならなくてはならない。なぜなら、教材内容は、科学・芸術・技術の体系を基礎にしたそれぞれの分野の論理をもち、子どもたちを、その論理にそって思考させるとき、最もよく学ばれるからである。さらに、発問は、子どもたちの多様な「わかり方」を整理し、対立点を明確にし、子どもたちの論争的な集団思考を激化するものとならなくてはならない。

このような教師の発問によって、はじめて集団思考が組織されるのである。

参考文献

① 吉本均編著「集団思考の成立とは何か」明治図書、1975 年。
② 吉本均『訓育的教授の理論』、明治図書、1974 年。
③ 吉本均『現代授業集団の構造』、明治図書、1970 年。
④ レオンチェフ、松野豊・西牟田久雄訳『子どもの精神発達』、明治図書、1967 年。
⑤ 砂沢喜代次編、『講座授業と集団思考』（全五巻）、明治図書、1971 年。
⑥ 小川太郎『現代の課題と教師の任務』、明治図書、1967 年。
⑦ 吉本均・広島大学教育方法学研究室『現代学習集団の構造』、東方出版、1975 年。
⑧ 城丸章夫・大槻健編、『教育の過程と方法』、講座日本の教育６、新日本出版社、1976 年。

第2章　学習の規律と集団思考

授業における子どもたちの学習活動を集団思考の過程として組織することが、科学的陶冶と民主主義的訓育を統一的に達成することにとって、決定的に重大なことだと私は考えている。そして、授業を全員の参加による集団思考の過程として組織することにとって、自主共同の「学習の規律」をつくり出すことは、深い教材解釈にもとづく発問の展開とならんで、指導の二つの側面である。では、「学習の規律」をつくり出すことが、集団思考の組織に対して、どのように「側面」として機能するのか。この点についての若干の考察をしてみたいと思う。そのために、まず「学習の規律」の概念を検討することにしたい。

1　「規律」と「学習の規律」

教育活動において規律がはたす重要な役割についての我が国における理論的研究は、既に、マカレンコやグムールマンの著作の紹介とその研究の中で、基本的にはほぼ確立されたと言える。そこで明らかにされたことを、私なりにごく簡単に整理してみると、

① 規律は、外的・形式的な秩序の維持や管理のための手段ではない。規律は訓育過程の結果である。マカレンコの言葉をかりれば、「規律は教育作用総体の所産である。」[1)]

② 規律は意識的・自覚的なものである。規律とは何か、規律は何のために必要かといったことについての完全な理解が伴わなければならない。なぜなら、集団自身の主体的目的の達成のためにそれが必要だからである。つまり、自覚的規律は奴隷にとってではなく、主人にとってこそ必

要とされるものである。

③　規律は、集団の目的を最もよく達成させる合理的で能率的な集団活動の形式であり、集団の団結と協力と相互援助をもたらす人間の相互関係のあり方である。したがってまた、規律は訓育の単なる結果ではなく、同時に訓育の手段に転化するのである。

ところで、教育活動における規律の問題を考えるためには、さらに、次の点をふまえておく必要がある。

第一に、あらゆる組織や団体・集団は、人びとの間のなんらかの規律的関係を含んでいる。それがなければ、組織や団体・集団というものは共同の目的にむかって、秩序をもって、一致して取り組むことができないからである。しかし、その規律的関係がすべて民主的で、教育的に望ましい規律であるとは限らない。なぜなら、規律は社会的・政治的関係を反映するからである。たとえば、封建的社会においては、封建的社会関係、社会秩序を維持するような規律が支配的になる。そこでは、支配的階級の人びとにとっては、その規律が階級的利益を擁護するものとして働くのに対し、被支配的階級のものにとっては、彼らの利益に反するものとなる。したがって、その規律は、放っておいて被支配的階級の自覚的・意識的規律になるものではない。それ故に、支配的階級は、その規律を強制的な規則やきまり、政治的宣伝、宗教的教義や官製道徳等によって補強する必要がでてくる。規律という用語が、いまだに規則・きまりと混同して、外的・強制的な意味あいで使用されることがあるのはこのためでもある。

しかし、新しい民主的な社会を建設しようとする社会的活動や運動は、それらとは違った新しい人間関係、つまり新しい規律を作り出していった。それは連帯と団結と相互援助・協力の規律である。マカレンコが明らかにしたのは、そのような集団主義的な規律の教育的意義とその指導のすじ道である。今日の日本の子どもたちの情況を考える時、この友情と共同・連帯の規律の教育は重要な意味をもつと考える。

第二に、あらゆる集団的活動は人びとの間のなんらかの規律的関係を含んでいる。人間の社会的活動の多様性に応じて、規律も多様な種類をもつ。

家庭における生活の規律、工場における労働規律等々である。グムールマンは次のように述べている。「学校の規律は、規律の特殊な、質的に独自な領域である。その独自性はなによりもまず、学校では子どもたちが学習をしており、教育をうけているということ、まだ成熟していない青年たちが学習をしており、教育をうけているということからきている。……学校における規律の独自性は、また、規律が教育や陶冶の課題につねに従属している、ということにある。」[2)]

教育活動における規律は、社会的労働における規律とまったく同じものではない。しかし、まったく別個のものでもない。他の様々な規律との原則的共通性をふまえながら、教育活動における規律の独自性をふまえた指導の展開が必要なのである。

さて、学校教育における規律の理論的・実践的追究は、主として授業外の生活や労働の場面において行なわれてきた。それは、規律が本来、集団的労働や集団的生活の場面での個と集団の行為・行動、活動にかかわって問題となってきたことからも当然のことといいえる。かなり前であるが、竹内常一氏は次のように述べている。「……意識的規律の教育は、授業とは相対的に独立した教育の領域、つまり、授業外における集団主義教育によっておこなわれねばならない論理をもっている。」[3)] 確かに竹内氏の言うように「……規律の教育と見通し路線の教育とは不離一体のかたちで集団主義教育を構成しているものである。」[3)] と考えるならば、規律の教育は授業外の活動でこそ追究すべきであろう。しかし、授業を学級集団の集団的活動と捉えるならば、そこでの学習活動をめぐる子どもたちの規律的関係も当然追究の対象にしなければならない。学級全員が授業の陶冶的および訓育的課題の統一的達成という共同目標にむかってとりくむためには、どのような規律が必要なのか、このことを「学習の規律」の問題として追究しなければならないのである。

2　学習の規律と集団思考

授業の課題の達成にとって学習規律がはたす役割は、まず第一に、授業が成り立つ基礎的条件としての外的秩序をつくることである。授業が始まれば教室に入ること、席につくこと、学習の準備をすること、教師の説明に耳を傾けること、さらに、仲間の間違いを笑わないこと。こうしたことは授業が成立するための基礎的条件である。グムールマンが『学校づくりの規律』の第四章「授業中の規律と秩序」のなかで述べている規律は、こうした授業の秩序に関わることが中心となっている。今日の我国の学校教育の状況の中では、こうした授業の外的秩序をととのえることさえが困難な学校や学級は決して少なくない。

ところで、このような学習規律の形成にとっては、授業外での自治的集団づくりのとりくみの成果が大きく影響する。つまり、そこで身につける民主的な話し合い、協力や相互援助のし方、指導・被指導のあり方は、授業における全員参加の学習活動を組織し、民主的な学習規律をつくることを大きく促進するのである。

しかし、教科外での自治的集団づくりのとりくみが、無条件で、自動的に授業での規律を形成するわけではない。そこで、教科指導の論理をふまえながら、授業にも自治的集団づくりの方法をとり入れていくことが必要となる。

いま、「教科指導の論理をふまえながら」とのべたが、授業における規律は授業外での規律そのままでなく、教科指導の論理をふまえて形成されなければならない。学習の規律は授業の外的秩序にのみかかわっているのではない。それが授業での学習活動にかかわっている以上、学習活動のもつ論理、それゆえにまた教科指導の論理をうちに含みこまざるをえない。したがって、授業にとって学習規律のはたす役割は、第二に、授業の本質的課題の達成を促進すること、つまり、全員参加の集団思考の組織を促進することでなければならない。

それでは、学習の規律は教科指導の論理をどのようにしてうちに含みこむのか。この点に関しては、規律のもつ次の特質をふまえる必要がある。

第一に、規律には一定の行動の型があること。先に、規律は意識的・自覚的なものだとのべたが、それは単なる意識だけの問題ではない。規律には一定の行動の型があり、それを守り行うという面がある。ついでにいえば、その行動の型は集団的行動の型であるから、人間関係のあり方もそこでは問題となる。

規律のもつ行動の型は、集団の活動内容がもつ論理によって規定される。したがって、同じ集団であっても活動内容が異なれば、違った行動の型が要求される。たとえば、一つの学級が教科外で係活動や掃除をしたりする時の規律のもつ行動の型は、授業において集団的に学習する時のそれとは異なってくるはずである。

第二に、規律がもつこうした行動の型は、さらに、集団の質的発展に伴って変化することである。自主共同の学習規律とは、一定の行動の型が固定的にあるものではなくて、それが形成される過程で、数多くの行動の型がつくられてはこわされていく。その過程で、学習の規律は教科指導の論理にそった行動の型をしだいに作り出していくのである。

学習集団の発展に伴って規律のもつ行動の型は変化していく。その意味では、授業とはまさに歴史的過程である。私たちが一つの授業を参観する際、そこに見ることのできる授業の型は、授業の歴史的過程の1コマに現われた型にすぎない。それは次の時間には変化発展していくべきものである。したがって、たとえばある一つの授業を見て、「これが学習集団の授業だ」と考えて、その型を機械的に自分の実践にとり入れても、決してうまくはいかないのである。

それでは、規律のもつ行動の型は、どのように変化・発展しながら、教科指導の論理を含みこんでいくのか。この点については、仮説的に次のように考えてみたい。

第一に、授業の外的秩序をつくることに関わる行動の型がある。たとえば、ベルが鳴れば席につく、学習の準備をする。授業の間は騒がないといったことである。

第二には、いま少し授業の論理にそった学習の規律の型が必要となる。つまり、全員で授業に参加する行動の型である。たとえば、発言のし方（学級の仲間の方を向いて発言する、一定の発言形式にのっとって発言する等）

や聞き方（発言者の方を向く、発言に対してうなずく、反応する等)、また、自分や仲間がわからない時に、教師と他の仲間に「ストップ」をかけること、班ごとに競い合いながら授業に参加すること、班内での話し合いや協力・援助のし方等の型である。

ところで、いまあげたような型は、授業一般の論理にそったものである。それは、さらに、各教科の論理にそった型へと発展する必要がある。なぜなら、各教科にはその教科の特質や論理に応じた授業の展開の型があり、したがって授業での行動の型も異なってくるからである。

そこで、第三に、それを教科内容に深くかかわった授業での認識活動のし方へと発展させなければならない。はじめは、「付け足します」「反対意見です」といった発言形式という型をとる。やがてそれは、教材を媒介にして各教科の教科内容を習得していくために必要な各教科の論理にそった思考方法、知的操作のし方、学習の仕方へと発展していく。こうして、学習規律のもつ行動の型は、第一、第二にあげたようなものに発展しながら、やがて第三にあげたように、各教科の論理にそった認識活動のし方の指導を準備することで、集団思考を促進する役割をはたすのである。

さて、第一と第二に仮説的にあげてきた学習規律がもつ型は、いわば授業における集団的行動の仕方であり、規律の概念でとらえられるものである。つまり、規律は本来、個と集団の行為・行動を問題にする。そこで学習の規律も学習活動における行動を手がかりにして形成する必要がある。しかし、第三は必ずしも規律の概念ではとらえられない。なぜなら、それは集団的行動ではなく、認識活動仕方であるから。しかし、この認識活動の仕方の指導を、学習規律の質的発展のなかに位置づけるという指導の筋道があるのではないかと考えるのである。

ついでに述べておくと、この学級集団の学習規律の発展のすじ道は、個人の側から見れば、学習主体形成のすじ道でもある。学習主体になるということは、子どもたちが自らの学習の目的を自覚し、意識的・意欲的に、困難をものりこえて持続的に学習にとりくむような存在になることである。そして、自らの学習権の保障を自覚的に追求すると同時に、仲間の学習権も集団的に保障していけるような考え方と能力を獲得していくことである。民主的で自主共同の学習規律の追求のなかで、はじめてそのような学習主体を形成することができるのである。

3　学習の規律と指導的評価活動

学習規律を形成し、それを思考方法や知的操作のし方の獲得へ発展させていく教師の指導において重要な役割を果たすのは、教師の指導的評価活動である。指導的評価活動とは、教師が学級集団に教えたいこと、要求したいことを評価という形で示していくことである。授業のなかでの班や子どものすぐれた活動、とりくみ、発言などを教師がとりあげ評価することで、そのすぐれた価値の達成をめぐって競い合いを組織することができる。つまり、教師が何を評価するかで、学級集団が何の達成をめざして頑張るかが示されるのである。重要なことは、教師が単に自主共同の学習規律形成の側面での指導的評価だけをするのではなく、それを順次発展させ、やがて教科内容にかかわった、認識の内容や思考の方法についての評価へと発展させることである。

このように評価基準を教科内容に関わるものへと発展させることで、学習規律を各教科の思考方法、知的操作のし方の指導へと発展させることができるのである。

引用文献

1）マカレンコ、海老原、橋迫訳『集団主義と個人の教育』、新読書社、1977。
2）グムールマン、矢川徳光訳『学校づくりの規律』、新読書社、1960。
3）竹内常一「集団主義におけるレジムの問題」、『生活指導』No.31、明治図書、1962。

第３章　自治的集団づくりにおける規律について

一　規律の概念について

わが国で規律の問題が教育学的な考察の対象とされ、集中的に研究されたのは、戦後の生活指導運動が意識、認識の指導を基本とする「学級づくり」「仲間づくり」から、行為・行動の指導を基本とする「集団づくり」へと発展していこうとした時期であった。わが国の生活指導理論における規律についての研究は、この時期に、マカレンコ（Makarenko,A.S.）やグムールマン（Gmurman,W.J.）の規律の理論の紹介と研究を媒介に行われたという経緯があり、またそのなかで、規律についての理論的基礎がほぼ確立されたと言ってもいい。そこで明らかにされた理論をふまえたうえで、今日、規律をどう捉えるべきかを考察することにしたい。

規律は、しばしは、規則やきまりと十分区別されないで使われる。規則やきまりと同じように、外的・強制的な意味あいで使われたり、規則やきまりが守られている状態を規律がある状態だととらえられたりする。しかし規律は、規則やきまりとは明確に区別されるべき概念である。

規律は、次のような特質をもつ。

①　規律は、外的・形式的な秩序の維持や管理の手段ではない。規律は教育過程の結果である。

学級が授業開始のチャイムが鳴っても、子どもたちがいつまでも席に着かない、授業中、断えずおしゃべりを続ける、席を離れる、といった状態であれば、教師は、教科指導の課題をきちんと達成することができない。

学校教育が、学級を単位として、集団的に生活し、学習する場である以上、学級のなかに集団としての秩序を守り、一致協力して活動することができる状態を実現することは、教師の最初の課題となる。そのために教師がしばしばとる手段は、「チャイムが鳴ったら席につく」「授業中席を離れない」「おしゃべりしない」、といった規則やきまりを作って、子どもたちに守らせることである。ところが、こうした規則、きまりというものは、教師の必要には基づいていても、子どもたち自身の必要と自覚に基づいていなければ、単に特定の行動のし方を禁止する。あるいは強要するものにしかならない。したがって、子どもたちが次々と秩序を乱したり、新たな問題を起こすと、次々と新しい規則・きまりを制定し、守らせようとすることになる。そして、やがては、服装のあり方や持ち物など、こまごまと規定したり、学校内外での生活の仕方から、立ち振舞いの仕方までを規制するなど、細部にわたる規則きまりの体系をつくりあげることになる。そして、その規則・きまりを遵守させることで、学級や学校の秩序を維持しようとする。

ところが、こうして制定された規則・きまりは、子どもたちにとっては、外から押しつけられる拘束としか受けとめられないから、子どもたちが自主的に従うものにはならない。したがって、教師は、お説教をしたり、叱ったり、怒鳴ったり、罰を与えたりして守らせようとすることになる。また、規則・きまりを徹底させるために、学校内外にわたる監視体制を整備する。しかし、それでも、子どもたちが規則・きまりを守らなければ、教師は監視と管理・取り締りを一層強化し、果ては、体罰や内申書による脅しを使って、規則・きまりの徹底に努める。こうして管理主義的な学校体制ができあがることになる。

確かに、こういうやり方で、集団の一定の秩序は保つことができるかもしれない。しかし、このような外的力によって維持される秩序は、その外的な力がなくなると、あるいは監視の目からはずれたところでは、簡単に崩れるものである。たとえば、教師が不在の時や、子どもたちにとって「怖くない」「おとなしい」先生の時には騒ぐといったことになる。こうした規則・きまりが支配しているような学校、学級においては、規則・きまりを破ったり、無視することは、子どもたちにとっては、ある種の英雄的行為となる。このことをマカレンコは、次のように述べている。

> 規律が規則やきまりと同一視されているような古い社会では、規律を欠いた人は道徳を欠いた人、ある種の社会的なモラルを破っている人と見られることはありませんでした。みなさんがご存じのように、古い学校では、わたしたちや同僚たちは、そのような規律やぶりを、ある種の英雄的な行為、ある種の功績と、または、どんなばあいにでも、ある種の賢明な、愉快な所業だと、見ていました。どのようないたずらでも、生徒たちだけでなくて、教師たちまでが、それを一種の活力旺盛な性格の現れ、一種の革命的な定石の現れぐらいのものとしかみていなかったのです。[1)]

小川太郎は、マカレンコのこの言葉をとりあげながら、「外部的な現象でしかない規律は、支配の方法にほかならぬこと、そのような規律に対してはこれに抵抗するものの側にモラルがあること、このことにまず注目しよう。」[2)] と述べている。

もし、子どもたちが規則・きまりを破る者を英雄視したり、密かに喝采を送るようであれは、そのような規則・きまりも、それによって維持されている秩序も、全く教育的意味をもたないことになる。それどころか、学校や教師に対する信頼を失わせ、敵対心さえ抱かせることになる。そして、集団として、秩序を保ち、一致、協力して行動することを、「つまらないこと」と捉えるような考え方や行動のし方を教育することになる。

しかし、こうしたことは、規則・きまりはすべて非教育的なものであり、排除すべきものだということでは決してない。規則・きまりとは、集団的な生活や学習、労働などが行われるさいに、集団と個々の成員に要求される客観的な行動の「枠」である。授業開始時間に遅れないこと、授業中に勝手に立ち歩かないこと、さらにもっと一般的な例で言えは、交通規則を守る、といった事は、集団的・社会的活動においては、その成員が守るべき行動の「枠」であり、それを守り行うことは集団にとっての必要である。さらにいえば、人間が集団として生活し、活動し、発展していくために、最低限必要なものである。したがって、教師が学校、学級の集団的活動において、種々の規則・きまりを子どもたちに決めさせ、それを守り行わせることは、教育活動にとっても必要なことなのである。

しかし、重要なことは、規則・きまりを守らせること、また、それによって秩序を維持すること自体が教育の目的ではないということである。規則・きまりは、あくまで教育の手段なのである。規則・きまりを守らせることの自己目的化は、管理主義をもたらすほかないのである。

それに対して、規律は教育の手段ではなく、教育の結果として集団とその成員が獲得するものである。「規律は学校教育、家庭教育、社会教育の一切の過程、知的並びに人格的発達のすべての過程、これら一切の教育作用の総和として作り出されるものである。」[3)]

規律が教育の結果であるということは、規律は教育の目的ではない、もっと正確にいえば、教育の直接の目的とはならないということでもある。つまり、ある規律をつくること自体を直接目的として、これをすれば、ただちにその規律ができあがるといったものではないということである。たとえば、「協力」ということは、直接の指導の目的にはできない。教師が様々な協力を必要とする集団的活動を指導するなかで、「協力」することで目標を実現できたという体験をし、「協力」することの楽しさやすばらしさを体験することで、結果として「協力」が生まれるのである。

② 規律は意識的・自覚的なものである。規律とは何か、規律は何のために必要かといったことについての完全な理解が伴わなければならないものである。

規律には、一定の行為、行動の型があり、それを守り行うという面がある。つまり、規律には、生活、学習、労働といった様々な集団的活動場面で、それぞれの活動に必要な、またそれにふさわしい行為、行動の型、あるいはスタイルというものがあり、それを守り、行うという面がある。この事が、集団と個々の成員に要求される客観的な行動の「枠」として、一定の行為、行動の型をもつ規則・きまりと規律がしばしば混同される理由である。

しかし、規則・きまりが客観的な行動の「枠」として一定の外的拘束力をもって要求されるものであるのに対して、規律は、教育の結果として、集団と成員が自主的・自発的にそれを守り行うものである。つまり、規律が教育の結果であるということは、規律のもつ一定の行為・行動の型に従って行うことの意味、その必要性を理解し、自覚することが出来るということである。さらにいえば、その行為・行動の型が、集団と成員の生活・活動のスタイルとして定着しているということでもある。たとえば、規則・きまりによって強要しなくても、授業開始のチャイムがなれば着席し、発言する時は、勝手にすわったまま言うのでなく、手をあげて指名を求め、立ってみんなの方をむいて発言する。また、給食時に係の者が配る時には席について待ち、当番が「いたゞきます」の合図をするまでは食べない。こうした生活・活動の型、スタイルを、当然のこととして集団成員が身につけ、自主的に行動することができることが規律ある状態と言うことができる。

このように、集団とその成員が、何のために規律が必要かについて十分理解し、自覚的に行動ができて、はじめて規律があると言える。ということは、規律は、自立した、主体的な集団や成員を前提にして成り立つものだということである。城丸章夫氏は、かつて次のように述べた。「規律は奴隷がもつ概念ではなくて、主人が持つ概念である。」「規律とは、主人の概念であり、人間精神の内部から湧きおこる自発性、それを行うことに対する認識、その合理性と人間尊重とが確認されて、はじめて成りたつ概念なのである。」[4)]

自ら判断することができず、他人から命令され、指示されてしか行動できない人間は奴隷的人間である。服装のあり方から挨拶のし方、立ち振舞い方まで学校内外での生活・行動のし方を、こまごまとした規則・きまりで管理するような教育は奴隷的人間を育てる。自分自身の価値観を持たず、したがって判断力がなく、常に他人が判断してくれるのをまち、自主的・主体的に行動することのできない無気力な人間を育てることになる。だから、管理主義的教育のなかでは、すでに述べたように、規則・きまりを破ることが、主体的人間としての証を立てることのように見られ、英雄的行為に見えるのである。そして、管理主義的な規則・きまりを守り、枠をはみ出さない者のなかに、むしろ人間的発達のゆがみを見ることさえできるのである。

規律は、自ら判断し、主体的に行動できる自立した集団と成員によってこそ実現されるものであり、逆に、規律を実現していく過程が、集団とその成員が「主人」として自立していく過程である。さらにいえば、集団が規律をもつということは、その集団が外からの力で管理され、取り締まられる管理主義的な集団ではなく、自治的な集団であることの証であり、保証である。それは同時に、集団成員がそれぞれ自立した主体的「主人」であることの証であり、保証なのである。

③　規律は、集団の目的を最もよく達成させる合理的で能率的な集団活動の形式であり集団の団結と協力と相互援助をもたらす人間の相互関係のあり方である。

あらゆる組織や団体・集団は、人びとの間のなんらかの規律的関係を含んでいる。それがなければ、組織や団体・集団というものは共同の目的にむかって、秩序をもって、一致して取り組むことができないからである。しかし、その規律的関係がすべて民主的で、教育的に望ましい規律であるとは限らない。なぜなら、規律は社会的・政治的関係を反映するからである。たとえば、封建的社会においては、封建的社会関係、社会秩序を維持するような規律が支配的になる。そこでは、支配的階級の人びとにとっては、その規律が階級的利益を擁護するものとして働くのに対し、被支配的階級のものにとっては、彼らの利益に反するものとなる。したがって、その規律は、放っておいて被支配的階級の自覚的・意識的規律になるものではない。それ故に、支配的階級は、その規律を強制的な規則やきまり、政治的宣伝、宗教的教義や官製道徳等によって補強する必要がでてくる。規律という用語が、いまだに規則・きまりと混同して、外的・強制的な意味あいで使用されることがあるのはこのためでもある。

しかし、労働者たちの集団的生産労働と彼らの新しい社会を建設しようとする社会的・政治的運動は、封建的社会における規律とは違った新しい人間関係、つまり新しい規律を作り出していった。それは連帯と団結と相互援助・協力の規律である。マカレンコが明らかにしたのは、そのような労働者たちの集団主義的な規律の教育的意義とその指導のすじ道であったと言える。このように考えると、規律の問題を考える時、どのような規律をこそ作り出すかを明らかにしなければならない。（本稿で使っている「規律」の用語は、特別にことわらない限り、我々が追求すべき民主的・自主的規律の意味である）

ところで、人間の社会的活動の多様性に応じて、規律も多様な種類をもつ。家庭における生活の規律、授業における学習規律、職場における労働の規律等々である。しかも、それらはそれぞれの活動の発展に応じて発展する。それでは、なぜ規律は多様な形態をもち、しかも発展しうるのか。それは、すでに述べたように、規律には一定の行動の型があり、それを守り行うという面があること、そしてその型が変化、発展しうるものだからである。ついでに述べれば規律に一定の行動の型があり、それを守り行うことの意味を自覚して意識的に行うということができるためには、その規律が集団の構成員にとって、愉快や楽しさ、利益をもたらすものでなくてはならない。そうでなければ、規律は、いつまでも維持できるものではない。したがって、友情や連帯と協力をもたらすような規律とはどのようなものであり、どのようにして実現していくかが問われなければならない。

規律のもつ行動の型に関しては、次の点に注目する必要がある。第一に、規律のもつ行動の型は、集団の活動内容がもつ論理によって規定されることである。したがって、同じ集団であっても活動内容が異なれば、違った行動の型が要求される。たとえば、一つの学級が教科外で係活動や掃除ををしたりする時の規律のもつ行動の型は、授業において集団的に学習する時の規律のもつ行動の型とは異なってくるはずである。
第二に、規律がもつこうした行動の型は、さらに、集団の活動内容の質的発展に伴って変化することである。たとえば、授業における学習の規律とは、一定の行動の型が固定的にあるものではなくて、それが形成される過程で、数多くの行動の型がつくられてはこわされていく。その過程で、学習の規律は教科指導の論理にそった行動の型をしだいに作り出していくのである。つまり、集団活動の発展のなかで、非能率的な行動の型は排除され、より能率的で合理的な行動の型が生み出されていくのである。
第三に、規律がもつ行動の型は集団的行動の型であるから、そこでは人間関係のあり方が問題となる。集団の共同目的を達成しようとする活動は、集団の人間関係をより民主的なものへと変革することを要求する。なぜなら、非民主的な集団関係では、集団の力が分散してしまい、一人ひとりの力を十分に生かすことができず、共同の目的を達成することができないからである。民主的な集団関係のなかでこそ、集団成員の協力が生まれ、一人ひとりの力の結集が、より大きな集団的力を発揮させるからである。
こうして、集団が規律を獲得してゆく過程は、集団の目的を達成する最も合理的で能率的な集団活動の型を作り出していく過程であり、また、集団の団結と協力・相互援助をもたらす民主的人間関係を実現していく過程なのである。それはまた、民主的な人格にふさわしいマナーの獲得にもつながるのである。マナーには、規律と同じように一定の行動の型がある。マナーの獲得は、社会的場面でのその場にふさわしい一定の行動の型、作法や振る舞い方を身につけるという側面があり、それは成熟した人間、品位のある人格にふさわしい振る舞い方を身につけることでもある。したがってまた、規律は教育の単なる結果ではなく、同時に教育の手段に転化するのである。
規律を実現した集団においては、その成員は自分たちの集団に誇りを感ずるようになり、さらに、成員同士互いに信頼し、尊敬し、友情を深めるようになる。そういう集団には品位や美しさが感じられるものである。坂本泰造は、規律を実現した集団のイメージを次のように表現している。

「集団の理想・理念をめざし、一定の自主的規律を内に秘めて活動する集団は、美しい。その集団成員もまた、美しい。その集団のトーンは、落ち着いて静かで、どこか知的である。そこには、もはや浮き足立ったもの、粗野なもの、短絡的ないらいらしたもの、低俗的なものはきれいに洗い出され、民主的な価値観に支えられた集団の品性をつくりだす。そしてそれは、一人ひとりの人間の豊かな発達を保証し、どんな困難なしごとに対しても、誇りを持っていどんでいく人間像をつくり出す」[5)]

二　規律の形成

規律はすべての教育作用の結果として形成されるものである。しかし、それは様々な教育作用のなかで、偶然的に形成されるものではなく、規律の形成をめざした慎重で粘り強く、しかも断固とした指導の結果、集団とその成員によって獲得されるものである。

それでは、どのようにして集団の規律は形成されるか。

1　要求と尊敬

マカレンコは、「規律の基礎とはどういうものでありましょうか？」と問題提起したうえで、次のように答える。

「規律の基礎となるものは理論をぬきにした要求であります。わたしの教育学的経験の本質を短い公式でどんなぐあいに規定することができるかと、もしだれかにたずねられるとすれば、わたしは人間にたいするできるだけ大きな要求と人間にたいするできるだけ大きな尊敬、とこたえるでありましょう。」[6)]

つまり、彼は規律の基礎には要求があり、その要求は相手に対する尊敬に基づいていると言うのである。彼は、さらに次のように述べている。

「わたしたちのばあい、人格にたいして、深い、基本的な、一般的な要求を提出します。しかし、他面、わたしたちは、人格にたいして、たぐいなく大きな、原則的に別種の尊敬をしめすのであります。これは人格にたいする要求とそれにたいする尊敬との結合であって、二つの別べつなものではなく、一つの同じものであります。そして、人格にたいして提出される要求は、それの力と可能性とに対する尊敬をもあらわしているものであり、また、わたしたちの尊敬のなかには、同時に、人格にたいするわたしたちの要求もあらわされているのであります。」[6)]

教師が、彼の指導しようとする集団や子どもに対して、教育目標や教師としての願いに基づいて、断固として要求しぬくことこそ、その集団や子どもを最も大切にし、その可能性を信じ、尊敬しぬくことになるのである。相手の集団や子どもを尊敬せず、可能性を信じていない教師は要求することもしない。まさに、要求がなくては、教育というものはありえないのである。

教師の要求が管理主義的な強制や拘束と異なるのは、それが子どもに対する尊敬に基づいているからである。いいかえれば、それが子どもの発達のための必要と要求を先どりしているからである。たとえは「ベルが鳴れば着席すること」、「わからなければ、わかりませんと言うこと」は、子どもが授業でわかっていくために、まず、必要なことである。それは子どもたち自身の要求でもある。

しかし、子どもは、自己の発達にとって何が必要であり、要求であるかについて、はじめから十分に自覚してはいない。そこで、まず、教師が子どもに断固として要求するのである。

しかし、教師の断固とした要求も、いつまでたっても子どもに、自らの努力すべき課題として受けとめられなければ、それは強制、拘束でしかない。教師の要求は、集団やその成員自身の自覚的要求へと転化しなければならない。それによってはじめて、教師の要求は、集団の規律をつくり出すことが可能になる。そのためには、教師の要求は、集団やその成員に対して納得性をもたなければならない。納得性とは、一つにはその要求に従って行動することが、合理的であり、また集団やその成員の利益につながるものであることを納得させ得ることであり、二つには、正義とか平等、人権の尊重といった道徳的価値からみて、当然必要だと納得させ得ることであり、三つには、マナーや美的価値意識からみて必要だと納得させ得ることである。

たとえば教師は、給食を配る時に、係以外のものは立ち歩かず、座って静かに待つことを要求する。それによって、早く、清潔な食事が出来るからである。また、差別や暴力的行為に対して断固として、やめるよう要求する。それが人間として許されないことだからである。また、だらだらとした、なげやりな、だらしない行動のし方を正すように要求する。それが集団の誇りやきびきびした美しさを崩すからである。教師はその要求を、子どもに納得できるようにわかりやすく説明したり、実感させることができなければならない。

こうして、教師の集団やその成員に対する尊敬に基づいた、しかも彼らを納得させ得る要求が、規律形成の基礎となるのである。

２　規則と規律

すでに述べたように、規則やきまりと規律との間には、共通点と違いがある。つまり、両者とも、一定の行為・行動の型があり、それを守り行うという共通点がある。しかし、規則・きまりは客観的な行動の「枠」として一定の外的拘束力によって守らされるものであるのに対し、規律は教育の結果として、自主的・自覚的に守り行うものである。この点が両者の決定的違いである。集団やその成員が外的拘束力、強制力によって行動する場合と、自主的・自発的に行動する場合とでは、客観的には同じ行動であったとしても、そこでの教育的意味は全く異なってくる。

この点に関しては、大橋精夫が次のように述べている。

「……外見的には同じ行動、同一の道徳規範にしたがう行動が、そのさい子どもがどのような動機にみちびかれるかに応じて、あるいは同じことであるが、彼がその行動によってどのような欲求をみたすかに応じて、まったくちがった経験を生じさせ、したがってまた、まったく異なる性格特徴を彼のうちに形成することができる……。たとえば、仕事を真面目に遂行すること、授業における規律正しさ、教師に対するいんぎんな対応、等々が、子どもたちをそのような行動につき動かす動機しだいで、まったく異なる人格特性の現れとなることができるのである。教師の叱責がこわいからというので仕事に真面目に励むのと、義務感から、あるいは賞賛や良い価値をえようとしてそうするのとでは、けっして同じではない。それらが行動においてはまったく同一の外見上の形態をとることがあるとしても、人格の資質、その姓格特徴としてはまったく異なるであろう。」[7)]

さらに大橋氏の言葉をかりると次のようである。

「訓育過程において子どもに外部からあたえられる行動形態、行動規範は、それを習得する子どもの内的諸条件がどうあるかに応じて、いいかえると、その外的な行動形態行動規範が彼によってどのように理解され、意味づけられるか、彼のどのような欲求や志向、願望や希望をそれがみたすかに応じて、彼の人格の形成および発達にそれぞれ異なる作用をおよばすということである。」[7)]

このように考えると、私たちは学級や学校における子どもたちの生活、学習活動を規則・きまりで拘束して行わせるのではなく、自覚的で自主的な規律によって導くようにしなければならない。つまり、集団や組織の活動においては、その成員が守り行うべき規則・ルール、行動の型があるが、それを外からの強制、監視、脅しのもとで組織すれば、自ら判断することができず、指示がなければ行動しない奴隷的人間を育てることになる。逆に、集団とその成員の自覚的・自主的規律によって行われれば「主人」としての主体的人間を育てることになる。

そこで問われるのは、集団的活動において必要とされる規則、きまり・ルールといったものを、いかにして自主的な規律へと転化させるかということである。

そのために最も重要なことは、第一に、規則・きまりの決定過程の指導である。

民主的集団がもつ自主的規律とは、集団の成員が全員で相談し、討議し、決定したことを、全員で守るということ、つまり、集団による決議・決定への自発的・自主的服従である。自分たちで決めたことを全員が守りきることが、仲間を互いに信頼し、尊敬し、団結をいっそう強め、さらには、自分たちの集団を誇りに思うようにさせる。それによって、はじめて、規則・きまりは集団の成員が主体的に従う自主的規律に転化するのである。

すでに述べたように、規則・きまりは、特定の行動のし方を禁止する、あるいは強要するものであるが、自主的規律ができてくると、その特定の行動のし方だけを守り行うだけではなく、それを、自分たちの誇るべき集団にふさわしい品位ある行動のし方へと一般化し、あらゆる場面でその集団独自の行動のスタイルを作りあげていくようになるのである。

それでは、そのような決定を指導していくために必要なことは何か。

一つには、決定によって集団とその成員に要求される取り組み、義務、仕事といったものが、できる限り具体的にイメージ化されなければならない。そのためには、具体的イメージのわくような原案が必要となる。具体的イメージを持てないままでの討議、決定は、安易な決定を導き、実施の段階で不満や、困難が生じて、決定をきちんと守っていくことができない。集団が原案に基づき討議し、決定していく過程は、その決定に従っての集団の取り組み全体についてのイメージを共有していく過程でなければならない。

二つには、安易な多数決による決定ではなく、集団の成員が本音を出しあい、損得も含めて、価値の高低、正当性、合理性のあるなしを論議したうえで、全員一致、あるいは全班一致といった慎重な決定のし方をとる必要がある。決定内容についての納得性つまり合理性や正当性や価値を論議しない決定は、数の論理、いいかえれば力の論理による決定となる。そうした決定のし方では自主的規律は形成されにくく、また民主的決定のあり方を教えることもできない。なぜなら、民主的決定とは多数者の意志が反映する決定、つまり数の論理による決定ではなく、何が真理・真実であり正義であるかが自由に論議され、真理・真実・正義に全員がすなおに従うことのできる決定のあり方だからである。論理で勝っても数で負ける決定ではなく、真理・真実や正義が力をもつ決定である。そうであれば、納得性をめぐっての集団の全員参加による論議をつくした慎重な決定が必要となる。慎重で真剣な討議を経れば経るほど、その決定を守り、実現しようとする集団の意志は強固なものとなるのである。

規則・きまりを規律へと転化させることにとって重要なことは、第二に、決定したことを正確に、きちんと実行し、達成させる指導である。どんなに合理性、正当性のあることを全員で決定しても、それが実行され、達成されなければ、集団に対する信頼は薄れ、みんなで決めたことは自主的に守るという自主的規律は形成されない。そこで、集団が自ら決定したことを達成していくために、互いに点検し、相互に励まし合いながら取り組む体制が必要である。したがって、決定した規則やきまりが、どの程度達成されているかを、常に点検、評価する制度が必要となる。たとえば日直制とは、自分たちで決めたことを、自分たちが実現できているかを、自分たちで点検するための制度である。

こうした集団自身による点検・評価によって、集団の取り組みの問題点や弱さが明らかになれば、教師は、ふたたび討議させ、決定内容に問題はないか、相互の協力や援助体制に問題はないかを検討し、それらを克服していくように指導しなければならない。

こうして、集団生活に必要な規則・きまりを、主体的に一つ一つ確実に決定し、守りきっていくことの積み重ねのなかで、自主的な規律は形成されていくのである。

注

１）『マカレンコ全集』第６巻（明治図書、1965）
２）小川太郎『小川太郎教育学著作集』第４巻（青木書店、1980）
３）藤井敏彦「マカレンコにおける集団の問題」『生活指導』№30（1961 年 12 月、明治図書）
４）城丸章夫「規律・解放・しつけ・自主性」『生活指導』№31、（1962 年１月、明治図書）
５）坂本泰造「自主的規律をどうつくりあげていくか」『生活指導』№251（1978 年、11 月、明治図書）
６）マカレンコ、矢川徳光訳『集団主義と教育学』（明治図書、1960）
７）大橋精夫「現代ソビエトの訓育論の理論的基礎」『講座・現代教育学の理論』第３巻（青木書店、1982）

第4章　指導的評価活動概念の再検討

はじめに

「指導的評価活動」は、1970年代、学習集団による授業指導や集団づくりによる生活指導の実践と研究のなかで追究され、おおよその概念規定も実践的方法や手立ても明らかにされたと考える。1981年刊の『教授学重要用語300の基礎知識』（明治図書）では、「指導的評価活動とは、教授＝学習活動に内在して発動される教師による日々、刻々の評価活動のこと」と規程している。1987年刊の『現代授業研究大事典』（明治図書）では、「授業進行の過程において発動される教師の指導行為の一形態としての評価」とし、具体的な指導方法のあり方を論じている。

指導的評価活動は、海外から紹介されたような特別な理論や教育方法・技術ではなく、経験豊かな教師なら、自ずと身につけていく実践的に有効な指導の方法・手立てである。したがって、「指導的評価活動」という言葉は、70年代に理論的に整理された後、特に教育論争のテーマになることもなく、教員養成の場や教員研修の場、授業研究の場で普通に使われてきたと考える。しかし、「普通に使われてきた」なかで、この用語の概念が、いくらか曖昧に使われている事例にも出会うようになった。

そこで、この小論では、改めて「指導的評価活動」という概念を、基本に戻って確かめてみたいと考える。

一 「評価」概念と社会的機能

人間社会では、歴史的にみてもあらゆる領域で「評価」がたいへん重要な役割を果たしてきた。誰が評価の主体となり、誰を評価の対象とし、何をどのように評価するかは実に多様である。教育の世界でも、様々な領域で多様な形態で評価活動が行われる。それらの一つとして「指導的評価活動」を取り上げることができる。ここで、「指導的評価活動」について論ずる前に、そもそも「評価」とは何か、それがどのように行われているか、その今日的情況を検討する。

1　現代は「評価の時代」

学校教育では、小学生の「あゆみ」や通知表の成績評価から始まって、勤務評定、学校の外部評価、大学の自己点検評価等々、教育の世界は評価に満ちている。教育の世界だけでなく、社会そのものが評価に満ちている。

企業の株式評価や業務評価、人事考課、TV の視聴率、環境アセスメント等々。また、お買い物商品の評価もある。商品の紹介と評価を売り物にしている雑誌があふれ、インターネット上では、「価格 .com」など購買者による商品評価を無選別に掲載しているサイトも見られる。原発のストレステストは「耐性評価」と訳されている。さらに言えば、芥川賞や直木賞なども評価であり、ノーベル賞も一種の評価である。

格付け会社による格付けも典型的な評価である。AAA とか AAa 等と評価し、各国の国債や企業の債権の格付けしている。その「信用格付け」が通貨の為替相場や株価に大きな影響を与える。その評価に、投資家だけでなく、世界中の政府・経済界が右往左往する。しかし、格付けと言っても、実は、ムーディーズやスタンダード・アンド・プアーズといった、単なる民間企業である格付け会社の「意見の表明」に過ぎない。しかも、それはその会社や通貨の「将来についての評価」だから、どうしても主観的な評価になる。その「意見の表明」に世界中の金融関係が過剰に反応する。スタンダード・アンド・プアーズが、2011年にアメリカの国債の格付けを、AAAからAA+に格下げした（米国債ショック）。それに対して、ブッシュ大統領が不満を述べたことがニュースになった。小さな格付け会社の「主観的な意見表明」に過ぎない評価に、世界の大国が動揺するのである。

このように見てくると、小学生の成績評価から世界中の国の経済や通貨の評価まで、世の中は評価にあふれて、その評価はインターネットを通じて世界中に一機に広まる。そして世界中の人びとから企業、政府、国家までがその影響を受けるのである。まさに、現代は「評価の時代」である。しかし、そもそも「評価」とは何か。

2　評価とは何か～ 評価の語源

「評価」という言葉は、明治時代に欧米の用語から訳された翻訳漢語と考えられる。筆者が調べた限りでは、日本語への訳者が誰かははっきりしない。関連する元の言葉は、valuation（英）、évaluation（仏）、estimate（英）、appraisal（英）、Einschätzung（独）、Schätzung（独）等々である。それぞれ多様な語源を持つ。一つだけ取りあげると、一般に「評価」と訳される英語のvaluationやフランス語のévaluationは、ラテン語valereから、古フランス語を経由して16世紀頃、英語に入ってきたとされる。valereは「価値がある」「査定する」を意味した。[1)]

このようにみると、欧州の言語における評価（valuation）は、ラテン語以来、基本的な意味をほとんど変えず、「評価する、値踏みする、査定する」という意味で使われてきた。それは、「税金を取るために、財産などを査定する」、「売買の対象になるものについて値ぶみをすること、すなわち価格を決めること」[2)]の意味を持つ。

もとからあった日本語としては、「ねづもり」「ねぶみ」である。つまり、本来「値段をきめること」であったが、明治時代には「価値を判断すること」といった意味へと転じたと考えられる。

3　評価の定義と特質

この翻訳漢語「評価」の原義から察すると、評価はもともと税金・年貢を取り立てるために、相手の財産を査定、値ぶみすることである。すると、評価の結果は相手に示されなくてはならない。日常的には、評価が内面的な認識活動として使われる例も多い。たとえば、夏目漱石の『こころ』には「私の論文は自分が評価しているほどに、教授の目にはよく見えなかったらしい」とある。このように、外に表明されないで内面的に価値判断することにも「評価」という言葉は使われる。しかし、ここで教育活動における「評価」を論ずる際は、その原義から考えて、その使用範囲を限定して、外部に価値判断を表明することと規定することが妥当である。

つまり、評価は人間の認識活動に関わるが、内面的な認識活動に留まらない。「判断」という認識活動は人の内面的活動だから、判断を外部に表明する場合は、「判断を下す」、「判断を示す」と言う。それに対して、「評価」は価値判断を外部に表明することである。「判断」の過程で価値づけしたものを、何らかの目的のために外部に表明するのが「評価」だと概念規定すると「判断」との区別がつきやすくなる。「外部に表明する」ことと定義することで、評価は社会的活動であり、社会的役割と機能をもつことが明確になる。

4　「評価」のもつ社会的役割と機能

以上をもとに考えると、評価は次のような4つの社会的役割と機能をもつと整理することができる。

①税金徴収、売買等のために、対象のもつ価値・価格を査定する。
②たんに経済的な交換価値ではなく、広くなんらかの対象（たとえば学説、芸術作品、人物およびその行動など）について、真偽・善悪・美醜・有用性などの観点からその価値をきめる。[2)]
③上記②の価値判断に基づいて、対象を選考、選別、序列化する。入学試験や就職試験における評価が典型であり、さらに芥川賞・直木賞・ノーベル賞等もこれに含まれる。

④上記②の価値判断が人びとの達成を明らかにすると同時に、それが、さらなる努力、競争、学習等の動機・目標として機能する。

「評価の時代」としての現代では、個人の生活からグローバルな経済活動に至るまで、人間の社会的活動のあらゆる場面で評価が機能している。しかし、ここでは、教育活動における評価に限定して見ていくことにする。

5　教育活動における評価

評価は現代社会で重要な社会的役割と機能を果たしている。今日の社会では、何らかの評価と無関係に働き生きていくことは、ほとんどできないとさえ言える。（もちろん、この評価から外れることを意志的に選ぶことで、新しい生き方を求める人びとがいるが、それはここでは論じないことにする。）

この重要な社会的役割と機能を果たしている評価は、どれだけ適正・公正に、厳密で正確な客観性をもって機能しているのだろうか。私たちは、それをきちんと見すえて自分が関わる評価と付き合う必要がある。ここでは、教育の領域での評価を取り上げて、この問題について考えることにする。

教育活動における評価の機能を、大まかに次の３つに整理してみる。

①受験制度における評価～測定・判定としての評価。つまり選別・選抜、序列化のための評価。

②教育的評価～教師や教育機関の達成と指導課題を明らかにする評価。

③指導的評価活動～指導活動そのものとしての評価。

二　教育活動における評価の役割・機能

1　「選考・選別、序列化」のための評価

評価の持つ社会的役割と機能として、対象を選考・選別、序列化する機能がある。一つの社会的組織や機関が、その維持と発展のために新しい構成員を受け入れる場合には、多数の希望者のなかから、何らかのやり方で

新メンバーを選抜する必要がある。抽選という方法も一つのやり方である。しかし、厳しい競争的関係におかれた企業などでは、その組織・機関の発展を考え、業務や活動内容に即して希望者を評価し、より能力が高いと推定できる人を選抜する必要がある。こうして、評価はまずは選ぶ側にとって必要であり、そこで選抜する評価の基準と方法は選ぶ側の専決事項である。

人間社会における教育は、本来、その社会の新しい構成員として加わってくるすべての子どもたちに、その社会が達成した知識や技術、文化を獲得させ、人間的諸能力の発達を達成させていくという根本的機能をもっている。つまり、社会の存続と発展のためにこそ、子どもたちを教育しなくてはならない。同時に、教育は子どもたちの中から、より高い能力を持つ者を選別・選抜、序列化する機能を本質的にもっている。特に近代学校教育制度が成立していくなかでは、厳しい競争的状況における近代国家と産業経済の発展にとって、選別・選抜・序列化が学校教育の持つ重要な役割として機能してきた。一方、入学・進学の際の、また就職の際に行われる選別・選抜のための評価は、子ども・若者たちのその後の人生に、たいへん大きな、時には決定的な影響をおよぼす。したがって、ここで行われる評価に人びとは重大な関心をもち、それが厳正、公正、平等に行われることを求める。

２　評価の客観性

評価は、対象についての価値判断を外部に表明することだから、社会的役割をもち社会的影響を与える。つまり、「選考・選別、序列化」の機能をもつ評価は、その評価を行った企業や組織の業績に影響するだけではない。一度、評価が出されると、その評価が、評価された人の将来の仕事や生活に大変大きな影響を及ぼす。したがって、学校教育のような公的な機関では、その評価が公正、適正かどうか、とりわけ「客観性」があるかどうかが強く問われる。

このように「選考・選別、序列化」に関わる評価は、客観性が強く求められる。しかし、そこでの人物に関わる評価は、格付け会社の評価がその会社や通貨の「将来についての評価」であるのと同じように、その人物の「将来への評価」という役割をもっているために、客観性を確保するのは大変難しい。ある人物の将来性など事前に確定できないからである。また、人間の評価すべき側面は、能力、社会性、人柄、個性、容貌……等々と極めて多面的である。また、ここでいう能力も、数学的能力、文学的能力、独創性、コミュニケーション能力……等々と際限なく設定できる。したがって、評価の厳密な客観性など、基本的にあり得ないといえる。

それでも、「客観性」を強く求められる評価は、客観性を担保するために、次のような神話を前提とする。一つは、人間の能力は、身長・体重のように、数値的に「測定」できる側面に限定して捉えることができる。これらは平均値のような評価の基準値を設定して評価することができる。二つは、その限定した側面の評価（例えば、数学、国語、英語等の教科の学習成績）が、その他の側面（社会的能力、コミュニケーション能力、独創性、人間性、人柄等々）と相関すると考える。三つは、これまでに達成した評価が「将来への評価」を保証する。こうした前提（神話）のうえに受験制度は、正当性のあるものとして社会的に承認され成立する。つまり、個性、独創性、人間性、人柄、社会性といった客観的評価の難しいものを評価の対象から外し、測定可能なものに限定しても、評価の客観性を確保することができるとする。

もちろん、個性、独創性、人間性、人柄の良さといった人物評価の大切さも指摘される。そこで、面接や集団討論や小論文などが取り入れられる。しかし、これらは評価者の「主観性」を排除できず、「客観性」を厳密に問われると、その説明は簡単ではない。したがって、面接や集団討論や小論文等での評価を、一旦「数値化」する。数値化することで、その評価は客観的なものとして機能しはじめる。

「選考・選別、序列化」としての評価は、数値化することによって、客観的に厳正、公正に実施していると装うことが可能になる。つまり、その運用を厳格、厳密、平等に行うことで、入試の公正性したがって客観性も守られているとイメージすることができる。大学センター試験では、全国一斉に同一条件で試験が実施されるように取り組まれる。一つの試験室が１分早く試験を終わったことが、全国ニュースになる。それほど厳格に実施されている、と人びとは感じることができる。マークシート式が受入れられたのも、コンピューター処理がし易く時間とコストがかからないというだけなく、論述式や面接・口頭試問による試験官の主観性が排除できると見えるからである。

大学入試改革の「思考力、判断力、表現力」といった考える力全般を測るという流れから、文部科学省が、選択式だけでなく長文の記述式問題を取り入れ、そのためにコンピューターによる採点支援を検討するという報道がなされている。（朝日新聞朝刊、2015.6.14）これについては、今後、様々な検討、論議が行われると思われるが、コンピューター処理によって、どれだけ客観性が保証できるかが大きな課題となると思われる。

３　科学と数値化

評価の主観性、曖昧さを避け客観性を維持するために、評価を数値化する取組は、入試だけでなく、あらゆる領域で行われる。この数値化への情熱の原型は、科学史のなかに見ることができる。

新井紀子は、「数学は言葉」という雑誌記事の中で次のように語っている。

> 「数学の言葉が圧倒的な力を持つようになったのは、近代科学と民主主義が双子の兄弟のように生まれた17世紀のことです。……ガリレオが17世紀初頭に、数学が物理現象つまり動的な現象を表現するのにピッタリな言葉だということを発見した。……宇宙（物理）は数学の言葉で記述できる、と明確に意識したのはガリレオだったのだろうと思います。」「世界は数学によって予測可能であるという機械的世界観と、人間の合理的判断への信頼に基づく民主主義は同じ根っこを持っているんですね。」（３）

ガリレオやニュートンによって、数学が物理学に言葉を提供し、それがあまりにうまくいったので、他の学問もそれを目指すようになる。

「20世紀になると、数学で書けなければ科学じゃないという烙印を押されるようになる。そうなると、二級市民扱いを脱するために、とにかく数学の言葉で書こうとする。心理学や教育学にまで数学を持ち込もうとする風潮がありますね。」(3)

この新井の指摘は、特に新しいものではない。そして、この「風潮」が問題なのではない。むしろ、新井の指摘していない、次のことが問題なのである。

よく知られているように、古代ギリシャ以来、「知（科学）」と「技術」は別々のものとして発展してきた。17世紀になって、科学と技術の統合のなかで、科学的認識と技術の混同が起こってくる。それを川崎謙は「認識の技術化」と表現する。4)

西欧自然科学史上、認識の技術化はガリレオに始まるとされる。つまり、観察と実験の結果を数学的に記述することを始めたのである。

本来は認識が目的である科学の営みを、ガリレオは運動理論を展開してゆく中で、運動の「原因」としての力を切り離し、出来事としての運動の「形態」だけで問題とすることにした。「その原因は何であれ」（ガリレオ）、運動が数学的に記述され、実験の内に捉えられれば、その運動は「分かった」とされることになった。川崎は次のように述べる。

認識とは原因を問うはずのものです。通常、認識において追求される「分かった」とは、その原因を特定してこそ成立するはずです。しかし、技術化が完了した西欧自然科学での「分かった」は、「その原因が何であれ」数学的記述の完成と等価である、とされたのです。その結果、原因を認識するための努力は、実験結果を数学的に記述する努力に置き換えられました。この置き換えによって、西欧自然科学の関心は、「ある現象の原因を特

定すること」から、「その現象の数学的記述を現実のものにすること」へと移りました。(4)

もっと遡ると、現象学の創始者フッサールが指摘している。フッサールは「ガリレオによる自然の数学化」と呼んでいる。つまり、

ガリレオは、物体のもつ諸性質のうち、形、数、運動、大小、時空位置などを「一次性質」と呼び、これを物体から分離することのできない実在的性質と考えた。それに対して、物体の色、音、味、匂いなどは人間の感覚器官を通じてのみ現れる見かけ上の性質であると考え、これらを「二次性質」と呼んだ。一次性質は感覚器官から独立の客観的性質であるのに対し、二次性質は感覚器官とともに生成消滅する主観的性質にすぎないのである。……ガリレオはこの区別に基づいて、自然界を構成する実在的性質は定量的に測定可能な一次性質のみであると考え、数量化できない定性的な二次性質を自然認識の対象から除外した。……

現象学の創始者フッサールは、このような自然観の転換を「ガリレオによる自然の数学化」と呼んだ。彼によれば、われわれ人間が生きている世界は、二次性質や心的述語（嬉しい、悲しい、痛い、等）に彩られ、感覚や感情に満ち溢れた「生活世界（Lebenswelt)」なのである。だが、客観的な一次性質の間の数量的関係のみを考察する物理学によっては、この生活世界のあり方を十全に把握することはできない。それゆえフッサールはガリレオについて「物理学の、したがってまた物理的自然の発見者ガリレオは、発見する天才であると同時に隠蔽する天才でもあるのだ」と述べている。(5)

この数学の言葉の威力は絶大だった。とりわけ、ニュートン力学では、天体の運動が数学的に正確に予測された。そして、あらゆる学問、科学の理想とされた。つまり、数学的記述をすれば科学的になると。しかし、数量化すれば対象が見えるのではない。見えるためには「因果関係」が見え

る必要がある。数量化は、見えるための有力な武器であり、それによって予測ができるから、見えたように思うが、なぜそうなるかが見えたわけではないのである。

「評価の数値化」の問題は、単純にこれと同じとは言えない。確かに評価の科学化、客観化は教育学研究でも重要なテーマである。そして、評価の数値化によって「選考・選別、序列化」という学校教育の持つ本質的役割は有効に果たせるから、数値化の研究も進められている。しかし、どれほど精密な数値化をしても、それで対象人物の価値・可能性の全体が客観的にとらえられるわけではない。対象の持つ価値のほんの一側面がとらえられるに過ぎない。数値化による限界と、それによって見えなくなるものが、いかに多くあるかは認識しておく必要がある。

教育における評価では、子ども・若者を完璧に捉える評価などあり得ないし、また必要でもない。曖昧さや主観性を不可避的にもつ評価を教育の「結果」とするのでなく、教育の「出発点」とするのが指導としての教育評価である。評価が終われば教育が終了するのではない。評価することで評価した相手に対する責任ある指導が始まるのである。

4　教育的評価の対象～教師や教育機関の達成と指導課題を明らかにする評価

「評価」は、しばしば「教育評価」の意味で使われる。教育評価は、教師の指導活動と子どもたちの学習活動の達成と成果を明らかにし、その調整や改善をめざして行われるものである。その評価の対象は、例えば、子どもたちの学力評価、教師の教育実践的力量、学校経営と教育課程編成、教育行政のあり方等々である。評価を行う主体として、教師、子ども自身、保護者や地域住民、教育行政機関等がある。こうして教育評価研究の対象はたいへん広範囲のものであり、これが教育評価研究の本体である。しかし、これらを取り上げるのはこの小論の課題ではない。

三　指導的評価活動

さきに、「評価の持つ社会的役割と機能」の項で、４つ目に、評価による「価値判断が人びとの達成を明らかにすると同時に、さらなる努力、競争、学習等の動機・目標として機能する」と述べた。つまり、教育過程における教師の評価活動が指導的機能と役割を持つのである。それが「指導的評価活動」として論じられてきたのである。

1　指導的評価活動の特質

指導的評価活動は次のような特質を持つ。

一つには、指導的評価活動は教師の価値判断の表明であるが、それは、何らかの基準、数値目標に照らしての客観的な判断（測定、判定）ではなく、教師の主観的価値判断として行われる。教師が子どもを、「いまの説明の仕方、上手だね！」「自分一人で出来たね！」とほめてやれば、子どもは頑張る。大人でも同じである。例えば、上司が会議での部下の発言をとらえて「さっきの君の指摘は、問題の本質を突いてて良かったよ」と評価すれば、若い部下は励まされ積極的に発言するようになる。

何か達成目標や基準を教師が決めたり子どもと約束して、その基準に照らして評価するのではない。教師の指導的評価活動は、教師の主観的価値判断であり、その都度の恣意的な評価である。したがって、子どもたちにはそれを受け入れる義務はない。だだ一般に、教師が指導的評価活動をすると、子どもたちはそれを受けとめ、自分もできるようになろうと頑張るのである。なぜなら、子どもたちと教師との間には、指導が成立する人間的関係が成立しているのが普通だからである。

指導が成立するためには、二つの条件が必要である。①指導する者と指導される者との間に人間的な交流関係・信頼関係が成立していること、②指導する内容が、相手を納得させ見通しを与えるだけの正当性や合理性・科学性をもつこと。[6)]

教師と子どもたちの間に人間的関係が成立しており、教師の評価内容が子どもたちに納得できるものであれば、教師の主観的で恣意的な価値判断でも、子どもたちは受け入れ、頑張ろうとするのである。

二つに、指導的評価活動は、一般に「ほめる」ことと同一視されることが多い。しかし、価値判断の表明は常に肯定的に「ほめる」だけではない。子どもたちに望ましくない言動があれば、「先生は仲間を傷つける言葉は嫌いだ」といった否定的な形の評価活動も必要である。ただ、教師と子どもたちの間に人間的信頼関係が出来ていない初期の段階では、「ほめる」という肯定的評価を中心とする必要がある。やがて確かな信頼関係ができてくると、否定的な評価であっても、子どもたちは受けとめるのである。

三つに、指導的評価活動とは、教師の子どもたちへの教育的な「要求、願い」である。それを子どもたちに直接的に示し要求するのではなく、教師の価値観や価値判断を表明する形で指導するのである。それによって、子どもたちは受け身的に行おうとするのでなく、主体的に身につけようとするのである。

また、この「要求と願い」は、子どもたちの成長とともに変化・発展するものである。何でもやたらほめるだけでは育たない。たいして頑張っていないのに何でもほめられたら、この程度で良いんだと頑張らなくなる。子どもの一歩先の課題に向かって、また子どもに未来への見通しを感じさせる評価が必要である。「○○ができたね！、もうすぐ△△もできるようになるね！」と評価する。そして評価する内容を、子どもの成長を導くように高めていく必要がある。

2　指導的評価活動の方法

以上をふまえて、指導的評価活動の具体的な実践的ポイントを整理する。

①みんなの前で評価する。

教師はクラスのみんなを育てたいと願っている。だから、一人の子どもの素敵な取り組みをクラスのみんなにも広げたい。したがって、みんなの前で褒める必要がある。一人だけ呼び出して、個人的に褒めても、みんなのものとして広がらない。
②その場で評価する。
一人の子どもの素晴らしい頑張りは、その場、その時点で褒めないとみんなのものにならない。忘れた頃に評価しても、子どもたちにものにならない。
③具体的に評価する。
クラスのみんなは、先生が評価した仲間の頑張り方から学んでいくのだから、その子のどんなやり方を先生がほめたのかが具体的に見えないと学べない。だから教師は、具体的にどこが優れているか具体的に示してほめる必要がある。
④一人ひとりの発達の歴史のなかで評価する。
クラスみんなの中で比べて、優れた子どもを評価するやり方では、いつも同じ子どもがほめられることになる。しかし、一人の子どもの発達の歴史の中で評価するなら、誰でもその頑張りをほめてやることができる。
⑤子どもの心に響くように評価する。
教師は無表情な固い顔をしてほめても子どもの心に届かない。子どもの心に響くような表現力が必要である。ただ、幼児をほめるときと、高校生をほめる時と、大人をほめる時では、当然、表現の仕方は違ってくる。「優れた教師は豊かな言葉を持っている」と言われるが、指導的評価活動にこそ、それは現れる。
⑥教えて、やらせて、ほめる。
指導的評価活動の大切さを理解した教師が、何か評価できることがないか探していることがある。しかし、子どもたちや学級の成長へ課題が一番見えるのは教師である。教師は子どもたちに獲得してもらいたい要求や願いを持って、評価する機会を「待ち構えて」評価する必要がある。しかし、子どもたちの中から、なかなか出てこない時は、教師が「こうしたら良いよ」と教えてあげる。それを受け入れて子どもたちが頑張ったら、大袈裟にほめてやれば良いのである。
⑦評価基準を上げていく。

いつまでも、同じ内容で評価していたら、子どもたちは成長しない。教師がねらいを定めて評価していたことが、多くの子どもたちの中に定着したら、次の見通しに向かって評価基準を上げていかなくてはならない。

3　対等な人間としての評価

指導は、相手との「人間的な交流関係・信頼関係」の上に成立するという本質的特質があると述べた。指導的評価活動にも共通する特質である。しかし、評価は、普通は評価する立場の者が「上から目線」になることが多いという指摘がある。

岸見一郎は次のように述べる。[7)]

「ほめるというのは、能力のある人が能力のない人に、あなたは〈よい〉と上から下へと相手を判断し評価する言葉ですから、下に置かれたひとは愉快ではないのです。」したがって「ほめるのとは違って、すなわち、評価するのではなく、喜びを共有すること、自分の気持ちを伝えることは勇気づけになります。」だから、「ありがとう」「うれしい」「助かった」という言葉をかけるというのである。

しかし、教師と子ども・生徒は、言葉の意味のまま全く対等なのではない。両者の間には、知識の量や能力、経験に圧倒的な差がある。だから教育が成り立つのである。そして子どもたちに獲得・達成してほしい要求・願いを持って子どもたちの前に立つ。だが人間としては「対等」である。したがって教師は、子どもたちに対して成長への可能性をもったかけがえのない人格として接し、「敬意」をもって指導的評価活動を行うのである。

引用・参考文献

1）安田女子大学文学部 加島康彦先生の教示による。
2）『哲学辞典 増補版』、青木書店、1973。
3）新井紀子「数学は言葉」『考える人』№52、2015 春。p.18 ～ 19
4）川崎謙、『神と自然の科学史』、講談社、2005、p.35。
5）野家啓一、『科学哲学への招待』ちくま学芸文庫、2015.3、p.64 ～ 65
6）城丸章夫、『城丸章夫著作集 第８巻』、青木書店、1993。

７）岸見一郎、『アドラー心理学入門』、ワニの NEW 新書、1999。

Ⅳ　基礎理論研究

第1章　科学的訓育論における「生活」概念の検討

――戦前の生活指導運動を中心に――

一　研究意図

生活綴方運動以来、我が国の民間の教師たちの手で生み出され、発展させられてきた「生活指導」の理論的、実践的追究の成果は、我が国の教育の誇るべき歴史的偉業である。生活指導の運動は、我が国における科学的訓育論の探究において、常に中心的役割をはたしてきたといってよい。

生活指導運動は戦前の生活綴方運動、生活学校運動、新興教育運動等、さらに「山びこ学校」ではじまる戦後の生活綴方運動から「仲間づくり」「自治的集団づくり」にいたるまで、様々な教育運動として進められてきた。その理論と実践形態は極めて多様であり、論者の数だけの生活指導論があると思われるほど変化に富んでいる。しかし民間の生活指導運動のなかで常に貫かれているのは、子どもの家庭、地域、学校における社会的、集団的「生活」への着目であり、またその組織化ということである。今日の生活指導運動の中心的位置をしめている自治的集団づくりのとりくみも学校内外での子どもたちの集団的生活に着目し、それを、民主的、自治的なものとして組織していくことによって、民主的人格の形成をめざすものである。

ところで、自治的集団づくりによる生活指導運動の中心的にない手である全国生活指導研究協議会（全生研）や全国高校生活指導研究協議会（高生研）は、1960年代から70年代前半にかけて、「班・核・討議づくり」を基礎とする学級集団づくりの実践を展開してきた。そして、それは高く評価すべき成果をあげてきたといえる。しかし、今日の生活指導運動のあり方を考えると、生活指導運動は、学級や学校における子どもたちの集団的生活だけでなく、子どもの生活をトータルにとらえ直す必要にせまられている。それは、子どもたちの発達と教育をめぐる状況が大きく変動してくるなかで、集団づくりの実践を展開する前提となるべき基礎的な人間的諸能力さえ欠落した子どもたちが現われてきたからである。従来ならば、乳幼児期に、家庭や地域の生活のなかで自然に身につけてきた人間的諸能力の基礎、たとえば、基本的生活習慣を身につけること、人や物に働きかけたり、他の人と応答関係をもつことのできること、その中で喜びや怒り、悲しみの感情を共有することができるなど、社会的人間としての基礎的諸能力が、充分形成されないまま学童期に入ってくる子どもがふえてきている。

そこには、単に子どもの生活の変化という問題だけでなく、子どもの生活の「希薄化」ともいえる状況がある。それに対し、集団づくりの実践も新たな展開が必要となり、全生研なども、「文化としてのからだ」の問題などを通して子どものとらえ直しをすすめ、実践を発展させてきたのである。生活指導は常に、「子どもの生活を指導する」教育的営みであったのだが、このような「生活の希薄化」ともいえる状況を考えると、現代の生活指導運動においては、何を子どもの「生活」ととらえ、それをどのようなものとして組織するかを改めて問う必要がでてきている。この課題を追究するために、本論では、我国の生活指導運動において、「生活」がどのようにとらえられ、組織されていったのかを検討し、そのことによって、今日の生活指導運動における「生活」概念をとらえ直す視点を明らかにしたいと思う。今回は、とくに戦前における生活指導運動において、中心的役割をはたした人物の見解をとりあげて検討することにしたい。

二　戦前の生活指導運動における「生活」のとらえ方

1　野村芳兵衛

野村芳兵衛（1896 ～ 1986）の「生活」のとらえ方は、彼の生活教育論の発展に伴って変化していく。その点については川合章氏が、「戦前日本に着ける生活教育論について」という論文においてふれている。[1] 川合氏によれば、1925～6年頃の野村の生活のとらえ方は、彼の「生きることは育つことである。育つことは教育である。生活の相は直ちに教育の相である。」「ほんとうな生活と言ふこと以外に教育はない。」[2] という言葉に見られるように、「この時期の野村の『生活』は、現実の社会生活というよりは、『教育生活』であり、教師と子どもとの、学校での共同生活であった。」[3]

こうした野村の生命主義的生活教育論が変化していくのは、川合氏によれば、1928年、『教育時論』誌上で行われた「教育の政治化問題論争」をきっかけとする。「……野村は、この論争をつうじて、教育の自律性を強調する余り、教育と政治、社会との深いかかわりを無視しがちであったことを自覚せざるをえなかったのであろう。」[4]「野村は社会に開眼していく過程で、教育も子どもも、政治統制、資本主義的訓練の対象とされている事実をふまえ、子どもたちに自らの生活の解放をかちとらせるため、科学的態度、科学的認識を育て、団結することのできる『生活技術』を『訓練』することが、教育、生活教育の基本課題だとする認識に到達した。」[5]

こうして川合氏が指摘するように、野村は、「社会に開眼していく」なかで、彼の「生活」のとらえ方も変化させていくのであるが、しかし、このように変化していったとしても彼の「生活」のとらえ方は、基本的には彼が実践の対象とした子どもたちの生活のあり方に強く影響されていったと思われる。そこで、「児童の村小学校」における彼の実践をとおして、彼の、特に初期の「生活」のとらえ方を中心に検討することにする。

野村は、1924（大正13）年、岐阜女子師範学校付属小学校訓導をやめ、開校早々の池袋児童の村小学校の訓導として着任した。児童の村小学校は大正デモクラシーの時代に、自由主義的な新教育運動のなかで創設されたいくつかの私立学校の1つとして生まれた。

「池袋児童の村小学校要覧」には、次のように記してある。「……教師対生徒と云ふ観念に囚はるる処なく、教科目や教授時間、はては教授法などと云ふものに縛らるることなく、児童らしき生活を生活せしむる場所としての新しい学校、われらの共同生活の場所であり、吾等の研究所であり、われらの労働所であり、われらの娯楽所であり、われらの競技所であり、然してわれらの安息所たるべき楽しい場所、即ち子供たちの生活の場所、それがわが児童の村である。」[6] これを見ても、児童の村小学校が児童中心主義的な自由主義教育をめざしていたことがわかる。

野村がそこで最初に見た実践は、次のようなものであった。

「……『先生、この学校は、何をやってもいい学校なんだろう。新聞に出ていたよ。自由教育だってね。』私は、最初から、子どもたちに、あおられてしまった。そこで、何糞と出るなら、別の展開になったであろうが、私は、山奥の猿で、『児童の村教育要覧』に示された通りに、子どもたちは、場所を選ぶ自由があり、時間を選ぶ自由があり、先生を選ぶ自由があり、教材を選ぶ自由があることを、忠実に実践してみようとしたのである。もっと厄介なことには、そうやれば、子どもたちは、どんどん勉強をし出すにちがいないと勝手に信じていたのである。

ところが、子どもたちは、少しも勉強などはしない。日本間の教室を、２階から下へ、下から２階へと、鬼子をしたり、かくれんぼをしたり、キャッ、キャッ、キャッと、子猿のように飛回っているし、昼になると、野原へ出て弁当を食べたり庭の椎の木へ登って弁当を食べたりする。野原では、きょうもあすもと戦争ごっこである。平田さんは、こうした子どもたちに混って、飛回っているかと思うと、縁側で、戦争ごっこの刀を子どもたちと作っている。……私は、こんなことをやってよいのだろうかと、ゆううつな毎日であった。恥ずかしいけれど、帰国するより他には道がないと考えて、野口先生に会い、『この教育は間違っていたと公表してください。私は国へ帰ります』と、訴えた。

先生は、『教育の効果などというものは、そんなに早くわかるものではない。まだ、あきらめるのは早いよ』と言われた。それで私もとにかく、駄目ならば駄目と、この自分のからだで確かめるまでは、帰るまいと決心して、やっと心がおちついたのであった。」[7]

こうして、野村は、当初、児童の村小学校に幻滅をいだくのであるが、やがて、信州の野尻湖畔での「夏の学校」を指導するなかで、認識の転換をとげていく。

「やっと、私にも、教科書の勉強は、一先ず別にして、教育には、こうしたあそびから直接展開する、子どもらしい創造や研究が豊かにあるのだということが、わかるようになった。そして、自然の中の子どもたちというものを、勇敢に認めるべきだということがわかってきた。」[8]

野村は、岐阜県下の公立小学較での教職経験を通して、都市中産階級の子どものあそび生活を批判し、そして、自然のなかでの豊かな子どものあそびの教育的価値を認めるようになる。「……東京で、子どもたちをあそばせていた頃、深く苦しんでいた私も、野尻湖畔の夏の学校に行ってみて、初めて、『なるほど、ルソーが、エミールを田舎へつれて行ったのはもっともだな』と、感銘を深くしたのであった。」[9]

このような、自然の中での子どものあそびの価値を自覚していくなかで彼の中に形成されていった子ども観は、「原始子供」観である。「子供の最もよい遊びの場所は、野であって、教室ではない。なぜならば、子供は野人であり、家は文化人の住む所だからである。」[10]

しかし、また、野村は子どもを原始の野生児、原始子どもとしてとらえながら、それに対する教育的指導の必要を主張する。「要するに子供は野の人である。だから子供に野の生活をさせることは当然でもあり、必要でもある。だが子供は原始人の如く一生を野人で終わることは出来ない——これが仮りに幸福だったにしても、事実はそれを許さない。——二十年後にはこの社会人となるのである。否、毎日々々を父母と云ふ文化人と共に同じ家の中に生活しているのである。だから教育の願いを万人の共生に置くものは、決して子どもの野人的要求だけに教育の仕事を見出して行くことは出来ない。」[11] そして、さらに次のように述べている。「……生活教育の対象とすべき生活は、現実の現代社会であるべきことが客観的に要求される。

従って……吾々の生活教育は、単に子供達の本能に信頼してのみ実践されるべきでなく、現代生活に対する科学的な認識を基礎として、科学的生活法を訓練づけねばならぬ必要に当面するのである。」[12)]

それでは、野村は子どもの「生活」をどのようにとらえているのか。野村は「新教育に於ける学級経営」の第二章において、「子供の生活とは何か――子供の生活の中心をなすものは、遊びが主で、それに学習がある。」[13)]と述べながら、第三章では、「子供の生活をその外形上の分野に従って分けるならば、遊びと仕事と学習との三つとなる。」[14)]としている。「遊び」と「学習」については、それぞれ章をもうけて詳しく述べているが、「仕事」については述べていない。第三章の部分においても、数ケ所、「学習又は仕事」、「学習や仕事」という表現が使われているが、他はほとんど「学習」という用語におきかえられている。したがって、野村は生活を「遊び」と「学習」の二つとしてとらえていたと見るべきであろう。また、「野外の遊び」のなかに「栽培と収穫」といった今日では、一般に仕事的活動としてとらえられるものを入れていたり、「学習や仕事」という用語を使っていることを見ると、「仕事」的活動は、その内容によって、「学習」か「遊び」のどちらかに属するものとしてとらえられているようである。

このような考えにたって、彼は、子どもの学校生活を「遊び」と「学習」ととらえ、さらに、「遊び」を「野外の遊び」と「交友上の遊び」に分けてとらえた。そして、この子どもの生活の三つの側面に対応して、学校は「野天の学校」「親交学校」「学習学校」の三つの機能を果たさねばならないとした。

ここで重要なことは、学校教育の構造を「生活指導」と「学習指導」という二領域として捉える考え方が野村によって提起されたことである。「一面から言ふと私は学習は学習でやり、遊びは遊びでやり、遊びを遊びとして、そこに生活的意味を発見し、学習を学習として、そこに生活的見方をして行きたいと思う。この意味に於いて、私は本然的には、学習も遊びも区別はないが、教育の仕事の上では学習と遊びとを別けて考へたいと思ふものである。

彼の生活学習を主張する人びとが、どうかすると常に子供の遊びから学習を展開させようとし、却って子供の遊びそのものに、そのまま教育的意味を発見し得ないで、子供から遊びを奪ってゐる事実を見る時、それでは生活学習でなくて、生活の学習化だと思わせられることがある。だから或場合には、子供の遊びを尊重し、子供を無心に遊ばせるためにも、学習と遊びとは、二つの仕事として置いた方がいいと思ふ。」[15)]学校教育を教科指導と教科外指導の二領域に分けて捉える考え方は、我が国では、野村のこの提起をきっかけにしている。宮坂哲文のいうように、野村は、「……右にあげた子どもの生活の三つの側面のうち、原始の野外生活と交友生活の二側面を遊びの生活とみなし、その指導を生活指導と規定し、学習生活にたいする指導としての学習指導に対置させ、しかも『遊びは学習の母である』とすることによって、生活指導を学校教育の基盤をなすものとしてとらえ、そのうえに学習指導が位置づくという考えかたをうちたてた。」[16)] のである。

このように、野村は、学習の生活とならんで、野外の遊び、交友上の遊びを子どもの生活とみなし、その指導を学校教育の基盤にすえ、そして、それに基づいた学級経営計画をたてているのである。そこに見られる子どもの生活とは、「野外の遊び」としては、土いぢり、動植物採集、栽培と収穫、遠足と旅行、戦争ごっこ、夏の学校等であり、「交友上の遊び」としては、何々ごっこ、劇、出版、炉辺の集ひ、研究会、展覧会、ひな祭、鯉のぼり、誕生日、お地蔵様祭等々といったものである。ここに見られる子どもの遊びの生活は、当時としては恵まれた子どもたちの生活であり、後述する「北方」の子どもたちの遊びの生活とは、あまりに違う生活である。

こうした子どものとらえ方は、児童の村小学校にかよう子どもたちの社会的、経済的背景を強く反映している。東京府知事に提出された「私立学校設置認可願」によると、池袋児童の村小学校の開校時の入学料は５円、授業料は１ケ月８円となっている。（ちなみに、本科勤務教員給は月になおして85円、小使給は30円となっている。）また保護者の職業は、実業－18、会社員－16、官公吏－11、医師－２、記者－２、軍人－２、無職－５、著述業－１、であった。[17)]

「児童の村はやはり都市のインテリゲンチャの教育要求に支えられて地域には根ざさずに出発したのだった。」[18)] 野村の子どものとらえ方は、このような当時としては比較的恵まれた都市中産階級の子どもの生活のあり方の上に成りたったものと言うことができる。そして、この野村の生活のとらえ方は、より困窮した生活を強いられている農村の子どもの教育にとりくんでいた東北の綴方教師たちによって、継承され、深められていく必要があったのである。

戸塚廉は、次のように述べている。「外から見ていた時は、児童の村小学校はほんとうにすばらしいと思っていました。ところが翌年四月から六年生を受持つことになるわけですが、『いたずら教室』でやったようなことをここの子は、もっとずっと手ぎわよくやるんです。読書活動でも、新聞づくりにしても、文集づくりでも演劇でも、農村の子よりもずっと立派に、指導しなくてもやってのけるような能力をもっているのです。あたりまえみたいに、実に器用にやってのけるのです。しかもその活動をやることで、子どもたちが自分をグイグイかえていくようなてごたえがないのです。

児童の村のように、生活の豊かな、文化水準も高いいところの子どもが集まっているのに、活動が子どもを変革するエネルギーとして作用しないということは非常に問題だと感じました。

児童の村のような学校を全国につくるだけではだめだ。農村の文化的に貧困な状態のなかにいる子どものもっている強じんなエネルギーと、都市の発達した文化とを統一し、全国に普及させることが大切だと感じるようになってきました。」[19)]

２　鈴木道太

第一次世界大戦終了以降しだいに不況は慢性化していったが、1927（昭和２）年、アメリカでおこった大恐怖は、たちまち日本にも波及し、戦前の我が国最大の金融恐慌（昭和恐怖）がおこった。こうした大正末年から昭和の初めにかけて恐慌が相つぐなかで、都市中産階級は没落し、また、農産物価格の大暴落、水稲、養蚕の生産力の停滞、娘身売りなど、農村危機は深刻化していった。労働者のストライキ、農民の小作争議が頻発するのもこの頃である。こうした情勢のなかで、大正自由主義教育は変質せざるをえなかったのである。その中で、とくに農民の窮乏化の著しかった東北地方では、「北方性教育運動」という大正自由主義教育をのりこえる生活指導運動がおこってくるのである。

宮城の鈴木道太（1907 ～ 1991）が、仙台近郊の 300 戸ほどの部落の荒浜小学校に赴任したのは 1928 年の末であった。そこで彼が出会った子どもたちは、児童の村小学校の子どもと同様にたくましく遊ぶ子どもたちであった。しかし、彼らの遊びは、また、彼らの生活台に規定されていたのである。鈴木は次のように書いている。

「私は最初貞山掘に群がる子どもたちは、遊んでいるものとばかり思っていた。街の子どもたちが、めんこをしたり、ベイゴマをまわして遊んだりするように、貝を掘ったり、魚釣をしたりして遊ぶ。それは置かれている環境の違いによって、遊び方が違うのだと、別段に怪しむこともなかった。たしかにそれは子どもにとって遊びにはちがいない。しかし、それは遊び以上のものであった。

『先生、こんで三銭になるな』

『鴨の卵は二銭で売れるんだぞ』

しじみ貝や鴨の卵の値段を測定して私に話しかけるのである。釣った魚さえ夕食の菜にする計算を忘れないのである。

白石の伯母が、私たちのことを案じて泊りがけで遊びに来た時、私の母は始めて息子の働くことになった浜の環境をこまごまと妹に説明し、話が世態人情のくだりに及ぶと、『ほんにケワシい（打算的）童子たちなんだぞ。遊ぶたって、ただで遊ぶこと考えないんだからなあ』と慨嘆するのであった。」[20]

東北の貧しい農村の子どもたちは、彼らの遊びを「打算的」なものにしなければならなかっただけではない。彼らは家庭における重要な労働力であった。「（遠足で）往復六里を仙台まで歩いて帰って来ても、湯に入ってゆっくり休める子は数える位しかいないであろう。この前の遠足の時は、吉五郎は閖上まで二里、得意先の振舞の魚を背負わせられているし、肥料出しや兎の物とりをしなければ一日は終らない子だ。」[21]

彼らは、生活の貧しさ、父母の労苦、そして子どもたち自身の苦渋にみちた労働のなかで、生きる知性や意欲も失っていたのである。生活綴方にとりくむ北方の教師たちは、こうした子どもたちに、生活をリアルにみつめ、自由に綴らせ、書かせた綴方を発表させ、それについて学級で話し合いをするという方法によって、人間的共感と共通の意識を育て、ものの見方や生き方、仲間との民主的な交わり方などを指導していったのである。

鈴木道太は「ケワシい童子たち」を前にして、次のように考えた。「働くことを知らない子はひとりもいない。この働くことを組織的に使って学習に役立たせる道はないか。働くことがこれぽっちの儲けにしかならないとわかっても、それはそれで子どもたちの肉体を通した生活の知恵となるだろう。」[22] そこで彼は、学級の子ども全員を組織して、6月にはしじみ貝を採り、それをリヤカーにのせ仙台に売りにいったり、仙台のお盆が近づくと、仏前に供える盆菰売りにとりくむ。その儲けを、文集の費用、毎日の紙代、学級文庫の購入費にあてるのである。彼は、こうした子どもたちの協動的、集団的労働の組織を通して、やがて、集団のちからが、人間を変える上で重要な役割を果たすことを認識し、「生活綴方の思想を組織論として位置づけようと試み」[23] るのである。

こうして、野村が子どもの「遊び」の生活の指導を中心にしていたのに対し、鈴木は、子どもの「労働」の生活を中心とした。児童の村小学校の子どもたちと違って、生産的労働に従事せざるをえない北方の子どもの「生活のリアリティ」にこそ教育の基盤を求めたのである。

鈴木は、1934年、彼の個人雑誌「綴方評論」の創刊号で次のように述べている。「都市児童の社会的存在形態は、父親の労働に寄生する一つの寄生虫的存在である。

それゆえに、不景気とか、お金のないとかの事実も、単なる空粗な観念として理解するのであって、けっして生活の現実において把握するのでない。

しかるに村落の児童は、彼ら自身が草を刈り、田を耕し、子守し、汗みどろな生産労動を分担することによって、生活社会の現実的なる把握が必然的となり、生活のリアリティーが彼らの位置する社会構造のなかに、豊穣なる耕地を与えているのである。ここに都市と村落の、綴方における——あるいは教育における、生活意欲における——敗北と勝利の分水嶺がある。」[24] 都市の子どもの生活に対する一面的なとらえ方はあるが、鈴木の労働を中心とした生活のとらえ方がよく表われている。「学級社会のなかで、ひとりの喜びをすべての喜びにすることは難しい。何故なら、学級社会の立っている現実の社会のなかに右のような分裂（『資本主義社会は自由競争で、いつでも相手の犠牲の上に勝つのである。この掟が人びとの心を縛って、人はいつも、他人の不幸の上に慰めと喜びを見出すような習性になっている』をさす）があるからである。この分裂が、いつも子どもたちの精神を支配し、影響しているからである。しかし、私の子どもたちはどれも貧しい働く人びとの子弟である。仲間の列から抜けて、ひとり中学校受験の予習をする子もいなければ、女中に持って来さした温かい飯を、弁当の蓋でかくして食う子もない。働くことの喜びも悲しみも苦しみも、貧しいことの嘆きも淋しさも身体で知っている子どもたちである。この仲間に協力出来ない筈はない、と私はそうも考えるのであった。」[25]

こうした子どもへの信頼から、彼は「ひとりの喜びが、みんなの喜びとなり、ひとりの悲しみが、みんなの悲しみとなる……教室」[26] ということばを書き、教室に掲げるのである。

ここには、貧しく、厳しい生活を強いられている子どもたちが、そうだからこそ人間的に共感し、団結、連帯することができるという集団主義的な子ども観を見ることができるのである。

3　村山俊太郎

村山俊太郎（1905年～1948年）は北方性教育運動の代表的な指導者のひとりとして、理論的にも実践的にも重要な役割を果たした人物である。彼は、ただ北方性教育運動に関わるだけでなく、生活綴方運動、日本教育労働者組合の運動、教育科学研究運動、さらに、戦後の教員組合の結成運動と多面的に教育運動にかかわっていった。そうした彼の活動は、彼の「生活」のとらえ方にも反映しているといえる。

村山の捉える生活は、常に「北方的現実に立つ」生活であった。村山は「……東北地方こそは日本に於ける半封建的土地所有＝半隷農的零細耕作の原型を保持する地域であるが、こうした地盤のうえに構成され、育成されてきた生活文化の様式も当然これが制約を受ける。」[27]とし、「封建的身分の隷従に基づいて賦役労働を強制される特殊小作慣行としての名子制度、名子を母胎として形態的変化をなした刈分小作制度など」がいまだ残存していること、「全国の四分の一を占めている東北六県の小作争議」、「東北地方の名物とされている娘身売」、異常に高い乳児死亡率などを紹介している。

こうした「もっとも濃厚に封建的な要素をあらゆる方面に残存した」北方地帯を解放することを生活教育運動の課題と村山はとらえたのである。「北方に於ける生活教育運動も、こうした全体観のうえに立って、とくに北方生活台の特殊性を認識し、世代に於ける教育姿勢の探求に外ならない。……諸々の北方的現実の不健康性を克服して、文化国民としての自覚の下に新しい世代を創る人間を育てるのだ。したがって教育が真に生活運動の線に沿うためには、文化の総量から教育も一つの文化運動であることを自覚する。低くみじめな東北地帯のなかに生きねばならぬ子ども・教師の『生き方』の問題として『生活を生活で教える』教育を原則として教育の全面的建て直しを組織的に展開したのである。」[28]そして、北方性教育運動の課題を、端的に、「北方の生活台を生きる人びとの、新しい社会関係、文化関係を組織する新しい世代の人間性を創ることにある。」[29]と表現するのである。

生活綴方は、こうした新しい世代の人間性を創るための教育方法としてとらえられている。たとえばそのことを次のようにも述べている。「綴方ということも、単に『生活をありのままに観察し記述する』という受動的、観照的態度から新しい生き方、新しい人間関係などを創造するために役立つ、もっと積極的な生活勉強の仕方であるというふうに考えたいものである。」[30)]

それでは、村山は新しい世代を創る人間を育てる生活綴方をどのようなものとして考えていたのか。村山は、生活綴方を表現をとおして人間の生活形態を訓練していく一つの技術であるととらえた。「われわれは綴方を、人間の生活形態を訓練していく一つの技術であると考える。」[31)] そして、児童の生活形態を、認識形態、行動形態、表現形態の三分野としてとらえている。この生活形態を訓練する技術としての綴方の対象、目的、方法について次のように整理した。[32)]

1．環境に必然する社会人、生活人をつくるために、

2．環境としての自然・人生社会を、

3．科学的に研究させ、訓練させ、行動させるための表現生活の技術的訓練である。

この「生活技術としての綴方」が実践的には「調べる綴方」に結びついていったといえる。つまり、北方の生活台の封建的要素と貧しさを克服するためには、貧乏をなげく感傷的な綴方を書くのではなく、綴方を通して貧しさの原因やそれを克服する客観的、科学的認識を形成しなければならない。そのためには、個人や家庭の生活だけを対象とする綴方ではなく、もっと広く、村や社会へ、さらに、家庭における消費生活の貧しさを明らかにするだけでなく、それを生み出している生産関係や労働のあり方をも科学的に明らかにしなくてはならない。こうした課題をになって、村山の生活綴方は、滑川道夫らと並んで、「調べる綴方」の実践へと発展するのである。

村山は「生活調査と綴方」のなかで次のように述べる。「綴方が観念的・享楽的・骨董的・低回趣味的・内向的・浪漫的な文字の遊戯でないこ

とは、もう一つの常識以上のことだ。

はっきりと、子どもの綴方においては、現実の生活事実を科学的に――したがって方法的には、観察・調査・分析・比較・考察等のことを重視する――認識させるものでなければならない。」[33]

このような「調べる綴方」の主張は、生活綴方を用いて社会認識の獲得をめざすものとなり、戦後においては、生活綴方を教科教育の一つの方法と考える動きに発展する。小川太郎は次のように指摘した。「『山びこ学校』は、戦前には調べる綴方であったものを、生活綴方を用いる社会科の実践に発展させたものであるということができる。こうして、社会科から理科へ数学へ体育へと生活綴方的方法の適用の範囲はしだいにひろがっていったのである。」[34]

以上のように村山の主張を見てくると、村山のとらえようとした「生活」は、北方的生活台の上に立った個々の子どもの具体的、個別的な全生活である。「ある特定の条件下にある地域の人の生き方――考え方・文化形態・生活形態などは、伝統的な歴史関係の外に、その地域のうえにもたれる人間集団の社会関係や、土地と人間との間に行われる生産諸関係に規定される。すなわち人類の歴史に於けるある特定の段階に於ける社会文化を構成する最大の要素は、人間の営む生産諸関係の総和である。だからわれわれの生き方はすべて歴史的諸関係と、現実的諸関係のうえに構成されている生産諸関係ならびに文化的諸関係に支配されていることはいうまでもない。」[35] いいかえれば、その社会のあり方を基本的に規定している生産関係、文化的関係は、個々の人間の具体的、個別的生活の上にあらわれるのである。こうした理論的認識にもとづいて、北方の子どもの生活の貧しさの基盤は北方的な生産諸関係と文化的諸関係にあること、そのことを子どもたちに科学的に認識させ、またそれを克服していく意欲・意識と技術を形成しようと考えたのである。

つまり、生活を綴るという表現活動を用いて、子どもたちの具体的、個別的な現実の生活事実を、しかも、個人、家庭の生活だけでなく、村やもっと広い地域の生活の事実を調査・分析・比較・考察などさせることを通して、その背後に隠れている貧しい生活の原因となっている封建的生産関係や文化的関係を科学的に明らかにしていこうとしたのである。そして、そのとりくみを通して、新しい社会関係、文化関係を創ることのできる知性や意識・意欲・能力の形成、いいかえれば、「新しい社会関係、文化関係を組織する新しい世代の人間性」＝「民主的人格」の形成をめざしたということができるのである。

三　戦後の生活指導運動への展望

これまで、野村芳兵衛、鈴木道太、村山俊太郎という戦前の生活指導運動における代表的な三人の人物の「生活」のとらえ方を検討してきたが、しかし、三人の見解が、たとえば、野村→鈴木→村山と発展していったと考えるわけではない。当時の生活指導運動にとりくむ教師の多くがそうであったように、彼らも、相互に影響をおよぼしあいながら理論と実践を構築していったのである。たとえば、すでにふれたように、野村にも、村山と同様に、科学的態度、科学的認識を育て、団結することのできる「生活技術」を「訓練」することの重要性についての認識があった。それにもとづいて野村には「協働自治」による生活訓練の主張がある。鈴木には、「集団的訓練としての自治会」を基盤とした学級経営の実践があり、それは野村の自治組織についての見解とよく似ている。また、村山のなかにも自治的訓練にもとづく学級経営についての見解がある。

このように、彼らの実践や理論は密接に相互に影響しあいながら、それぞれの実践と理論が変化・発展していっている。本論で私が試みたのは、三人の生活指導論の展開における、ある時点での「生活」についての典型的なとらえ方をそれぞれ抽出することで、全体として戦前の生活指導運動における「生活」のとらえ方の一つの流れを見ようとしたことである。

さて、それでは、「生活」のとらえ方についての戦前の生活指導運動における成果は、今日の生活指導論にいかなる視点を与えるのか。もちろん、戦前と今日とでは、社会構造も政治や教育のあり方も大きく変化し、また子どもの遊びや労働のあり方も戦前とは全く違ったものとなっており、戦前のものを機械的に学ぶことはできない。しかし、そこに貫かれている原則を明らかにし、そこから今日の「生活」のとらえ方を検討してみる必要はあると思う。

第一に、「生活台」のとらえ方の問題がある。

戦後の生活綴方運動は、1951 年の『山びこ学校』を契機に出発し、それ以来、生活綴方を中心とした生活指導運動は、やがて 1955 年、小西健二郎の『学級革命』において一つのピークをむかえたといわれる。

『学級革命』は、学級のボス退治の実践記録として知られているが、それは、生活綴方を指導の中心におき、学級の様々な問題について「書く」こと、それについて「話し合う」こと、それによって学級の「集団を組織していく」という実践の典型を生み出したものである。しかし、小西が生活綴方を通して子どもたちにリアルに見つめさせたものは、学級での子どもたちの生活であり、「ボス支配」という学級の人間関係であり、そこでの喜びや、悲しさ、くやしさである。つまり、そこでの子どもの生活は「学級生活」なのである。戦前の生活綴方運動が、父母と自己の厳しい労働を中心とした生活をリアルに見つめることを通して、その奥に家庭や地域や日本の社会を見つめていったのに対し、もっと狭く、学級社会を見つめるにとどまっていたのである。

1960 年、日教組教研、第九次千葉集会の生活指導分科会において、大西忠治は「北方教育の伝統にたつ仲間づくりを克服したい」として、『学級革命』に代表される戦後の生活綴方に基づく生活指導論を正面から批判し、「班・核・討議づくり」の実践を提起した。それが、今日の自治的集団づくりによる生活指導運動の出発になるのだが、そこで大西のとらえた生活も、やはり学級の集団生活であり、「学級生活」であったといえる。その意味では、全生研の自治的集団づくりに関する最も重要な理論書、入門書の書名が、いまだに、『学級集団づくり入門・第二版』であることは戦後生活指導運動の流れをあらわしていて象徴的である。ただ、全生研の理論的、実践的発展は、その後、子どもの生活を学級のなかにとどめず、対象とする集団を「学年集団」「全校集団」「地域子ども会」、さらに「教師集団」「父母集団」と広げていき、子どもの生活をよりトータルに把握する方向へ進んできたといっていい。

戦前の生活指導運動において、「生活台」という言葉にこめられてきた意図は、子どもの生活を規定するすべての社会的諸関係のなかで子どもをとらえ、指導するということである。そこから学ぶとすれば、子どもの生活を学級生活に限定することはできない。ただ、つけ加えるならば、子どもの生活をトータルに捉えるということは、単に、子どもの生活活動が関わるすべての場面を網羅するということではない。様々な生活場面において、子どもたちのどのような生活活動が行われ、その活動がどのような人間的諸能力や人間性を形成しているか、いないかを個々の子どもについて明らかにすることでなくてはならない。なぜなら、生活の場が教育的なのではなく、生活を創り出す活動が教育的なのだからである。

今日、子どもの生活は、戦前と比べて大きく変ってきている。なかでも最も大きな変化は、子どもたちが自らの人間的発達と変革をとげていく契機となるべき生活が希薄化したことである。生活指導運動は、子どもの生活活動のもつ教育力の組織を追求してきたが、今日では、その生活活動そのものが失われつつあるのである。過酷ではあったが、同時に、家族という共同体の成員としての責任を否応なく自覚させ、人間的喜びや苦しみを共有しあうことを可能にした労働の生活はなくなり、遊びも、消費文化的遊びや個人的な遊びになり、全生命をぶつけるような集団的遊びの生活も少なくなった。もちろん、戦前の北方の子どもたちのような労働や遊びを復活させることは無意味だし、また不可能である。今日必要なことは、家庭や地域において、子どもが自己を変革し、人間的諸能力を形成していく契機となるべき生活が希薄化しているのであれば、生活指導はそれにかわる生活を学校内外において創造することである。今日の文化的、社会的状況のなかで、いかなる文化、労働、遊び、学習にわたる子どもの生活を創造していくかが問われなければならない。集団づくりによる自治訓練はこれと結びついて、はじめて民主的人格形成を達成するとりくみとなりうるのである。

戦前の生活指導運動が示すことは、第二に、村山の項でもふれたように、生活をリアルに見つめるということは、ただ生活現実を正確に認識することではなく、そのことを通して、その生活現実を作り出している原因や社会発展の法則などを科学的に認識するためである。つまり、自分たちの家庭や地域における生活という「見えるもの」をリアルに見つめ、それを観察、調査、分析していくなかで、直接は「見えないもの」、つまり、科学的真理や社会発展の法則などを「見えるもの」にしていくのである。この意味で、戦前の生活指導運動において、「生活」は、単なる「身の回りの生活」ととらえられたり、戦後新教育におけるような「生活への実用性」の視点から問題にされてきたのではない。その生活とは、身の回りの生活をこえて、地域、日本、世界へと開かれた生活であり、同時に、現在の生活から未来の創りあげるべき生活へと開かれた生活であった。

今日の生活指導運動は、生活を世界や未来へと「開かれた生活」としては十分にとらえていないと思われる。それは、現代社会が極度に発達し、複雑な構造を持ってきたために、子どもたちの「生活」を土台にして、社会の構造や矛盾を科学的に認識させることが簡単にはできなくなったためでもある。しかし、未来の日本の主権者、民主的人格の形成をめざす生活指導運動は、学級内外での子どもの生活を土台としながら、その生活を通して、より大きく広がる世界の生活、より遠い未来へ広がる生活をどのようにして見つめさせるかという生活指導運動の歴史が教える指導の視点を失ってはならないと思うのである。

注

1)川合章「戦前日本における生活教育論について」埼玉大学紀要、教育学部（教育科学）第29巻（1980）。
2)野村芳兵衛「教育の本質を思ふ一生活の本義に立ちて一」『野村芳兵衛著作集（６）』、黎明書房、1974、６頁、10頁。
3)川合章、前掲論文、２頁。
4)川合章、前掲論文、４頁。

5）川合章、前掲論文、５頁。
6）中野光ほか著『児童の村小学校』黎明書房、1980、22頁。
7）野村芳兵衛「私の歩んだ教育の道」『野村芳兵衛著作集（８）』黎明書房、1973、92～93頁。
8）前掲書、94～95頁。
9）前掲書、105頁。
10）野村芳兵衛「新教育に於ける学級経営」『野村芳兵衛著作集（２）』、黎明書房、1973、33頁。
11）前掲書、118～119頁。
12）野村芳兵衛「生活訓練と道徳教育」『野村芳兵衛著作集（３）』黎明書房、1973、66頁。
13）前掲書『野村芳兵衛著作集（２）』38頁。
14）前掲書、117頁。
15）前掲書、30頁。
16）宮坂哲文『生活指導の基礎理論』誠信書房、1962、71頁。
17）中野光ほか、前掲書、40頁。
18）前掲書、40頁。
19）戸塚廉「私にとっての生活教育」日本生活教育連盟編『生活教育への発言』民衆社、1973、34頁。
20）鈴木道太「北方教師の記録」『鈴木道太著作集（１）』明治図書、1972、22頁。
21）前掲書、38頁。
22）前掲書、38頁。
23）杉山明男『集団主義教育の理論』明治図書、1977、287頁。
24）鈴木道太「綴方における地方性と北方性」、日本作文の会編『北方教育の遺産』百合出版、1962、188～189頁。
25）前掲書、『鈴木道太著作集（１）』106頁。
26）前掲書、103頁。
27）村山俊太郎「読み方教育の北方的実践」『村山俊太郎著作集（２）』百合出版、1967、33頁。
28）前掲書、34頁。
29）村山俊太郎「北方の国語教育運動」『村山俊太郎著作集（２）』５頁。
30）村山俊太郎「綴方教育に於ける科学性のあり方」『村山俊太郎著作集（２）』106頁。
31）村山俊太郎「生活技術としての綴方」『村山俊太郎著作集（１）』243頁。
32）前掲書、246頁。
33）村山俊太郎「生活調査と綴方」『村山俊太郎著作集（１）』、214頁。

34)小川太郎『生活綴方と教育』明治図書、1966、151 ～ 152 頁。
35)前掲書、『村山俊太郎著作集（２)』32 ～ 33 頁。

第２章　学習動機づけ論の再検討

――ローゼンフェルトにおける内発的動機づけ論批判――

今日、我が国においても学習動機づけに関する論議がしだいにさかんになり、著作・翻訳もふえてきている。世界的に見ても、我が国だけでなく、西ドイツをはじめ世界各国において「素質」「選抜」の問題とならんで、「動機づけ」の問題が現代教授学の大きな争点になっていると言われる。すべての思想的潮流がそうであるように、学習動機づけ論が活発になってくる背景には、何らかの政治的、経済的、社会的な変化があり、それらへの対応、あるいは積極的な変革の試みとして学習動機づけ論がさまざまな形で主張されてくるのである。

さて、その政治的、経済的、社会的背景をここでは問わないとしても、少なくとも、我が国において、今日、学習動機づけに関する研究が重要視されなくてはならない背景については、誰もが認めざるを得ない現実があると考えられる。ひとことでいえば、今日の学校教育が能力主義と、それにもとづいた受験体制によって大きくゆがめられ、子どもたちの学習意欲の荒廃が目にあまるものになってきていることである。一方で、差別と選別の中で受験競争から脱落していく生徒たちがいる。生徒たちは学習意欲をなくし、予習や復習をしないだけでなく、授業中に騒いだり歩きまわったりして、授業を妨害したり、あるいは「授業を妨害するほどに気力のある生徒がおればいい。生きているか、死んでいるのかわからないような生徒たちだ」と教師を嘆かせたりする。また他方では、学ぶことの真の喜びと意味を知らぬまま、ただ受験用の学力をつけるために、断片的な知識を多量につめこまんとはげんでいる生徒たちがいる。

こうした受験体制の中では、子どもたちを学習へとかきたて、はげますためと称して、試験の結果が一番から順に廊下にはり出されたり、成績順に席をならべたりする。さらには、一部の教科で能力別にクラスを編成することによって、Ａクラスのものはクラスへ落ちまいとし、Ｂクラスのものはクラスにはいあがろうとする個人主義的な競争心をあおるのである。あるいは、試験の点や、通知表の成績が親子の間でお小遣いの取り引き材料にされたりするという話も、もうめずらしくない。

こうした今日の状況の中で、しだいに活発になりつつある学習動機づけ論が、それぞれいかなる理論にたち、どのように荒廃した子どもたちの学習意欲を呼びさまそうとするかを考えてみたい。この小論では、Ｊ・Ｓ・ブルーナー、Ｈ・ロートらに代表される内発的動機づけ論と、それに対する批判としてのＧ・ローゼンフェルトの学習動機づけ論について考察することにする。

一　ブルーナーの内発的動機づけ論

すでに述べたように、今日の受験体制のもとで、生徒たちの学習が能力別クラスのＡクラスから落ちないためにであり、ＢクラスからＡクラスへはいあがるためであり、両親からしかられないため、お小遣いを多くもらうためであったり、そして、入試に合格し、一流企業へ入社するためにするものとなっている。このように差別・選別の体制のなかで生徒たちの学習意欲の荒廃が目にあまるものとなってきたとき、学習を、罰とか賞とか個人主義的な競争によって動機づけるのではなく。生徒たちが学習活動そのもののもつ魅力、喜び、楽しさによって学習へとはげむようにすべきだと主張した内発的動機づけの理論は、新鮮な響きをもって我が国に紹介されたのであった。

内発的動機づけ論はブルーナー（J.S.Bruner）の発見学習の理論を構成する重要な概念であり、我が国の教授理論に大きな影響を与えている。また、内発的動機づけの見解は、行動主義心理学に基づく外発的動機づけの見解に対する批判として主張されてきたものである。ここで、外発的動機づけの見解について簡単に触れておくことが必要と考えられる。

1　外発的動機づけ

外発的動機づけの考え方がその理論的基礎においているものは、行動主義心理学における「動因低減の理論」と「強化の理論」である。

（1）　動因低減の理論

行動主義心理学の創始者であるJ・B・ワトソンは、「われわれは、すべての心理学的問題とその解決を、刺激と反応ということばに翻訳することができる」[1)]と述べている。つまり、生活体の行動は、外部的環境の作用（刺激～S）に対する生活体の反応（R）として生起するものであり、したがって行動の法則とは、いかなる刺激に対して、いかなる行動が生じるかを示すもの、いいかえれば、刺激と反応との結合関係を示すものだとするのである。

しかし、ワトソンのS－R説は刺激と反応の直結的な結合を根本法則とする理論であり、この理論では、行動は常に外的刺激によって引きおこされる受動的なものとなってしまい、生活体のもつ能動的性格を説明することはできない。また、生活体は、ある刺激に対して一定の反応を示すといった単純な反応ではなく、非常に複雑な反応を示すのであり、S－R説がこうした事実を十分に説明できないことが指摘されたのである。

そこで、基本的には行動主義の立場を受けつぎながら、その概念に一連の修正を加えて、新行動主義と呼ばれる学説が主張されてくる。ワトソンの場合には、生活体の行動（反応）は、与えられる外的刺激から直結的に生起するという極端なS－R説であったが、新行動主義の立場では、S－R説を修正して、外的刺激と反応との間には、生活体の特殊な機能が介在するものとし、刺激→生活体→反応という関係を考えた。すなわち、生活体の行動を、単にボタンをおすと電気がつく、というような受動的なものとしてではなく、生活体の能動的な性質を考慮に入れたのである。行動は外的刺激が変化すれば、それに応じて変わるといった単純な関係ではなく、生活体の内部の状況を考えなくてはどんな行動をするか予測することはできないのである。しかし外的刺激は実験的に操作することができるが、生活体内部の条件を観察することはできない。そこで、刺激と反応との間に、外から観察できない「意識」などの代わりに、外から観察できる行動の変化のデータをもとにして、論理的ないし数学的操作によって明瞭に定義できる概念（媒介変数）をもちこんだのである。Ｃ・Ｌ・ハルは媒介変数として動因（drive）とか習慣（habit）といった概念を導入したのである。

この動因の概念はＪ・マレー（Murray）によれば、元来、「行動をなんらかの方向へ向けるところの習慣に対するものとして、有機体を行動に駆り立てる『エネルギー』を記述するために、1918年ウッドワース（R. S.Woodworth）によって採用されたものである。ウッドワースはこの用語によって一般的なエネルギーの貯えを指すつもりであったが、人びとはまもなく『単一の動因』についてではなく、飢餓、性、渇などの『諸動因』について論じはじめたのである。それは特定の目標に向かったり、それを避けたりする傾向を意味した。」[2)]

動因理論は、1932年、生理学者キャノン（W.B.Cannon）によって提出されたホメオスタシス（homeostasi、Homoeostase）という概念によって大きく発展した。ホメオスタシスという概念によれば、「内的諸条件が正常な安定状態から偏るときにはいつでも、身体内に不平衡の状態が生起する。心理学的動因は身体が平衡へもどろうとする一つの手段である。したがって栄養の貯えが身体内で枯渇すると、飢餓動因が活性化され、食物が求められ、摂取され、そして平衡が回復する。こうして、動機づけはホメオスタシスの不均衡または緊張から生じる動因として定義されるようなったのである」[3)]

あらゆる興奮とか、努力・緊張といったものは、その源泉を有機体の平衡のくずれの中にもっているのであり、そのくずれが大きければ大きいほど、平衡をとりもどそうとする力、つまり動因は大きくなるのである。こうした、いわば動因低減理論によれば、人間をふくめて動物は、もともと非活動的な存在であり、「動因」という不快な緊張状態が生じたときのみ、それを低減しようとして行動をおこすと考えるのである。

では、動因をつくり出す刺激とは何か。普通、次のように整理されている。

① 強い苦痛を与える刺激

② 飢えや渇きのような生理的な不均衡にもとづく（ホメオスタティックな）欲求、および性欲

③ ①もしくは②と連合させられた中性刺激、（これは条件づけのモデルが想定される。つまり、ある刺激が強い苦痛刺激やホメオスタティックな欲求や性欲と結びついて呈示されると、それ自体が、動因をひきおこす力をもつようになる）

（2） 強化の理論

さて、動因低減の理論では生活体の行動は飢えとか渇きといった不快な緊張状態を低減しようとして行動すると考えられるのであるが、それは学習の理論とどのように結びつくのか。

たとえば、犬に芸をしこむときは、まず犬を空腹にさせることで飢えの動因をたかめる。犬はこの動因を低減させようとしていろいろな行動をおこす。それが訓練者の期待するものに一致したとき、（たとえば、「お手」がうまくできたとき）エサが与えられ動因は低減する。ここでエサ（刺激）→「お手」（反応）の結合が形成される。さらにこれを幾度もくりかえすことによって動因低減に役立つ反応が生じやすくなる。犬に「お手」の学習が成立するのである。このように賞（エサ）や罰によって学習が強められることを〈強化〉というのであり、ハル（C.L.Hull）は強化の原理を学習の根本原理であると考えたのである。

新行動主義の立場による学習理論は、以上にのべた「動因低減の理論」と「強化の理論」にもとづいているのであるが、この学習論に従えば、児童生徒を学習へと動機づける方法として、必然的に外発的動機づけが導き出されるのである。

すでに「強化の理論」のところで例を示したように、犬やネズミが「学習」するのは、動因という不快な緊張状態を低減するためである。つまり、

食物など外側からの報酬によって動因が低減する場合、いいかえれば、外的強化が行なわれる場合に学習が生ずるのである。こうした例は動物の学習に関した例であるが、新行動主義の立場は、こうした動物の学習をモデルにして人間の学習をも説明しようと試みた。

人間の学習において動因をつくり出すものは身体的苦痛、つまり体罰である。子どもは両親や教師による体罰をまぬがれようとして学習へはげむことになる。さらに人間の学習では社会的な非難や否認のもつ動因をつくり出す機能や、社会的承認や賞賛のもつ動因低減の機能も効果的な手段となる。このようにして、動因低減理論による学習動機づけ論は、肉体的苦痛、賞、罰、賞賛と叱責、報酬といった、本来、学習にとっては外的な刺激によって学習行為を喚起しようとする「外発的動機づけ論」を導いてくるのである。

２　内発的動機づけ

ブルーナーは外発的動機づけによる弊害を指摘して次のように言っている。つまり「親や教師の承認という報酬に反応したり、失敗を回避しようとして、始められた学習というものは、どうすれば自分への期待に合致できるかということに手がかりを求めんとするタイプをつくりやすい。」[4)] ほめられたいから学習する、叱られたくないから学習するという外発的動機づけによって学習へかりたてられた子どもは、ほめられないと学習しない、叱られないと学習しないという望ましくない傾向をもってしまう。また、彼によれば、このような子どもは、自分の学んだことを「発展的な思想構造に変じていく力」に劣り、また分析力も低いというのである。

そこでブルーナーは外発的動機づけの見解に対し、内発的動機づけの考え方を主張したのである。

ここでは、人間を「学習する存在」として捉える。つまり、人間とは、本来、知的好奇心に富んだ存在であり、活動的で、しかも社会的接触を求める存在とみなすのである。したがって、人間は「ほめられたいから」「叱られたくないから」学習をイヤイヤするのではなく、人間が生来もっている知的好奇心にかられ、内部から動機づけられて学習するのである。

このブルーナーの内発的動機づけの主張はホワイト（R. W. White）の見解を導入したものである。ホワイトは、人間や高等動物に広くみられる環境を探究する行動の動機を、強化のカテゴリーで説明することは、ほとんど不可能である。むしろ、人間や高等動物には、新奇な問題に立ちむかい、明らかにしていこうとする欲求があるのだと考えたのである。つまり、ホワイトは、人間を学習へむかわせるのは学習者のいだく上達意欲だとしたのである。たとえば、ある数学の問題を解きたい、ある課題を解決したい、探究をやりとげたいといった上達意欲に駆られて、学習が行なわれると考えるのである。こうした上達意欲という内発的な動機に支えられた学習者は、その動機によって推進される活動以外に外的な報酬を求めようとはしないのである。この場合報酬となるのは、その活動が達成されたという満足感か、あるいは活動する過程それ自体に対する喜びなのである。

内発的動機づけによる学習は、外発的動機づけのように、外的な報酬がなくなれば、学習も終わるのではなく、子ども自身の知的好奇心などに支えられ、自発的かつ持続的な学習が得られ、その結果、情報の有意味な関連づけ、知識の主体的な内化、行動化しうる潜在能力の育成につながると考えられるのである。

ブルーナーは、内発的な動機の例として、好奇心、上達意欲、同一視、相互性をあげている。

二　ロートの第一次的欲求

さきに触れたホワイトが「動機づけの再考察 ― 能力の概念」を発表したのは1959年であり、ブルーナーの『教育の過程』（The Proccess of Education）が出版される前年である。それとほぼ同じ時期（1957年）に、H・ロートの "Pädagogische Psychologie des Lehrens und Lernens" が出版されている。それぞれの理論の歴史的背景は異なっているが、ほぼ同じ時期に、以下にみるように非常によく似た動機づけ論が、アメリカ合衆国と西ドイツにおいて生み出されたことは興味深いことである。

ロートは、教育的プロセスにおいて働く力学的な主要グループとして、第一次的な（Primäre）欲求と第二次的な（Sekundäre）欲求を挙げている。第一次的な欲求とは飢え、渇き、性衝動といった人間の根源的な欲求を意味している。第一次的欲求は生活体が生命を維持していくための基本的な欲求であり、生活体にそれを満足させるための行動を生起させる。心理学者が、ネズミやイルカ、ネコ、サルなどに学習させるときには、第一次的欲求を、「学習」へ動かす原動力だとしているのである。ネズミなどにおける迷路実験はすべて、基本的には第一次的欲求によってなされるのである。

では、人間の学習においても、飢えや渇きのような第一次的欲求が学習への原動力となるのだろうか。しかし、ロートは、学校での子どもたちの学習行為には、飢え、渇きのような生物学的な動因はほとんど見られないという。それでは飢えや渇きのような生物学的な欲求から変形し、純化したような欲求によって学習が引きおこされるのだろうか。ロートは、人間の学習への衝動は飢えや渇きから導き出されるものではなく、また飢えや渇きに基礎をおくものでもなく、実は飢えや渇きと同様に人間にとって基本的な欲求としての「知的欲求」にもとづくのだと考えるのである。いいかえればロートは、人間を学習へ動機づける原動力は、人間の基本的な欲求としての知的な興味、好奇心であると考えるのである。未知なるものや未解決な課題などは、おのずから人間の探究的なエネルギーを高め好奇心を引きおこすのである。

ところで、コレル（W.Correlll）もロートと同様の見解にたち、教育的プロセスの力学的な主要グループを、第一次的な動機づけと第二次的な動機づけとして区別している。彼の定義にしたがえば、第一次的動機づけとは、個人がその活動自体のために積極的になる状態である。たとえば、ある生徒は、彼にとって数学の問題にとりくむこと自体が喜びとなり、満足をもたらすのであれば、彼は数学に対して第一次的に動機づけられると言うのである。それに対して、第二次的動機づけというのは、その活動によって、人為的に、あるいは任意にその活動に結びつくような何かを獲得するために個人が積極的になる状態と定義される。たとえば、ある生徒が、将来の職業のための知識を得るためとか、良い成績をとって両親や教師を喜ばすために数学にとりくむ、あるいは、罰への怖れ、落第への怖れによって数学にとりくむのであれば、彼は第二次的に動機づけられているとするのである。

ロートやコレルは、教育課程において生徒たちをできるだけ第一次的に動機づけることが必要だと主張した。本源的で生き生きとした人間の好奇心こそが、知識欲や好奇心を生み出すのであり、すべての学習の主要な原動力となると考えるのである。そして、第一次的動機づけのもつ長所を次のような例をあげて示している。「たとえば、青年が実際の生活上の必要から円周の計算にとりくむということは、特に最初のきっかけとしては、有用であるかも知れない。しかし、それはしばしば硬直化してしまう。それに対して、直径と円周との間の大きさの関係や関数的関係についての問いそれ自体を問題にしていくことは、より多くの成果をもたらすのである。それは、時とすると最初はあきあきするものかもしれないが、しかし、目的と切り離された興味は、より長く持続するものである。」[5)]

以上、1節と2節において、ブルーナーとロートにおける学習動機づけ論の基礎的考えを考察してきたが、両者は若干の相違点をもちながらも多くの共通点をもっているといえる。

ブルーナーにおける「内発的」(intrinsic) とは、主体が本来そなえたものという意味をもっている。ロートにおける第一次的欲求は、飢えや渇きと同様に人間の本源的な欲求としての知的好奇心を意味している。そして、内発的動機づけにおいても、第一次的動機づけにおいても、生徒の学習行為が何か外的な目標と結びつくことなく、それ自体の中に目的を見出す自己目的的な行為として展開させようと考えるのである。

そのために、発見学習のように知的興味、知的好奇心を起こさせるような教材の組み方、指導のしかたを学習指導に組みこんでいこうとするのである。

したがってブルーナーおよびロートの学習動機づけ論は、ともに内発的動機づけ論として規定してもさしつかえないと考えられる。

内発的動機づけ論は、動物の学習をモデルとし学習は「快」を求め「不快」を避けるために行なわれると考えた外発的動機づけ論を批判し、複雑で高次な人間の学習を説明するにふさわしい動機づけ論を試みた。

しかし、内発的動機づけ論は、動物の学習とちがった人間の学習の特質、とりわけ、社会的活動としての人間の学習活動の特質を十分にとらえきっていないといえる。この点を克服しようとしているのがドイツ民主共和国のＧ・ローゼンフェルト（Gerhard Rosenfeld）の学習動機づけ論である。

三　ローゼンフェルトの学習動機づけ論

1　教育的活動の社会的性格

ローゼンフェルトは学習動機づけ論に関するロートの見解に対して疑問を投げかけ、次のように述べている。第二次的動機づけを第一次的動機づけのために、できるだけ減少させ、それによって学習を、主に自己目的的活動として動機づけるという考えは、結局、生徒を彼の現実の生活関係から分離するということを意味している。それは学習と生産や社会生活上の様々な実践的現象との間のできるだけ包括的な関係を打ちたてるという学校の基本的性格に対立しているのである。[6)]

また、次のように述べている。生徒も成人も、毎日の生活のなかでさまざまの「不可思議」な現象にぶつかる。それを彼らは、単にそのまま受けとるのではなく、きちんと問題として認識するのであるが、「不可思議」な現象を問題として認識したということが、それだけで問題解決に向けられた知的活動の力学的動因であるとして証明することはできない。確かに、虚構の世界、遊びの世界では、第一次的要因が直接活動を引きおこすということはあり得る。（たとえば、ナゾナゾ、さいころ遊び、困難なことに対する力試しなど）しかし、こうした要因を、そのまま学習活動の基本的な力として仮定できるかどうかには疑問がある、とするのである。

そこで、ローゼンフェルトは教育的活動の社会的性格、あるいは教育的活動の目的への従属性という考え方を主張する。ローゼンフェルトは次のように述べている。「教育的プロセスとは、……その本質（客観的定義）からいえば、社会的、個人的、職業的、家庭の、物質的、社会的な目標をめざした行為現象である。あらゆる教育的活動は、その価値をそれ自身から得るのではなく、その目標の意義から得るのである。」[7] 自明のことではあるが、すべての学習活動は社会的過程であり、共同社会のなかで遂行され、共同社会的関心に向けられているのであり、けっしてそれ自体を目的とする過程ではなく、何らかの目的と結びついているのである。

ところが、教育的活動を主としてそれ自体のために動機づけようとすること、つまり、自己目的行為として、あるいは好奇心という人間に内在する基本的な欲求によって動機づけるということは、教育的活動の社会的性格に対立することになる。しかし、それが強行されると、教育的状況の生活からの隔離、教育的内容の無意味さ、また、教育的行為の無目的性という事態を生じ、教育的目標に対する活動の低下や嫌悪に導くとローゼンフェルトは述べる。

（1） ファレンツ（誘意性）

では、教育的活動の社会的性格はどのように生徒たちの学習動機づけに反映するのだろうか。この問題に対し、ローゼンフェルトはファレンツ（誘意性）という概念を導入することで答えようとする。

教育活動にとって、決定的に重要なことは、「……第一次的動機づけという意味において教材をたえず魅力のあるものにすることよりも、むしろ、学習の個人的誘意性（ファレンツ）をさまざまな目標関連、意味関連、意義関連をつけることによって、主観的に経験できるようにすることである。」[8] すなわち、あらゆる教育的活動は社会的目標、個人的目標、将来の職業的目標など、何らかの目標をめざした活動であり、その目標と生徒の行う学習とを結びつけ、関連づけることで、学習することの生徒自身にとっての意義、価値、重要さを生徒が体験できるようにすることが必要だと考える。つまり、学習の個人的な誘意性（ファレンツ）を体験できるようにするのである。

〔注〕 ファレンツ（Valenz 独、Valence 英）誘意性。ゲシュタルト心理学派のレヴィン（K . Lewin）が使用した概念。たとえば美しい花は、人の心をひきつけ、それを眺めたり自分の物にしたいという欲求をひきおこす。このように、事物のもっている欲求をさそう性質、及びこのような性質をもっている事物を誘意性という。それは物的事物のこともあり、社会的地位のような社会的目標のこともあり、数学の問題を解決しようとする場合のように、観念的目標のこともある。

しかし、ここで意味していることは、すべての場合に、子どもたちの学習内容が目標と「直線的」に結びつくことが必要だということではない。重要なのは、単に、学習すること、あるいは学習内容のもつ魅力、楽しさ、不可思議さによってだけではなく、進学、将来の職業といったさまざまな目標のもつ意義によって、学習の誘意性（ファレンツ）を確保することが教師に可能だということである。数学の問題を解くこと自体の楽しさといった第一次的要因も、学習の誘意性（ファレンツ）を確保するものであることを否定しているわけではない。

ただ、ローゼンフェルトによれば、ある目標と結びつくことで、ある課題にとりくむことの意義が体験されているときには、その課題のもつおもしろさ、楽しさのような第一次的要因の力学的価値もより高まり、逆に、目標が意義のないものになったり、目標が認識されなくなっていくにつれて、課題のもつ第一次的要因の作用はなくなっていくのである。

（2） 就学前児童における実験

ローゼンフェルトは、さまざまな目標と結びついた学習と、学習行為あるいは学習内容そのものに学習への動機を見いだそうとする自己目的学習とが、どのような差異を示すかを就学前児童による実験で明らかにしている。[9)]

〔実験の方法〕

実験は、44 の単語からなるナゾナゾ形式の「くつぬぐい」という詩を就学前の子どもたち（平均年齢５歳）に習得させるというものである。この詩は「くつぬぐい」を使用する必要性を内容とするもので、子どもたちには容易に理解できるものである。

学習過程は、クラスの子どもたちがそろって教師といっしょに詩を読むことで、それが26回くりかえされる。この学習過程では詩の意味とナゾナゾを解くことが「魅力のある」要素といえるが、学習過程そのものは機械的な練習の形で行なわれる。さて、この学習過程は次の５つの型に変形された。

○第一型：遊び的な目標をもった学習

ここでは、学習過程は、それに先行して行なわれた次のような遊び的な場面の中に組み入れられる。

二つの指人形があり、一つは「悪者」、もう一つは「いい者」（娘の人形）である。娘はくつをぬぐわないで家の中に足を踏み入れ、罰として「悪い者」に監禁され、鎖につながれる。娘を救うには、実験対象である子どもたちが、詩をみんないっしょに正確に暗誦することが必要なのである。

ここでは外的な権威的機能（警告、命令、任命、非難）は使用されず、「娘を自由にする」という目標だけが学習を方向づける条件である。

○第二型：強制的な力による学習

教師は、必要なときには、断固とした権威的な機能（非難、命令、警告、罰による威嚇）によって子どもたちを学習へと参加させる。ここで、学習行為によって獲得すべき目標は命令を守ることである。あるいは、命令、要求をする人物への情緒的結合という目標も考えられる。たとえば、尊敬する教師を失望させないための学習などである。したがって第二型では学習行為には本来ふくまれていない外的力と結びついているといえる。

○第三型：物質的な目標による学習

子どもたちが、詩を文句ないほどうまく朗読すれば、ほうびとしていろいろなオモチャ（人形、ハーモニカ、ぬいぐるみの動物、オモチャの自動車など）が与えられる。ここでは、権威的な処置や遊び的な形態は避けられる。

○第四型：目標設定のない、また教育的方向づけのない学習（自己目的的）

ここでは、第一型から第三型までに含まれる諸要因は厳しく除去される。つまり、遊び的目標、ほうびという目標、そして権威的処置、これらが一切排除される。第四型での目標は「詩の習得」であるが、この目標はそれ以外の目標には結びついておらず、「詩の習得」自体が目標である。

○第五型：目標なしの間接的伝達による学習

第四型では、女教師が学習過程を指導する。たとえ彼女が一切の権威的処置を使用しないとしても、子どもたちにとっては女教師の存在そのものが権威的要因になり得る。つまり、これまでの経験から、女教師の指示にさからえば、「しかられる」「罰せられる」のではないかと感じるのである。

したがって、第五型では、実験室のなかは子どもたちだけにされ、自分たちが観察されていることを知らない。学習過程はスピーカーを通して指導され、第四型と同じく、警告、非難、命令などは避けられた。しかし、一方で詩を習得するという学習行為のもつ「楽しみの要因」によって活動性を高めるようにされた。

〔実験結果――質的分析〕

第一型では、最初、過度なほどの熱心さや熱狂的なとりくみが観察され、注意とか警告は必要でなかった。むしろ必要だったのは、あまりに熱中しすぎて、きちんとした学習過程が脱線するのを制止することであった。途中危機的な状況が生ずるが（緊張した学習へのとりくみがくずれる）、権威的な機能は使用されず、子どもたちの現在の達成水準と目標の水準との間の矛盾を、教師の簡単な言葉で明瞭化、激化することで十分学習過程を再び活発にすることができた。

第二型では、第一型のような活発なとりくみは見られなかったが、冷静で注意深い参加のし方が記録された。途中危機的状況が生じ、権威的な機能が強力に使用され、それはしだいに厳しいものになっていったが学習過程は最後まで維持された。

第三型では、前半は、第一型ほど活発ではないが、第二型よりは努力がみられ、コンスタントな学習過程がみられた。途中の危機的段階では、子どもたちにほうびのオモチャが示され、目標と現在の達成水準との間の矛盾が明確化された。このようにして学習過程の最後まで、第一型よりも、まじめで、きちんとしたものとして行なわれた。

第四型の学習過程では、すでに始めて８分後に騒がしくなり、一部のものは席を離れてイタズラをしたり、おしゃべりしたり、気を散らしたりした。途中、「おもしろくない」「退屈だ」といった不平が出たが、とにかく、イヤイヤながらも学習過程は続けられた。

第五型では、最初、学習活動はすぐには生じなかった。しかし、７回目まではアナウンスに積極的に耳を傾けた。７回目からは子どもたちは遊び半分で一時積極的に学習に参加したが、13 回目をすぎると、学習状況はみるみるくずれ、学習への参加は全く散発的なものとなった。そして最後には学習への参加が全くみられなくなった。

〔実験結果——量的分析〕

実験の量的分析については、実験後、すぐに子どもたち一人ひとりに学んだ詩を暗誦させて、学習効果が調べられた。その結果、明らかにされたのは、第一型～第三型の学習効果は、本質的には、ほぼ同じ水準であること、それに対し、第四型と第五型は第一型～第三型と比べてそうとう劣り、特に第五型が悪い結果であった、ということである。

さて、以上の実験結果から、どのようなことが推測できるであろうか。

まず第一に、第一型～第三型の、何らかの目標と結びついた学習行為は、第四型と第五型のように、自己目的的に動機づけられたものより、学習過程の状態においても、また、学習効果においても有利である。第一型～第三型はともに、いわば目的的動機づけといえるが、目的の内容は相互に異なっている。それにもかかわらず。学習結果が同質であったということは、次のことを示唆する。つまり、この実験では、学習過程にとって重要なことは、目標内容の特殊性よりも、何らかの目標と結びつくことで学習の個人的な誘意性（ファレンツ）が体験されたかどうかということである。

第四型と第五型は、目標の意義が減少することで、学習への熱心さも学習効果も低下する。しかし、第四型では、まだ権威的要因が含まれており、とにかく学習は一応最後まで続けられた。しかし、「純粋に」自己目的的学習として組織された第五型では、学習過程の「楽しみ」のような第一次的要因によって、散発的に学習行為が引きおこされただけに終わって、きちんとした学習行為を維持するのは非常に困難であった。

ローゼンフェルトによれば、学習過程には、たいていの場合、困難、負荷がともなっており、第一次的要因によって最初活発になった学習活動も、しだいに退屈なもの、苦痛なものとなってくる。たとえば、26回も詩の朗読をくり返すことは、最初は「おもしろい」「楽しい」ものであっても、しだいに退屈なものとなってしまうのである。こうした困難を克服して学習活動を進めるには、教材や学習行為の「楽しさ」のような第一次的要因よりも、学習が何らかの目標と結びつくことの方が有効だと言えるのである。

（3）　目標の見通し路線

ローゼンフェルトの学習動機づけ論における「教育的活動の社会的性格」の真の意味は、単に、学習が賞罰とかほうびといった目標と結びつくことで学習への積極的、持続的なとりくみが保証されるということだけではなく、その目標を「見通し路線」の中に位置づけていることである。

つまり、目標は、単にオモチャのほうびとか教師や両親からの承認といったごく近い目標にとどまるのではない。年齢的段階に応じながらも、進級とか成績表のような比較的遠い目標に、さらには将来の職業、あるいは新しい社会の建設といった、より遠い目標へとつながっていくのでなくてはならない。それぞれの目標はこうした目標のつながりの中に位置づけられるのである。人は「彼の現実の活動を、しばしば時間的に遠い社会的な目標設定によって決定し、導く。そして、最後には、彼の行動の力学と力を、そのような見通しから得るのである」[10]とローゼンフェルトも述べている。したがってまた、成績表とか進級あるいは進学のような中間的な目標は、それ自体で完結する目標ではなく、最終的な目標との関係でその意義が明らかになるのである。たとえば、進級できるかどうかは将来の職業的目標から見て重大な問題となるのであり、また、成績表も将来、学校を出てからの生活にかかわってより重要性をもつのである。

この意味で、今日、我が国の学校教育において、受験体制の弊害が目にあまるものであるが故に、ただちに「進学のための」学習を否定し、学習は学習そのもののもつ喜び、魅力によって動機づけるべきだとする、つまり、学習を自己目的的にのみ考えることでは不十分であろう。「進学」という目標につながる、より遠い目標、社会的な目標を教育者が与え得るかどうか、という問題があるのではないだろうか。

さて、子どもにとってはより近い目標として働く現実の教育場面で用いられるあらゆる教育的手段（賞賛、非難、批判、評価など）も、より遠い目標との関係で位置づけられたとき、はじめて、正しい教育的手段として作用するのである。

従来、教育において、罰、非難、強制、命令あるいは厳格な規則や点検といった外的な「力の手段」は否定すべきものと考えられた。ことに、児童中心主義的教育においては、それが教科書中心主義や教師中心主義と、その抑圧的、強制的教育に対立するものとして出てきただけに、「力の手段」を強く否定した。しかし、教育活動において「力の手段」を全く否定することは可能であり、現実的なことなのだろうか。問題は、「力の手段」が目標とどのように結びついているかである。たとえば、生徒たちがある学習の意義を少しも認識していない。つまり、学習の誘意性（ファレンツ）が体験されていないとき、教師の生徒たちを学習へむかわせる教育的手段（非難、強制など）は、生徒にとって不愉快で反発を生じさせるものとなろう。逆に、生徒たちが将来の目標の意義を十分に認識することで、学習の誘意性（ファレンツ）が体験されたときには、非難、命令、強制などの「力の手段」も、否定的に体験されるのではなく、むしろ必要で意味のある合目的的な処置として肯定的に受けとめられ得るのである。

また、我国の教育状況に関連して、集団づくりにおける「集団の成員に対する作用」について考えてみると、集団はすべての成員の利益を守り、成員の要求を実現していく力として働くと同時に、集団の共同の目標を実現していくために、成員に一定の行動や態度を要求し、「強制」していく力をもっている。たとえば、集団的な非難や追求、集団による賞賛、集団の世論などは成員にたいして一定の行動や態度を要求し強制する。こうした集団的な非難、追求、賞賛などは成員にとってごく近い目標として働くといえる。しかし、この近い目標は集団の共同の目標というより遠い目標との関連の中で働くのである。たとえば、授業において「全員が発言しよう」という目標を集団がたてたとき、その集団の共同目標へのとりくみ方、努力、協力のし方について非難、追求、賞賛が行なわれるのである。集団の共同の目標や集団の世論と結びつかない非難、追求、賞賛は集団の成員にとっては意味のないものであり、したがって、「強制力」をもたないのである。

このような集団自身がもつ自己強制力によって、すべての子どもに「全員参加」を強制し、学習参加を強制し、学習主体として自立することを強制し、そして、成員に自己変革を強制するのである。この集団の自己強制力こそが集団教育力なのであり、集団の強制力を教育的に編成していこうとするのが自治集団づくりだと言うことができる。

ところが、学習への動機づけを、もっぱら学習内容のもつ魅力、あるいは学習活動そのものの楽しさといった第一次的要因に求めることでは、集団の自己強制力が、子どもを学習へ動機づける重要な要因として働くことを見落としてしまうのである。

２　動機原理としての内的矛盾

以上に述べた「教育的活動の社会的性格」は、ローゼンフェルトの学習動機づけ論の一つの柱であるとすれば、もう一つの柱は「動機原理としての内的矛盾」の理論である。

ローゼンフェルトによれば、生徒たちが何らかの目標の意義を承認することで、学習の十分な誘意性（ファレンツ）を体験したとしても、それだけで、ただちに学習活動が引きおこされるというわけではない。たとえば、進級することは価値のあることであり、落第することは価値のないものだということを、生徒が十分に認識し、十分な誘意性（ファレンツ）を体験しても、実際には、しばしば、進級し、落第を避けるための学習活動がほとんど生じないということがある。つまり、目標の誘意性（ファレンツ）だけでは十分な学習活動は確保され得ない。ここで、ローゼンフェルトはもう一つの力学的要因として内的矛盾という要因を考えたのである。

ソビエト教育科学は子どもの発達の原動力が彼に固有の内的矛盾であることを明らかにした。コスチュークの言葉をかりれば、「他のあらゆる生物のばあいと同様に、子どもの発達の源泉となるものは、彼に固有の内的矛盾である。すべての現象の発達はおのおのに特有の内的矛盾によって起こされるということは、弁証法的唯物論の基本的命題の一つである。この命題は、子どもの発達、彼の心理の発達にかんしてもあてはまる。」[11)]

ところで、子どもは彼に固有の内的矛盾によって発達するという考えは「発達原理としての内的矛盾」と言うことができる。それに対して、その内的矛盾を子どもに生起させ、発達を実現するために教師が行う教育的作用の原理は「教授原理としての内的矛盾」である。さらに、ローゼンフェルトは、この矛盾は「動機原理としての内的矛盾」としても働くと考えたのである。そして、「発達原理としての内的矛盾」「教授原理としての内的矛盾」「動機原理としての内的矛盾」、これらの三つのバリエーションは、一つの統一的な事象のそれぞれのアスペクトであると述べている。

それでは、いかにして内的矛盾は動機原理として機能するかについて考察するが、その前に内的矛盾について簡単にふれたい。

（新しい達成要求と態度要求としての）より高い要求水準と、（現在の達成水準と道徳的、性格的水準としての）より低い知的水準との間には、子ども自身にとっては外的な、客観的な矛盾が存在する。発達とは、より高い要求水準に対する現在の知的水準の同化なのである。しかし、より高い要求水準とより低い知的水準との間の客観的な矛盾が、ただちに発達の原動力として働くのではない。つまり、この矛盾は、発達の主体にとっては、まだ外的矛盾でしかなく、主体の内的矛盾になっていないからである。子ども自身の内的矛盾となって、はじめて子どもを発達させる原動力となるのである。

ローゼンフェルトは、ここにのべた発達原理としての内的矛盾は動機原理としての内的矛盾に基本的に一致するものと考える。つまり、より高い要求水準と、現実の子どもの達成水準との間の矛盾が内的矛盾となったとき、それが動機づけの原動力として働くのである。

では、いかなる条件によって内的矛盾が形成されるのか。この問題にたいして、ローゼンフェルトは誘意性（ファレンツ）の概念を導入したのである。生徒に課題として提出された、より高い要求が、その生徒にとって個人的に重要なもの、意義のあるものとして主体的に受けとめられたとき（学習の誘意性〈ファレンツ〉を体験したとき）、立てられた要求と現在の達成水準との間の矛盾は内的矛盾となるのである。したがって、もし学習目標や学習への要求が生徒にとって意義のあるものとして体験されないと、外的矛盾は内的矛盾とはならず、学習へ動機づけられないのである。かくて、教師にとっては、いかにして学習への誘意性（ファレンツ）を体験させるかという問題と、いかにして最適の内的矛盾を準備し、学習活動を引きおこすかという問題が重要となるのである。

では、最後に、この後者の問題、つまり、内的矛盾をいかにして組織するか、という「教授学原理としての内的矛盾」に関する若干の問題について述べる。

ローゼンフェルトによれば、第一に、教育的機能は、一般に、矛盾を起こす機能と矛盾を解決する機能とをもっている。つまり、学習活動における目標が生徒にとって意義のあるものとして体験されるようにするだけでなく、その学習目標が、同時に子どもの現在の水準と目標との間隔、対立、また目標への遠さ、困難さの中で示されることが必要である。いいかえれば、目標と現在の子どもの水準との間の矛盾をはっきりと認識できるようにしなくてはならない。しかし、同時に、このような矛盾体験は矛盾の克服可能性と解決可能性の確信によって支えられなくてはならない。つまり、設定された矛盾は解決の可能性を前提にしていなくてはならない。したがって、生徒たちを積極的に学習過程へ引き入れるには、学習課題への接近、つまり、学習過程を進めているということが、たえず子どもたちに体験できるようにすることが必要である。

第二に、次のことに注意する必要がある。つまり、学習目標の個人的意義、価値が生徒に十分に体験されても、現在の子どもの達成水準と教師の提示する要求水準との間の矛盾が大きすぎても、また小さすぎても十分な学習活動は生じない。小さすぎる内的矛盾は、「簡単にやってしまう」形となり、積極的な学習活動は生じなく、また大きすぎる内的矛盾でも「あきらめてしまう」形となって、学習活動を引きおこすことができないのである。

このように、実際の教育場面においては、学習の誘意性（ファレンツ）を十分確実なものにすることと、できるだけ適切な矛盾状態を作り出すことが重要になるのである。

おわりに

以上、ブルーナー、ロートに代表される内発的動機づけ論と、それに対する批判としてのローゼンフェルトの学習動機づけ論について考察してきた。最後に、これらの特徴について、いま一度ふれてみたい。

ブルーナーやロートの内発的動機づけ論は、人間の学習を賞や罰やおどしによって導こうとした従来の外発的動機づけ論を批判し、子どもの学習を「しかられるから」する、「ほめられるから」するものではなく、上達する喜び、課題達成そのものの喜び、教材そのもののもつ魅力によって動機づけられるものと考えたのである。それによって、学習を子ども自身にとって楽しみとなり、より主体的、持続的なものとして成立させることを意図したのである。しかし、内発的動機づけ論は、社会的目標との結びつきを欠いている点で、かつての児童中心主義がもっていたものと基本的には同じ誤りに陥いるおそれがある。学習を子どもの「内的な」力によってのみ動機づけようとし、「外的な」力、集団的、社会的な力や目標が、子どもを学習へ動機づける重要な要因として機能することを見落とすおそれがあるのである。

ローゼンフェルトは、学習を自己目的的なものとしてではなく、様々な目標と結びつけることで学習の誘意性（ファレンツ）を体験させることの必要性を強調した。その誘意性を確保するものとして、教材のもつ魅力など第一次的要因と同時に、社会的目標へとつながるさまざまな目標をあげた。そして、学習がさまざまな目標と結びつくことによって確保される誘意性（ファレンツ）が、学習動機の重要な要因であることを、理論的に、しかも多彩な実験にもとづいて明らかにし、また、明らかにしようとしているのである。したがって、ローゼンフェルトの理論は、内発的動機づけと外発的動機づけを、二者択一的に捉えるのではなく、両者をより高いレベルで止揚統一しようとしていると言うことができる。

このようにローゼンフェルトの学習動機づけ論は、教授＝学習活動の社会的性格を正しくふまえ、同時にすでに述べたように「発達の原動力としての内的矛盾」と「教授原理としての内的矛盾」そして「動機原理としての内的矛盾」とを統一的に把握しようとしたものと言うことができる。

引用文献

1）ワトソンJ・B、安田一郎訳『行動主義の心理学』河出書房、1968
2）マレーJ、八木冕訳『動機と情緒』岩波書店、1966
3）マレーJ前掲書
4）ブルーナーJ・S、橋爪貞雄訳『直感・創造・学習』黎明書房、1969
5）Roth,H, "Pädagogische Psycholie des Lehrens und Lernens", ４ Auflage, 1960.
6）Rosenfeld, G. "Theorie und Praxis der Lernmotivation" 1971.
7）Rosenfeld, G 前掲書。
8）Rosenfeld, G. "Zu einigen theoretischen und praktischen problem der pädagogischen psychologie" Aus Psychlogische Studien texte, 1969.
9）Rosenfeld, G. "Theorie und Praxis der Lernmotivation" 1971.
10）Rosenfeld, G. "Lernmotiv und Perspektiverleben", Aus Pädagogik, 1961. 7.
11）コスチューク・ゲ・エス、矢川徳光訳、「子どもの発達と教育の相互関係について」、『国民教育の諸問題』民研、1960。

初出一覧

第Ⅰ部　実践記録と実践分析

第１章　授業研究における「実践記録」の役割とは何か――「出口・ゆさぶり論争」にみる読み方の対立点――

○「授業の理論と実践の発展における「実践記録」の役割」、日本教育方法学会編、『教育方法 11　現代授業理論の争点と教授学』、明治図書、1980（昭和 55 年）。

第２章　授業研究における実践記録の意義と方法

○「授業研究における実践記録の意義と方法」、福岡教育大学 附属教育実践研究指導センター編、『教育実践研究』№.4、1996（平成 8 年）。

第３章　現代学校における教師の実践的指導力――教育実践記録づくりと実践分析の意義――

○「現代学校における教師の実践的指導力－教育実践記録づくりと実践分析の意義－」、日本教育方法学会編、『教育方法 33　現代教育方法の探求』、明治図書、2004（平成 16 年）

第４章　授業のおける「教師の指導性」の検討――斎藤喜博・島小学校の実践記録と授業指導観の検討――

○「授業における『教師の指導性』「検討（1）～斎藤喜博・島小学校の実践記録と授業指導観の検討～」、福岡教育大学紀要、第 51 号第 4 分冊教職編、1999（平成 11 年 2 月）

第Ⅱ部　学習集団をめぐる論争

第１章　学習集団における教師の指導性――『学級集団づくり入門・第二版』の分析と批判１――

○広島大学教育方法学研究室著、「『学級集団づくり入門・第二版』の分析と批判１　――学習集団における教師の指導性――」、『学習集団研究 №.1』、明治図書、1974.7（昭和 49 年 7 月）

第２章　自治集団づくりと学習集団の指導　－『学級集団づくり入門･第二版』

の分析と批判２－

○広島大学教育方法学研究室著、「『学級集団づくり入門・第二版』の分析と批判２　――自治集団づくりと学習集団の指導――」、『学習集団研究№２』、明治図書、1974.10（昭和 49 年）

第３章　戦後授業理論の再検討

○「『学習集団』概念の成立の根拠について」、『国語教育評論』第２巻、明治図書、1983（昭和 58 年 8 月）

○「戦後授業理論の再検討～学習集団論をめぐる～」、吉本均編【講座・授業成立の技術と思想１】、『人間を「人間にする」授業』、明治図書、1984（昭和 59 年）

第４章　学習集団の歴史と学びの「共同性」

○「学習集団の歴史と学びの『共同性』」、福岡教育大学紀要、第 51 号第 4 分冊教職編、2002（平成 14 年）

第Ⅲ部　学習集団の基礎研究

第１章　集団思考の本質

○「集団思考の本質」、吉本均編、『現代教授学』、（講座 現代教育学５）、福村出版、1977（昭和 52）

第２章　学習の規律と集団思考

○「集団思考･討議をどう組織するか～学習の規律と集団思考～」、『特別活動研究』№138、明治図書、1979（昭和 54 年）

第３章　自治的集団づくりにおける規律について

○「集団づくりと規律」、『生活指導の計画と展開』、第一法規、1979（昭和 59 年 6 月）

第４章　指導的評価活動概念の再検討

○安田女子大学紀要、第 44、2015（平成 27 年）。

Ⅳ. 基礎理論研究

第１章　科学的訓育論における「生活」概念の検討

○「科学的訓育論における『生活』概念の検討 ―戦前の生活指導運動を中心に―」、福岡教育大学紀要、第 31 号、第 4 分冊、教職科編、1982（昭

和 57 年）

第２章　学習動機づけ論の再検討～ローゼンフェルトにおける学習動機づけ論批判～

○「学習動機づけ論の再検討－ローゼンフェルトにおける内発的動機づけ論批判－」『学習集団研究１』、明治図書、1974（昭和 49 年）

索　引

【た行】

【な行】

【は行】

【ま行】

【や行】

【ら行】

【わ行】

人　名

著者

高田　清（たかだ　きよし）

昭和 22 年　岐阜県に生まれる
昭和 46 年　広島大学教育学部 教育学科 卒業
昭和 48 年　広島大学大学院教育学研究科 修士課程教育学専攻 修了
昭和 50 年　広島大学大学院教育学研究科 博士課程教育学専攻 中途退
昭和 50 年　福岡教育大学教育学部教育科 助手
昭和 51 年　福岡教育大学教育学部教育科 専任講師
昭和 56 年　福岡教育大学教育学部教育科 助教授
平成　6 年　福岡教育大学教育学部附属教育実践研究指導センター 兼担教授
平成　9 年　福岡教育大学教育学部教育科 教授
平成 21 年　福岡教育大学教職大学院専攻主任
平成 25 年　安田女子大学教育学部児童教育学科 教授

学習集団の論争的考察

平成 29 年 1 月 10 日　発行

著　者　高田　清

発行所　株式会社　溪水社
広島市中区小町 1-4（〒730-0041）
電話 082-246-7909　FAX082-246-7876
e-mail: info@keisui.co.jp
URL:www.keisui.co.jp

ISBN978-4-86327-371-9　C3037